U0833693

中山出版
ZHONGSHAN PUBLISHING
香山承文脉 好书读百年

# 香山文化的历史与现实

## （现实观察篇）

中山市社会科学界联合会　编

SPM 南方出版传媒　广东人民出版社

·广州·

**图书在版编目（CIP）数据**

香山文化的历史与现实 / 中山市社会科学界联合会编. — 广州 : 广东人民出版社, 2019.4
（“人文香山”系列）
ISBN 978-7-218-13449-9

Ⅰ. ①香… Ⅱ. ①中… Ⅲ. ①文化史—中山 Ⅳ. ① K296.53

中国版本图书馆 CIP 数据核字（2019）第 056155 号

Xiangshan Wenhua de Lishi Yu Xianshi
**香山文化的历史与现实**
中山市社会科学界联合会　编



出 版 人：肖风华

责任编辑：李锐锋　易建鹏　冼惠仪
装帧设计：蓝美华　陈宝玉
封面设计：吴可量

统　　筹：广东人民出版社中山出版有限公司
执　　行：何腾江　吕斯敏
地　　址：中山市中山五路 1 号中山日报社 8 楼（邮编：528403）
电　　话：（0760）89882926　（0760）89882925

出版发行：广东人民出版社
地　　址：广州市大沙头四马路10号（邮编：510102）
电　　话：（020）83798714（总编室）
传　　真：（020）83780199
网　　址：http://www.gdpph.com
印　　刷：恒美印务（广州）有限公司
开　　本：787mm×1092mm　1/16
印　　张：32.75　　字　　数：446千
版　　次：2019年4月第1版　2019年4月第1次印刷
定　　价：98.00元（全2册）

如发现印装质量问题影响阅读，请与出版社（0760-89882925）联系调换。
售书热线：（0760）88367862　邮购：（0760）89882925

目录

现实观察篇

法治理念

## 和谐社会

## 智慧管理



## 创新经济

## 社会安全

# 法治理念

# 提升检察机关司法公信力的思考

叶祥考[①]

【摘要】司法公信力是法治社会的灵魂，也是以“强化法律监督、维护公平正义”为使命的检察工作的生命线。本文从检察机关司法公信力的角度出发，通过阐述检察机关司法公信力建设的意义和当前影响检察机关司法公信力的因素，进而探索提升检察机关司法公信力的路径。

【关键词】检察机关　司法　公信力

党的十八大报告把“司法公信力不断提高”作为全面建成小康社会和全面深化改革的重要目标，这充分表明党对司法公信力的高度重视。当前，人民群众对公平正义的期许越来越高，对检察工作的要求也越来越严，这就要求检察机关必须正视检察工作中影响司法公信力的各种因素，进而采取相关措施，不断提升检察机关司法公信力。

## 一、检察机关司法公信力内涵、特征及建设意义

提升检察机关司法公信力是检察工作科学发展的重大命题，既关涉检察权行使的权威性和有效性，也关涉人民群众对检察机关信赖、尊重与认同的

---

① 叶祥考，中山市人民检察院党组书记、检察长。研究方向：中国特色社会主义检察制度、刑事法律、民商事法律。

程度。

## （一）检察机关司法公信力的概念及特征

“公信力”源于英文词 accountability，意指为某一件事进行报告、解释和辩护的责任；为自己的行为负责任，并接受质询。从一般意义理解，公信力是指在社会公共生活中，社会公众对公共机关和公共权力所表现出的一种包括公平、正义、效率、道德、民主、责任等内容在内的信任力。公信力“是一种社会系统信任，同时也是公共权威的真实表达”[①]。

司法公信力则是社会公众对司法机关的信任和信心以及司法机关对广大社会公众保持的一种信用，是一个蕴含双重互动的概念。从权利行使角度看，司法公信力是司法机关通过司法活动在社会生活中建立起的一种公共信用，是司法机关据以赢得社会公众信任、信赖的资格和能力；从社会公众角度分析，司法公信力是司法机关的司法活动在社会公众心中所建立的一种信服状态，是社会公众对司法机关、司法工作以及司法人员的一种主观评价和心理反应，体现了人们对法的信仰和遵从。[②]据此，所谓检察机关司法公信力，是指社会公众普遍地对检察权的运作具有的信服力和认同感，并遵从检察权运作的一种状态和秩序。

从司法权角度出发，检察机关司法公信力是检察机关通过职权活动使检察权在整个社会生活中建立起一种公共信用、一种权威，并据以赢得社会公众信任、尊重和服从的资格与能力；从社会公众角度出发，检察机关司法公信力是社会公众对行使检察权的检察机关的一种主观评价和心理反映，体现了社会公众对检察机关司法行为的信服状态和信任程度。检察机关司法公信力具有以下特征：

### 1. 检察信用与公众信任结合

检察机关司法公信力是一个双方互动、动态均衡的信任交往与评价过程，

---

① 王翠英：《现代公信力的道德价值》，载《光明日报》，2005 年 7 月 26 日第 7 版。

② 刘学智：《司法公信力是法治社会的基石》，载《中国改革报》，2006 年 2 月 15 日。

即社会公众的“信”与司法者的“被信”过程。[①] 检察机关的信用状况最终要通过社会公众的评价得以实现，检察权在运行过程中是否具有足够信用，决定着社会公众对司法的信任度。检察机关在执法过程中为社会公众提供的信用越多，社会公众对其信任度就越高，检察机关司法公信力就越强。

2. 社会效果与法律效果统一

针对检察机关的司法活动，不同的主体有不同的利益需求和评判尺度。作为司法机关，追求的是以事实为依据，以法律为准绳，使案件得到正确处理；作为案件当事人和社会公众，在案件处理的过程中能否受到公正对待，直接决定了他们对法律的感受和认知。实现和提升检察机关司法公信力，就是要在民意、社会公众感情、社会公众需求和国家公共事务管理之间找一个平衡点，既要顺乎民心、合乎民意，又要达到维护国家法律的统一与尊严的目的。这就要求检察机关在司法过程中既要严格依法办案，又要以民为本，尊重社会公众的意愿，服务经济社会发展的大局。

3. 公信力来源与评价主体多样

检察机关司法公信力来源于社会公众对具有中国特色社会主义的检察制度的认同与支持，对检察官的信任和崇敬，对检察执法活动的服从和遵从等诸多方面。同时，其评价主体也呈现多元形态，既包括各级党委、人大、政府和政协的监督与评价，也包括公安、法院等其他司法机关的监督与评价；既有来自执法对象的反映，也有来自新闻媒体和社会组织的反馈，还有检察系统内部的各种测评、考评以及检察人员的自我评价。

4. 构成要素与关联因素多元化

从构成要素上看，检察机关司法公信力包括四个必备要素，即检察权的司法拘束力、司法判断力、司法自制力和司法排除力，具体表现为社会公众是否相信检察机关的法律监督行为在法律上所具有的强制力，是否相信检察人员具有公允地认定事实、适用法律的理性判断，并具有必要的自我约束能

---

① 孙应征：《法治视野下的检察实践与创新发展》，北京：知识产权出版社，第 267—275 页。

力而不被外部诱惑，不被工作压力、个人情绪及欲望左右，排除一切不当干扰和非法妨害。从关联因素看，检察机关司法公信力的构建关联着司法权威、司法公正、司法人员素质以及社会公众的法律信仰等因素，它们相互联系、相互支撑、相互整合、和谐共生，共同体现检察机关司法公信力的内在要求。

### （二）检察机关司法公信力建设的意义

检察机关司法公信力是衡量检察机关法律监督工作的重要标尺，其建设意义体现在以下几个方面。

检察机关司法公信力建设，是全面深化新时期推进检察工作科学发展的必然要求。在全面建成小康社会和全面深化改革的历史新时期，检察机关肩负着维护改革、发展、稳定大局的重任，承担着为中国特色社会主义事业“五位一体”的总体布局提供法治保障，为实现中华民族伟大复兴的“中国梦”保驾护航的光荣而艰巨的历史使命。在这一新的历史时期，如果检察机关司法公信力缺失，社会公众预期的权利与利益缺乏法律保障，就必然会危及党的执政地位，实现中华民族伟大复兴的梦想也会成为一句空话；如果检察工作还仅仅以过去的标准来衡量办案质量、评价执法水平，就很可能落后于时代要求，跟不上形势发展，得不到社会各界和社会公众的拥护和支持，最终制约检察工作自身的可持续发展。公信力建设的过程就是推动检察工作科学发展的过程，检察机关必须顺应全面深化改革的要求，把公信力建设作为检察体制和机制改革的一个重点深入进行。

检察机关司法公信力建设，是依法治国背景下实现检察工作“人民满意”的有效途径。当前，随着国家法治进程的不断推进，社会公众的民主意识、法治意识不断增强，对公平正义的期望也与日俱增。他们对同工同酬权、社会保障权、受教育权等经济、社会和文化权利越来越重视，对机会公平、规则公平、分配公平越来越重视，对选举权、知情权、参与权、表达权、监督权等社会政治权利越来越关注。然而现实情况是，不公平和不合理的现象在社会生活中仍然存在，一旦地方司法机关在具体的执法办案中存在司法不公现象，社会公众就会反映强烈，甚至对司法机关的整体工作提出质疑[①]。如社会反映一度强烈的李昌奎、夏俊峰杀人案，许霆盗窃案，吴英集资诈骗案，彭宇、许云鹤侵权赔偿案等，均因为司法过程的不严谨以及公开透明度不够，引发社会公众的强烈不满。检察机关作为法律监督机关，是联系社会公众的重要窗口，是保障社会公众合法权益，确保规范执法和公正司法的重要力量。检察机关能否履行好职责，能否在社会公众中树立司法公信，直接关系到社会主义法治建设的成败。为此，检察机关必须将公信力建设作为赢得“人民满意”的重要抓手，做到维护稳定、促进廉政、保障人权、实现公正，不断提高人民群众对检察工作的满意度。

检察机关司法公信力建设，是社会矛盾凸显形势下检察机关参与社会治理的内在要求。当前，社会结构、利益格局发生深刻变化，社会矛盾更加凸显、更加复杂，各种不稳定因素增多，保障社会和谐稳定的压力增大。特别是在社会转型期，各种矛盾容易激化，社会公众心理比较脆弱，一些个案处置不当，极易造成大范围的负面影响，严重削弱社会公众对检察工作的信任度。

检察执法不仅要求案件依法处理，更大程度上还要化解矛盾纠纷，协调利益关系，促进社会和谐，赢得群众信任[②]。这就要求检察机关必须把司法公信力建设纳入“社会建设”，将重点人群的帮教管理、重点地区的排查整治、“虚拟社会”的建设管理等做为积极参与社会治理的重要领域。检察机关在执法办案过程中，要综合运用政策调控、利益平衡、柔性执法等方式履行职能，不断提升舆情分析研判和快速反应能力，满足转型时期检察机关参与社会综合治理的要求，谨慎而公正地行使检察权，以公正促公平，以公平赢信任。

## 二、影响检察机关司法公信力的主要因素

从司法实践看，影响检察机关司法公信力的因素主要表现在以下方面：

---

① 王姝：《两高报告获反对票背后：疑为地方司法背黑锅》，载《新京报》，2014 年 3 月 17 日。

② 王荣彪：《检察公信力建设的重要意义》，载《人民检察》，2009 年第 20 期。

## （一）外部因素

1. 法律文化因素

法律信仰是法治社会的精神意蕴和心理基础，是公民内心深处对法的认同与遵从。美国法学家伯尔曼指出："法律只有被信仰，才能得到切实的遵守。"[①] 马克斯·韦伯曾说："法律权威的确立，取决于传统、个人魅力和理性的力量。"[②] 可见，社会公众对法律的普遍信仰是司法公信力得以产生的前提和基础，如果社会公众对法律没有信仰，如果法律未被内化和升华为一种传统和精神，即使制定出再多再完美的法律，司法公信力也无从谈起。在我国，长期以来"人治"传统下造成的社会公众法律信仰缺失阻碍了司法公信力的形成，法律在现代社会关系中的基础性调整作用难以充分发挥；社会公众对法律和司法的认知度有限，法律底蕴不足，司法期待不当。这些均影响到他们对司法过程与结果的客观理性评价，致使检察机关的司法公信力下降。

2. 社会环境因素

诚实守信是中国的传统美德，也是现代社会的公用资源。但当前，社会道德失范现象比较严重，由公平、公正、守信等价值系统所构建的"信用"与"信任"成为稀缺社会资源[③]。在社会性的信任危机面前，检察机关司法公信力同样遇到严重挑战。同时，社会转型过程中，因制度不完善形成的权力约束真空、权力寻租等消极、腐败现象在检察机关也有一定滋生，个别检察人员存在办人情案、关系案甚至金钱案现象，影响了检察机关形象。据统计，2013 年，全国检察机关共立案查办违法违纪检察人员 210 人，其中移送追究

---

① 〔美〕哈罗德·罗尔曼著，梁治平译：《法律与宗教》，北京：中国政法大学出版社，2003 年，第 12 页。

② 转引自葛洪义：《理性化的社会与法律——略论韦伯社会理论中的法律思想》，载《检察日报》，2012 年 4 月 25 日第 3 版。

③ 孙应征：《法治视野下的检察实践与创新发展》，北京：知识产权出版社，第 267—275 页。

刑事责任 26 人。[①] 少数检察人员的违纪违法行为，损害了检察机关权威，使得社会公众对检察机关的不信任泛化为一种普遍社会心理，降低了其对检察机关公正执法的信任度。

3. 司法体制因素

司法公信力不足很大程度上与司法体制和工作机制不合理有关。一方面，检察机关地方化倾向明显，独立办案的保障机制还很薄弱，抵御干扰能力不足，影响检察职能的充分发挥，滋生部分群众“信访不信法”的心理，损害检察机关司法公信力。另一方面，社会转型期各种利益主体间的矛盾和摩擦日益加剧，社会纠纷不断涌现，犯罪率居高不下，检察机关办案任务十分繁重。但由于检察权分配机制、运行机制不科学，检察机关内部机构设置不合理，检察人员办案责任制不适应司法实践发展需要等问题，妨碍了检察机关对案件的及时、正确处理，影响了社会公众对检察机关执法办案能力的评价。

4. 执法环境因素

一方面，检察机关的封闭性和神秘感并没有完全消除，不少群众对检察机关和检察职能仍然比较陌生，甚至一些国家机关工作人员对检察机关及其职能也存在认识盲区和误区。社会认知的缺乏，一定程度上影响检察机关司法公信力的形成。另一方面，一些地方政府特别是某些领导干部，对法律监督的重要意义缺乏正确理解和深刻认识，认为法律监督可有可无，法律监督就是“找麻烦”，甚至逃避、阻挠、干涉检察机关办案，致使一些群众反映强烈的重大失职渎职、贪赃枉法案件等未能得到及时有效查处，造成检察机关“不作为”的错觉，直接影响了检察机关法律监督权威和司法公信力。

### （二）内部因素

一是司法理念上，公信力意识缺乏或者不强。一些地方检察机关对司法公信力的内涵、重要性缺乏正确认识，对如何提升司法公信力缺乏科学判断和准确把握，认为司法公信力属于社会公众主观判断问题，检察机关对此无

---

① 参见《2014 年最高人民检察院工作报告》。

从掌握。一些检察人员司法观念陈旧，在司法过程中注重法律的“工具性”，而忽视司法的核心理念“公平正义”以及司法的权威基础“司法公信力”，“重打击、轻保护”“重实体、轻程序”等思想客观存在，公正、为民、文明、规范的执法理念没有内化为指导执法行为的内驱动力，对人权保障重视不够，人性化执法体现不充分，这些均对检察机关司法公信力产生负面影响。

二是执法素能上，整体素质与司法水平难以获得社会公众充分信任。执法素能的高低是影响司法公信力的一个重要方面。检察人员是检察机关司法公信力的人格载体，不论是执法力度的加强，执法质量的提高，还是执法行为的规范化运行，都需要通过检察人员的具体工作来实现。社会公众对检察机关的认知和评价，很大程度上来源于对每位检察人员的认知和评价。当前，检察队伍的整体素质和司法水平与社会公众对检察人员的法律素养与执法方式方法的新期待、新要求还有一定的差距。一方面，部分检察人员不注重法律专业知识的更新和研究，凭经验办案，对案件的认识和判断能力不强，导致案件适用法律错误，影响司法公正。另一方面，个别检察人员仍存在工作作风粗暴，司法行为不文明、不规范，工作方法简单，释法说理程度不强等问题，极大地伤害了检察机关的司法公信力，导致社会公众对检察官、检察机关能否公正司法产生疑虑。

三是检务公开上，公开力度与社会公众要求不相适应。检务公开是检察机关获得公信力的基础。推进检务公开，将检察权置于阳光下运行，满足社会公众对检察工作的知情权、表达权、参与权和监督权，社会公众就会亲身感受到司法的公正和检察人员的辛劳，从而对检察工作更为理解和信任。可以说，检务公开的程度在某种意义上决定了检察机关司法的公信力。但是实践中，检务公开内容及途径不够合理，检务公开职责分工模糊不清以及检务公开重点环节程度不高等问题，致使一些检务公开措施流于形式，社会公众对检察机关司法的公正性存有疑虑。

四是职能发挥上，司法效果与检察机关宪法定位有差距。检察机关作为宪法规定的法律监督机关，社会公众在作出评价时，首先是看其法定职责是否全面、正确地履行，对社会公众的司法需求是否能及时有效地予以回应。实践中，检察机关法律监督职能的发挥还存在失之于软的现象，难以赢得社会公众的充分认可。如在职务犯罪的查处上，虽然近年来检察机关查办贪污贿赂、渎职案件的力度越来越大，但现实生活中的腐败现象并未明显减少，社会各界对这方面的呼声仍然很高。再如，诉讼监督方面，一些地方检察机关不敢监督、不愿监督、不善监督，以及监督越位、错位和缺位的问题仍然存在，很大程度上损害了法律监督的公信力。[①]

## 三、提升检察机关司法公信力的路径选择

提升检察机关司法公信力是一项长期工程，应充分考量当前影响公信力的各种因素，全方位、多角度地采取措施，以实实在在的努力获得社会公众的信任。

### （一）以履行职能为依托提升公信力

一是严厉打击严重刑事犯罪，贯彻宽严相济的刑事政策。安居乐业是社会公众最大的心愿，稳定是最大的民生工程。检察机关要坚决打击境内外敌对势力策划实施的渗透颠覆破坏活动，维护国家安全。严厉打击黑恶势力犯罪、严重暴力犯罪、多发性侵财犯罪、“黄赌毒”等犯罪，维护社会治安。切实增强对侵害民生民利犯罪的打击力度，严厉打击危害食品药品安全等犯罪，保障社会公众生命健康安全。同时，贯彻宽严相济刑事政策，对初犯、偶犯、未成年人犯罪、在校学生犯罪、老年人犯罪等一些主观恶性不深、犯罪情节较轻、社会危害不大的轻微刑事犯罪案件，慎捕、慎诉，依法应当起诉的主动提出从宽处理的建议，努力推动执法办案过程与结果符合社会公众对公平正义的预期，实现执法办案社会效果与法律效果的统一。

二是惩治与预防职务犯罪，促进反腐倡廉建设。加大办案力度，保持反

① 郭鲁生，《关于检察机关执法公信力问题的若干思考》，载《中国司法》，2008年第9期。

腐败高压态势。党的十八大以来，检察机关按照党对反腐败工作的新部署，严肃查处各类职务犯罪。2013 年，立案侦查贪污贿赂、渎职侵权等职务犯罪案件 37551 件、51306 人，其中县处级以上国家工作人员 2871 人、厅局级 253 人、省部级 8 人，贪污、贿赂、挪用公款 100 万元以上大案 2581 件；涉及民生民利的职务犯罪 34147 人；涉及以权谋私、贪赃枉法、失职渎职的行政执法人员 11948 人、司法人员 2279 人，提振了社会公众对检察司法工作的信心。今后，检察机关要进一步突出查办教育、就业、社会保障、医药卫生、住房保障、征地拆迁、环境保护、食品、安全生产等民生领域，以及工程建设、国土管理、金融、司法等腐败易发多发领域的职务犯罪案件；重点查办严重危害经济社会科学发展、影响社会和谐稳定的职务犯罪案件，特别是重大责任事故、群体性事件以及黑恶势力背后的职务犯罪案件，满足社会公众对检察机关反腐工作的新要求和新期待。创新预防模式，紧紧抓住易发职务犯罪的重点领域与关键环节，推动权力运行的监督制约机制，实现从“个案预防”向“行业预防”和“专项预防”的转变，“一般预防”向“制度预防”的转变。

三是强化诉讼法律监督，化解社会矛盾。依照“敢于监督、善于监督、依法监督、规范监督”的指导思想，抓好刑事立案监督、侦查活动监督、刑事审判监督、刑罚执行和监管活动监督、民事行政诉讼监督，强化诉讼监督一系列改革规定的落实，增强监督实效。加强控告申诉检察工作，认真对待群众反映的司法不公、为政不廉等问题，把诉讼监督与查办职务犯罪更加紧密地结合起来，以诉讼监督的工作实效赢得社会公众的尊重和拥护。

### （二）以公正司法为中心提升公信力

一是严守防止冤假错案底线。冤假错案不仅对当事人是一场灾难，而且严重损害司法权威和司法公信力，影响社会公众对社会公平正义的信心。近年，一些冤假错案相继曝光，如赵作海、佘祥林、李怀亮故意杀人案，王本余、孙万刚、张高平及侄子张辉强奸杀人案等，无不激起社会公众对司法公正性和正义性的强烈质疑。确保办案质量，坚守防止冤假错案底线，是检察机关提升公信力最起码、最基本的要求。要从近年全国各地陆续发生的冤假错案中认真剖析、深刻反思，在侦查、批捕、起诉等各个检察环节，都要严格把握法律规定的条件，严把事实关、证据关、程序关和适用法律关；严格遵照法定程序办案，充分保障犯罪嫌疑人、被告人的诉讼权利和律师依法执业的权利。

二是确保规范廉洁执法。进一步完善检察机关内部执法规范，建立健全各项执法办案规章制度，做好廉政风险防控机制建设。重点针对检察权运行、检察重要部门岗位和关键环节，通过排查廉政风险，建立健全防控机制，注重风险预警，加强前期预防、中期监控和后期处置，及时发现和解决一些检察人员执法不严、执法不公、执法不廉等问题，促进检察权运行的规范化和制度化，以规范、廉洁、文明的执法行为提升公信力。

三是进一步深化工作机制改革。以司法体制改革为契机，努力探索检察机关依法独立行使检察权的工作机制，优化检察权配置，整合内部机构设置，提升检察机关排除非法干预的能力；实行主办检察官办案责任制，凸显检察官在执法办案中的主体地位；改革和完善执法办案考评机制和奖惩机制，贯彻落实执法办案的责任终身追究制，以健全、科学的工作机制保障独立公正行使检察权。

### （三）以检务公开为抓手提升公信力

一是要搭建好检务公开平台。加强案件管理中心建设，简化案件法律咨询、案件查询等流程；加强检察门户网站建设，强化检察信息与检察工作宣传，把主动宣传与自觉接受社会舆论监督有机结合起来，积极回应社会公众对检察工作的意见建议。当前要重点抓好微博、微信等“自媒体”平台建设和舆情应对，加大网络舆情监测力度和应对能力，做好与网民的沟通联系和互动，将检务公开的现实空间与虚拟空间结合，不断拓宽检务公开的领域，挖掘检务公开的深度，提升检务公开的成效。

二是要拓宽检务公开渠道。检察机关要主动向党委、人大及其常委会报告工作；健全接受人大监督和政协民主监督的工作机制，听取人大代表、政协委员对检察工作的建议和意见；定期开展检察开放日活动；健全重要工作、重大案件定期通报制度；主动邀请人大代表、政协委员、人民监督员、特约检察员、媒体与社会公众代表等社会各界人士参与听证会、联合接访、观摩出庭公诉、参加案件评析以及视察专项检察工作等活动，促进检察机关与社会公众良性互动，让社会公众充分享有对检察机关执法办案的知情权。

三是要完善检务公开配套机制。检务公开的内在要求就是要摒弃司法神秘化，提高检察工作透明度。一方面，要建立与完善有效的激励机制，充分调动检察官的积极性，变“要我公开”为“我要公开”，增强检务公开的原动力；另一方面，要建立检务公开的长效机制，把握好检务公开的标准和尺度，正确处理检务公开和检察秘密、社会公众知情权、当事人隐私权的关系。

**（四）以执法为民为宗旨提升公信力**

一是要畅通密切联系群众的渠道。检察机关要构筑起与社会公众联系的有效渠道，及时了解群众的需求，以满足社会公众多方面的需求为出发点来开展工作，建立起与社会公众的互动互信关系。要坚持开门接访和民间走访，发挥镇区检察室贴近基层的优势，经常性地深入农村和社区，到田间地头和老百姓的家里，与群众面对面交流，倾听群众心声。

二是要提升服务群众的能力。研究和把握新形势下群众工作的特点和规律，不断提高团结凝聚群众的能力、为民履行职责的能力、提高效能服务群众的能力、为民排扰解难的能力、办好惠民实事的能力，真正做到深入群众而不是脱离群众，服务群众而不是与民争利，团结教育群众而不是与群众对立，保证检察工作顺民意、谋民利、得民心。

三是要构建以群众是否满意为标尺的作风评价机制。作风建设是党赢得社会公众支持与拥护的根本，也是检察机关赢得社会公众信任的保证。检察机关要以“人民满意”作为检察工作的最高标准和目标，把检察工作置于社会公众的评判之下，把人民高兴不高兴、满意不满意、认可不认可作为衡量检察工作得失成败的标准，创建社会公众广泛参与的评价机制，使社会公众评价检察机关作风成为检察机关常态化工作，成为检察机关不断改进工作作风的强劲动力。

### （五）以队伍建设为根本提升司法公信力

一是要提高检察人员的专业化水平。在选拔任用检察官和其他工作人员时，要按照公务员法和检察官法的规定，严格职业准入制度，把好“入口关”，提高检察人员的遴选质量；在提拔任用中层干部时，要按照习近平总书记提出的信念坚定、为民服务、勤政务实、敢于担当、清正廉洁的要求，形成良好的选人用人导向；要建立健全检察人才培养和选拔机制，建立适合基层检察机关工作特点的培训考核制度，有计划、有步骤、有重点地加强业务培训，努力打造高素质的职业化检察官队伍。

二是要加强检察队伍的教育管理。进一步学习贯彻好社会主义法治理念，加强检察机关职业道德培养，培育检察官客观、公正、平等的法治精神，树立理性、平和、文明、规范执法的执法理念。坚持从严治检，建立健全教育、制度、防控、监督并重的预防和惩治腐败体系，强化检务督察工作，加大对检察官违法违纪案件查处力度，坚决清除害群之马，确保以清廉形象赢得社会公众的信任与支持。

三是要突出“文化引领”。检察文化是提升司法公信力的灵魂，优秀的检察文化对于提升司法公信力具有重要的促进作用。检察机关要建设具有时代特征、职业特点的先进检察文化，用潜移默化、润物无声的方式，锻造检察队伍良好的司法情操，增强检察队伍的凝聚力与向心力。

# 关于完善人大讨论决定重大事项制度的思考

郭剑峰 [①]

【摘要】人大依法有效行使重大事项讨论决定权，是推进依法治国、加强国家治理体系和治理能力现代化建设的重要内容，是实现决策民主化、科学化、规范化的重要保障。但在实践中，由于多方面的原因，导致这一项独立的宪法性权力长期被“虚化”“闲置”，极大地制约了人大的功能和作用的发挥。基于此，既要厘清人大讨论决定重大事项的基本内涵和应当突出的重点，又要在进一步理顺党委、人大和政府三者的工作机制，增强人大讨论决定事项工作的实效，加强人大及其常委会自身的建设。

【关键词】重大事项　讨论决定权　人大

重大事项讨论决定权是宪法赋予各级人大及其常委会的一项重要宪法性权力，是人大作为代议机关的基本职权，是实现决策民主化、科学化的重要途径。由于思想认识上的不到位，加之宪法和相关法律对县级及以上地方各级人大行使讨论决定权的规定比较笼统，缺少具体可操作性程序和硬性的制度约束，这项职权在地方人大工作实践中，一直难以“落地”，成了近乎“沉睡”的权力。党的十八届三中全会决议提出“健全人大讨论、决定重大事项制度，各级政府重大决策出台前向本级人大报告”，为新时期各级人大依法行使重大事项决定权明确了任务、指明了方向。因此，在协调推进“四个全

---

① 郭剑峰，中山市古镇镇政府人大政协办主任、中山市电子科技大学中山学院兼职法学讲师。研究方向：宪法与行政法、法理学。

面”战略布局的新形势下，必须在重大事项讨论决定权的内容、方法、程序、推行路径等方面进行积极探索和实践，以减小重大事项讨论决定权的制度设计与实际功效的落差，维护人大作为国家权力机关的权威性和严肃性。

## 一、人大讨论决定重大事项权的基本内涵

从语义学上来说，“重大”是指“作用、意义等比较大而重要”，事项是指“事情的项目”。人大讨论重大事项是宪法和法律赋予县级以上地方各级人大及其常委会的，同立法权、监督权、人事任免权并列的核心权力，因此，人大及其常委会讨论决定的应当是在一定行政区域内具备全局性、根本性、长远性的重大事项。具体应当包括三个方面：①重大决策。如关系本行政区域的政治决策、经济决策、文化决策、科学决策等。②重大事件。如行政区划的变动，涉及重要资金的收支、管理、投资运营情况，突发事件等。③重大建设项目。如重大工程建设项目、重大环境保护项目的安排和实施情况等。[①]

综上所述，所谓重大事项决定权，是指各级人大及其常委会依照宪法和法律规定的权限、程序，对国家或本行政区域内具有全局性、根本性和长远性的重大事项作出决定或决议，并依靠国家强制力保证贯彻实施的一项重要职权。

## 二、人大讨论决定重大事项应当突出的重点

对于人大讨论决定重大事项应当突出的重点是什么，目前理论界和实务界的看法不尽一致，各有一定的道理。人大行使讨论决定重大事项权，功夫应当下在前文所指出的重大事项的“讨论”和“作出决定”上，但在新的形势下，重点更应当放在“转化”上，即放在使党的主张通过法定程序转化为国家意志上，放在如何使国家意志得到最大程度的贯彻落实上。[②]基于上述认识，行使

①② 王中军、王立军：《对人大讨论决定重大事项几个基本认识的辨析》，《人大研究》，2015年第1期。

好人大讨论决定重大事项权，应重点抓好两项工作。

### （一）做好人大讨论决定重大事项有关议案和建议的提出和拟订工作

提出议案和建议，是人大代表参与管理国家事务、行使当家作主权力的重要手段和方式，更是体现党的领导、人民当家作主和依法治国的有机统一，体现党的意图、人民意愿和国家意志的统一。因此，做好人大代表的议案和建议的审议、处理工作是各级人大及其常委会的年度重点工作。为此，需要做好三个方面的工作：一是深入研究、领会党的主张，抓好沟通协调。同级党委对一定时期改革、发展、稳定等方面的重要工作、重大事项、重点问题提出主张，人大就要及时跟进、深入研究，明确党的主张中哪些内容应当并且能够依法转化为国家意志，然后协调各方共同研究，提出议案和建议。二是密切关注需要提请人大讨论决定的重大问题。人大及其常委会应实时密切关注同级党委重大决策部署的贯彻落实情况，密切关注本行政区域内政治、经济、教育、科学、文化、卫生、环境和资源保护、民政、民族等工作的重大事项，密切关注本地事关人民群众切身利益和社会反映强烈的重大问题，随时发现应当提请人大讨论决定的问题，主动报告请示同级党委，适时提交人大讨论决定。三是公开征集议案和建议，并进行完善。在人大会召开前，组织人大代表，通过问卷调查、征求意见、座谈走访等形式，将涉及广大群众根本利益和社会普遍关注的事项，作为提出议案和建议的重要选题；同时，组织人大代表，通过专家论证会、走访调查等方式，对拟订的议案和建议进行修改和完善。

### （二）做好重大事项决议、决定的有效落地工作

决议、决定一经作出，就具有法定约束力和强制力，必须不折不扣地督促推动、执行落实。从目前各地的实践来看，做好决议、决定的有效办法大致有以下几个：一是强化宣传引导。通过各种媒介和载体，积极向社会各界推介决议、决定，争取社会的广泛支持。近年来，中山市每年都通过多种媒体，尤其是“中山市议案建议提案平台”及时向社会公布每年的“一号议案”，

让社会知晓“一号议案”的背景、内容、所要解决的主要问题等。这为“一号议案”的落地，营造了良好的舆论环境和社会环境。二是强化督促检查。通过召开座谈会、专项检查等形式，持续跟踪决议、决定的贯彻执行情况，协调解决决议、决定执行中遇到的问题。三是强化制约手段。对落实人大决议、决定不到位的单位和人员，进行问责、通报等，确保相关单位和人员高度重视人大决议、决定的办理工作。

## 三、贯彻落实人大讨论决定重大事项制度应遵循的基本原则

### （一）依法行使原则

现行的宪法和相关法律，并没有对地方人大及其常委会讨论决定重大事项进行界定。基于此，一些省市则通过制定地方性法规或者规范性文件对此进行明确。笔者认为，“法律的生命在于实践”，地方各级人大及其常委会行使重大事项讨论决定权，既不能失职，也不能越权，必须在现行的制度框架下依法进行。对法律和地方性法规有规定但不具体，或者法律没有规定的，必须按照法定的职责范围来选择和确定，做到既积极探索，又不与宪法和法律法规相抵触。

### （二）以人为本原则

人大工作最大的优势和生命力在于密切联系群众。人大的性质决定了人大及其常委会重大事项讨论决定权的行使，必须把表达人民意愿的社会普遍关心、迫切要求而确需解决的重大问题，以及维护公民合法权益的问题，列为重大事项范围，如医疗、住房等。

### （三）可行性原则

重大事项讨论决定权的行使必须符合可行性原则。一则要求确定重大事项必须从本行政区域的实际出发，着力解决本行政区域内政治、经济、文化、社会生活等方面的实际问题。二则要求重大事项的范围，必须跟同级党委的

决策协调一致，根据党委决策的发展变化而适时调整。

## 四、当前地方各级人大及常委会重大事项讨论决定权闲置现象及原因

自地方人大设立常委会以来，各级人大及其常委会根据宪法和相关法律法规的有关规定，结合各地的实际情况，对重大事项讨论决定权制度进行了积极探索和实践，并通过制定地方性法规对重大事项讨论决定权的启动机制、运行机制和保障机制予以明确和规范。如山东青州市人大对重大事项讨论决定权的“处理程序”，从形势要求、提出要求和内容要求三个方面作出了规范；四川省雅安市人大为确保重大事项“决必行”“行必果”的问题，引入了严格问责机制，对市人大作出的决定决议不执行，提出的审议意见不认真研究处理的，市人大将采取询问、质询、组织特定问题调查、撤职等监督手段，严格依法追究有关机关和相关人员的责任[①]。但总体上看，地方人大及其常委会在该项职权的行使上并不充分，与人大及其常委会拥有的立法权、监督权和人事任免权相比，显得比较薄弱，存在“五多五少”现象：形式上通过的多，真正讨论决定的少；被动行使的多，主动讨论决定的少；作出的决定多，落实到位的少；临时动议多，计划性决议决定少；程序性、批准性决定决议多，实体性的决定决议少。究其原因，大致有以下几点：

### （一）认识不到位致使行使重大事项讨论决定权上的缺位、错位和移位

部分地方人大及其常委会对正确界定和规范行使重大事项讨论决定权，以及党委、人大和“一府两院”的关系都存在思想认识上的误区，致使行使重大事项讨论决定权上的缺位、错位和移位。比如，认为重大事项讨论、决定得多了，会有向党委要权、跟政府争权的嫌疑，甚至觉得把握不好分寸会“越权”“过界”，因此在工作中抱着“多一事不如少一事”的态度，甚至

---

① 参见《雅安市人大常委会出台讨论决定重大事项的规定》，http://yasrdw.gov.cn/news/ZHYW/2015710/EB9E.html，2016 年 10 月 26 日。

不依法行使重大事项讨论决定权。另外，实践中，一些人大及常委会在行使重大事项讨论决定权时，局限于“决定”，忽视“讨论”，而“讨论”的缺失，使得很多代表以及常委会的兼职成员对相关的重大事项缺乏全面、客观的了解，以致只要是政府将一些重大事项作为议案提交给人大，就基本全部通过，行使决定权之前的过程流于形式。

### （二）决策机制有待进一步健全完善

当前，党委决策权、人大决定权与政府执行权的关系还没有理顺。在许多地方，党委决定、政府执行或者党委政府共同决定地方重大事项仍然是一种基本的权力运行模式。一些本应由人大决定的重大事项，在实际运行中，要么是党委决定后直接交付政府执行，要么就是党政共同决策，以联合行文的方式确定重大事项的实施。这两种决策模式都绕开了人大及其常委会，致使人大及其常委会重大事项决定权被旁落、被搁置。

### （三）制度上存在一定的缺陷和不足

重大事项讨论决定权具有很强的法律性和程序性，但在相关的法律中对该制度，特别是对重大事项范围的界定及程序规定存在不够明确的问题。一些地方人大及常委会往往想当然的认为重大事项应当是顶层设计上的问题，市县、乡镇一般没有什么重大的事项需要人大作出决定决议；有的认为讨论决定重大事项程序很复杂，法律又缺乏可操作性，与其出错，不如不做；有的认为《立法法》《监督法》等对立法权、监督权等有明确要求，但是关于人大及常委会行使重大事项讨论决定权没有对应的法律，即便不行使也不会追究失职的责任，以至消极应付了事。

### （四）各级人大及常委会自身履职能力有限

与各级行政机关相比，人大及常委会的干部流动十分缓慢，“进出口”不畅，“只进不出”现象严重，久而久之，难免造成思维和视野上的局限，难以应对繁多复杂的各类重大事项。另外，各级人大常委会的领导，特别是主要领导多是在行政机关工作多年，习惯了“党委决策—政府执行”的传统权力运行模式，对人大及其常委会依法行使重大事项讨论决定权还很不习惯，也不适应，甚至主观上认为多一事不如少一事，将重大事项讨论决定权束之高阁。这些因素在一定程度上制约着各级人大及常委会工作的开展，影响人大讨论决定重大事项的质量和实效。

## 五、进一步贯彻落实人大讨论决定重大事项制度的基本路径

### （一）深化对人大讨论决定重大事项权的认识

1. 正确认识讨论决定重大事项权的重要性和必要性

讨论决定重大事项权是宪法和法律赋予各级人大及其常委会的一项法定职权，也是新形势下，党的十八届三中全会对人大工作提出的新任务和新要求。因此，地方各级人大及其常委会必须充分认识到重大事项讨论决定权是宪法和法律赋予的一项重要职权，行使是法定的义务，没有用好该项权力就是失职。另外，行使好重大事项讨论决定权，必须突破传统思维定势，既要破除“无所作为”的观念导致的讨论决定权虚化和闲置，又要防止过分强调人大讨论决定权而不顾实际任何事情都讨论、决定。

2. 因时对人大讨论决定重大事项的范围作出界定

对于是否有必要在宪法和法律层面对人大讨论决定权所涉及的重大事项的范围作出界定，目前的理论界和实务界存在两种针锋相对的主张。笔者认为，我国地域辽阔，各地情况千差万别，不可能，也没必要将哪些属于应当由人大或其常委会决定的重大事项一一列举。另外，由于《立法法》的修改，已经赋予广大省级及地级人大及其常委会制定地方性法规的准立法权限，地方人大及其常委会可以因地制宜、因时制宜的用好该项权力，及时对一些重大事项作出决定。例如，福建省人大常委会在审议《福建省促进生态文明建设若干规定（草案）》时，就根据常委会组成人员的审议意见将立法计划中的规定改成作决定的方式，及时审议通过关于促进生态文明建设的决定。

### （二）理顺党委、人大和政府三者之间的工作机制

从世界范围来看，20 世纪以后，作为代议制民主产物的议会的权力逐渐被削弱。与之相反，行政权力不断膨胀，所发挥的作用越来越大。在我国，从实际运行状况来看，由于惯性，“党委决策→政府执行→人大监督”的国家权力运行模式可能在今后较长时期、较大范围内会继续存在。但是，从社会主义民主法治的发展看，在国家权力资源的配置和模式选择上，党要民主执政、依法执政、科学执政，就必须充分运用人民代表大会这个执政的制度载体和操作平台，按照依法治国的要求理顺地方党委、人大、政府的关系，完善“党委建议→人大决定→政府执行”的国家权力运行模式。具体到人大讨论决定重大事项工作上来说，党委和人大及其常委会积极沟通协调，将党委的重要决策和重大工作部署转化为国家意志；对于人大作出的决定，同级政府坚决贯彻执行。

### （三）增强人大讨论决定事项工作的实效

1. 认真选好议题

选好、选准议题是各级地方人大及其常委会必须高度重视并认真加以解决的重大课题，也是落实人大讨论决定重大事项制度的重要基础。一方面，地方各级人大及其常委会必须坚持民生导向，将诸如涉及经济发展、环境保护、城市管理、社会事业等具有广泛的民意基础，得到社会各界普遍支持和认可的议题作为议决的重大事项；另一方面，地方各级人大及其常委会要加强和同级党委的沟通汇报，及时将党委的决策主张、重大部署，作为讨论决定的重大事项，尽快转化为国家意志。此外，地方各级人大及其常委会要建立并完善与一府一委两院，特别是政府有关部门的联席制度，定期了解决议、决定的落实情况，研究本行政区域内的重大问题，科学确定重大事项议题。

2. 抓好督促落实

实践表明，人大讨论决定重大事项制度贯彻效果如何，最终还是取决于决议、决定的贯彻实施上来。因此，必须下大力气解决工作中长期存在的“重

形式、轻内容”“重制定，轻执行”的问题，要建立健全“一府一委两院”执行人大常委会决议决定工作的书面报告制度；有针对性地开展对决议决定执行情况的跟踪检查。建立严格的责任追究制度，确保人大作出的决议、决定得到有效执行和贯彻落实。

### （四）进一步加强人大依法履职能力

一方面，要进一步优化人大常委会、专委会组成人员的年龄和知识结构，提高专职委员比例①，努力提高人大干部的法律和政策水平，提升人大常委会的议事质量和决策水平。另一方面，加强人大干部的培养、选拔力度，促进人大机关与党委、政府、司法机关之间的干部交流，确保人大干部进得来、出得去，进而提升人大及常委会工作人员把握重大事项的能力。此外，地方人大及其常委会要创新工作方式，进一步深入实际开展调查研究，体察民情，反映民意，为切实履行使好重大事项决定权提供保证。

**【参考文献】**

[1] 陈光亮：《县级人大常委会重大事项决定权程序制度建设初探》，《人大研究》，2015 年第 7 期（总第 283 期）。

[2] 黄顺祥、梁云峰：《进一步提高依法履职水平》，《今日海南》，2014 年第 2 期。

[3] 严心鹏：《关于地方人大行使重大事项决定权的思考》，《新疆人大》，2015 年第 9 期。

[4] 马克敏：《地方人大重大事项决定权工作机制探索》，《重庆与世界：学术版》，2014 年第 6 期。

[5] 袁金祥：《地方人大常委会行使重大事项决定权分析》，《人大研究》，2010 年第 10 期（总第 226 期）。

① 赖朝平：《试探人大专职与兼职成员有关概念的界定》，海南人大网，2016 年 1 月 19 日。

# 中山市开展地方立法工作开局探索与思考

课题组[①]

【摘要】2015年，中山市正式获得地方立法权，满足了中山在地方经济社会发展中需要通过立法来解决问题的迫切需求，为全面深化改革进程带来了新思路，也给地级市立法提出了全新要求。本文全面阐述了中山市获得地方立法权以来，主动适应中山深化改革和经济社会发展需要，积极开展地方立法工作的开局实践，对地方立法过程中如何处理好与党委、省人大、政府部门、第三方以及内部规范五方面关系进行初步的探究，并总结出中山市立法开局工作得以顺利开展的四大原因。

【关键词】地方立法　中山　立法开局

## 一、引言

中山市地处珠江三角洲中南部，是一代伟人孙中山的故乡，总面积1800平方千米，常住人口320万，2014年地区生产总值2823亿元，人均地区生产总值8.9万元。中山作为不设区的地级市，改革开放以来，充分运用粤港澳湾区经济圈中心腹地的区域优势、全国历史文化名城的人文传统优势、全

① 本课题由中国社会科学院法学研究所承担。课题组负责人：田禾，中国社会科学院法学研究所研究员、国家法治指数研究中心主任。课题组成员：吕艳滨、王小梅、栗燕杰、刘雁鹏、徐斌、赵千羚、刘迪、杨芹、马小芳、曹雅楠、周震、徐蕾、宁妍、赵凡、刘永利、宋君杰。执笔人：刘雁鹏，中国社会科学院法学研究所助理研究员；田禾等。

国著名侨乡的统战影响优势，走出一条经济社会协调发展的道路。为进一步巩固改革发展的成果，迫切需要将一些成熟的经验、好的做法上升为地方性法规。

2015 年 3 月 15 日，新修改的《中华人民共和国立法法》（以下简称《立法法》）将地方立法权扩大至所有设区的市，并在修改决定中专门规定："广东省东莞市和中山市、甘肃省嘉峪关市、海南省三沙市，比照适用本决定有关赋予设区的市地方立法权的规定。" 2015 年 5 月 28 日，广东省人大常委会通过决定，中山市自此成为广东省第一批正式开始行使地方立法权的地级市。

如何承接地方立法权，切实提高立法质量，真正发挥地方立法的引领和推动作用，更好地为中山改革发展保驾护航，是摆在中山市人大面前的一个重大课题。

## 二、立法开局探索

法律是治国之重器，良法是善治之前提。依法赋予设区的市地方立法权，是十八届四中全会关于全面推进依法治国的重大决定之一，是完善人民代表大会制度、扎实推进社会主义法治进程的重要举措，有利于设区的市更好地运用法治思维和法治方式解决本行政区域改革发展的重大问题，实现立法和改革决策相衔接，做到重大改革于法有据，对进一步完善法治体系、全面推进法治建设将产生积极而深远的影响。中山市认真贯彻党的十八届三中、四中全会精神和广东省委、省人大常委会的部署，加强立法工作机构和队伍建设，着力提高立法能力，积极做好立法工作，为地方立法开好局奠定基础。

### （一）中山立法有需求

中山市是珠三角区域重要的制造业和现代服务业城市，多年来利用其区域、人文、统战优势协调发展，创造了令人瞩目的成绩。经济高速发展的背后，中山市也存在着社会治安、城市建设、文化教育、医疗卫生、社会管理等问题。中山市通过努力，出台很多创新方案解决这些方面的问题。在社会治安方面，中山市通过“全民治安”打造平安中山[①]；在医疗方面，通过“事前公安介入避免冲突，事后第三方调解化解纠纷”的方式达到三年无医闹[②]；在教育方面，打破教育壁垒，推进城乡教育公平；在环境保护方面，通过雨污分流解决水污染问题。[③]

这些改革措施大多是领导集体会议决定，进而以文件形式层层下达，贯彻落实。这种通过红头文件下达政府指令的工作模式应当被逐步舍弃。首先，红头文件不稳定，极容易随着领导班子的更迭而发生变化，不仅影响政策推进的持续性和长久性，而且朝令夕改，将严重降低政府公信力。其次，红头文件的下发往往是领导拍脑瓜的结果，造成红头文件成为红头笑话。[④]最后，红头文件易违法，由于出台红头文件过程中缺少科学论证和民主表决，造成很多红头文件内容规定不合法或与上位法相抵触。[⑤]

中山的发展仍在进步，中山的改革仍要继续，但在发展和改革过程中应当摒弃原有的通过会议和红头文件贯彻落实的方式，转而依靠地方性法规。若没有立法支持，中山今后诸多的改革举措容易进入合法与违法之间的模糊地带。现有的改革措施没有上升为地方性法规，也很难继续贯彻执行，之前所有的改革成果也将可能付之东流。因此，中山市高度重视地方立法权申报和地方立法筹备工作，将其列入全面深化改革的主要任务予以推进，明确由

① 江泽丰：《全民治安提升群众安全感》，《中山日报》，2014 年 2 月 18 日第 A06 版。

② 黄惟勤：《广东中山，三年无医闹》，《人民日报》，2015 年 7 月 24 日第 23 版。

③ 李丹丹、郭锦润：《把雨污分流做成全省样板工程》，《中山日报》，2014 年 7 月 10 日第 A01 版。

④ 有的红头文件要求政府公务员帮助开发商卖房，有的红头文件要求政府公务员帮助政府拆迁，有的红头文件规定每年喝酒任务不能少于 200 万等，参见王志文：《潍坊市寒亭区红头文件指令干部替开放商卖房》，《经济参考报》，2009 年 3 月 30 日，第 001 版。袁启华：《小糊涂仙：酒不糊涂人糊涂》，《中国企业报》，2006 年 4 月 17 日第 005 版。

⑤ 如地方下发红头文件要求招考女性公务员必须要求乳房对称，有的红头文件擅自增加行政审批，有的红头文件为企业增设法外特权。参加席淑君，姚健：《公务员凭啥要乳房对称》，《中国妇女报》，2004 年 2 月 18 日。参见刘文超：《收玉米要办砍伐证》，《半月选读》，2009 年第 1 期。《红头文件保护排污企业》，《兰州晨报》，2006 年 9 月 16 日 A06 版。

市人大常委会全面统筹开展。中山市人大常委会积极推进，抓好工作落实，自 2014 年 7 月以来，根据市委全面深化改革、争创发展新优势的决定及推进民主法治领域改革的部署，把争取地方立法权列入重要工作日程，组织专责工作小组，把握时机和时间节点，争取与设区的市享有同等立法权，成为全省首批赋予地方立法权的地级市。

### （二）中山立法有能力

立法是一项系统性的工程，拥有地方立法权并不意味着一定能制定出良法，需要制度、人才、组织等各方面的条件才能保证立法的成功。为了保障立法治理，中山市积极从以下几个方面提高自身立法能力。

1. 完善立法机构

地方立法是设区市新增的一项重大事项，必然需要有对应的专门机构来承担。为此，中山市专门成立两个办事机构：中山市人大常委会法制工作委员会（简称法工委）、中山市人大法制委员会（简称法制委）。

法工委是负责综合性立法工作的工作机构。早在 2014 年，中山市人大常委会党组已向中山市委请示设立市人大常委会法制工作委员会。2015 年初，经市委同意，中山市机构编制委员会办公室批复设立法工委。法工委设正、副主任各 1 名，设综合科、法规科、备案审查科三个科室，拥有 8 个行政编制。为保证人员素质，配备高效的工作队伍，市人大常委会在全市范围内进行遴选，并注重从市法院、检察院和政府部门中选调优秀法制工作人员。

法制委是《立法法》规定的统一审议机构。为确保在开局之年顺利启动第一部地方性法规的制定工作，根据《中华人民共和国地方各级人民代表大会和地方各级人民政府组织法》《立法法》的有关规定及广东省人大常委会的工作要求，中山市于 2015 年 7 月召开第十四届人民代表大会，表决通过法制委员会成员名单。至 2016 年年初，法制委员会成员共 11 名，包括市人大常委会法制工作机构人员、专家、资深律师、基层工作者等。

2. 培养立法人才

除了设置相应的立法机构外，中山市对本市拥有的法治人才进行了统计。

统计显示：截至 2015 年 5 月，中山市有法学专业人才 3088 名，其中硕士研究生 366 人，博士研究生 10 人。对于一个地级市而言，这样的数量是可观的，但能列入立法高层次人才的却屈指可数。若一味强调引进立法人才也不符合中山实践：一是引进的立法人才不一定能够深入了解中山实际情况，二是有经验、有能力、有水平的立法人才不一定能够留得住。因此，中山重点从以下几个方面入手：第一，建立本地立法人才培养机制，加强对中山市人大法工委和法制委团队的培养，使其能够逐步担任立法重任。第二，建立立法人才发现机制，市人大在公检司法及行政职能部门发掘优秀的立法人才，还通过召开会议、学术征文等形式发现有潜力的立法人才。第三，建立立法人才跨部门交流机制，在法官、检察官、公安、法制、律师、仲裁员中选任优秀人才进入立法机构。

3. 健全咨询机构

2012 年以来，中山市努力争创“法治广东建设示范市”。为不断开拓思路，中山市人大常委会已建立了系列与法治工作相关的咨询机构，如与中国社会科学院法学研究所共建的法治国情调研中山基地，与电子科技大学中山学院合作建立的制度创新研究院。为更好地开展地方立法工作，中山市人大常委会进一步健全法治工作机构，在电子科技大学中山学院设立了地方立法研究所，借助本地的高校法律人才队伍为地方立法提供相关服务。同时，还将聘请中国社会科学院、北京大学、北京师范大学、中山大学、复旦大学、华中科技大学、华南师范大学等多个高等院校相关领域的专家学者为“中山市地方立法咨询专家”，为地方立法提供咨询和服务。

### （三）中山立法重民意

十八届四中全会提出“深入推进科学立法、民主立法”。立法除了要保证科学合理，还应当广泛听取民众的意见，做到民主立法。如何立法属于科学立法领域，应当咨询专家学者；立什么样的法属于民主立法领域，应当听取民众的意见。中山市认真贯彻党中央关于科学立法和民主立法的要求，广泛听取民众关于立法的意见。

其一，从民意调查立法建议。2015 年 4 月，中山市人大常委会委托第三方机构中山市地方立法研究院对地方立法课题开展研究，在全市范围内发放 5000 份调查问卷，围绕城乡建设与管理、环境保护、历史文化保护等三个方面向市民征集意见，形成《中山市地方立法课题调研报告》，收集市民对中山市立法工作的意见和建议，供市人大常委会参考。

其二，从民意了解立法需求。广东省人大常委会提出的立法工作要求为“最急需原则、最大共识原则、最具地方特色原则”三项原则。中山市人大常委会在确定立法项目时，积极回应群众关切的问题，围绕城乡建设与管理、环境保护、历史文化保护等三个方面，对政府部门推荐的立法建议项目进行认真筛选、调查研究、论证评估，最终拟订第一批立法项目共 7 个（城乡建设与管理方面 2 个，环境保护方面 3 个，历史文化保护方面 2 个）。上述 7 个项目中，于 2015 年内提请市人大常委会审议的有 2 个：《中山市水环境保护条例（草案）》《中山市城乡供水管理条例（草案）》。其中，由常委会主导起草的第一部地方性法规《中山市水环境保护条例》，与调查问卷反映的市民意愿完全吻合。

## 三、立法开局实践

2015 年，中山市全面贯彻党的十八届三中、四中全会及中共广东省委十一届四次全会精神，按照省立法工作会议的工作部署，在市委的领导下，主动适应中山改革和经济社会发展需要，积极、稳妥地开展地方立法工作，推进法治城市、法治政府、法治社会建设。为保证立法质量，确保开好局、起好步，发挥好立法的引领和推动作用，中山市人大常委会把正确处理好立法与地方党委、广东省人大、地方政府部门、第三方及内部规范等五个方面关系贯穿立法全过程，充分发挥在立法中的主导作用，确保科学立法、民主立法，为实现经济社会和谐善治的目标提供有力的法律制度保障。

### （一）处理好与地方党委的关系

加强地方立法工作，提高立法质量，维护社会主义法制统一，推进国家治理体系和治理能力现代化，既是地方人大及其常委会的一项重要职责，也是地方法治建设的一项重要任务。党的十八届四中全会《决定》对完善立法体制提出的主要举措中，首先是加强党对立法工作的领导，完善党对立法工作中重大问题决策的程序。中山市在地方立法的开局工作中，切实坚持党委的领导作用：

首先，中山市委常委会专门研究地方立法工作，听取法工委对2015年立法工作计划的情况报告说明，并把推进地方立法工作计划作为一项常规工作进行跟踪，保证工作计划的落实。

其次，重要分歧事项报请党委、党组出面协调、落实。法工委在制定《中山市水环境保护条例》时，对于起草过程中碰到的部门职能分工、调整等一系列有争议、难以定案的重大事项，及时向市人大常委会党组请示，党组及时转请政府协调职能部门，并与市政府领导协商妥善处理争议，为法规顺利出台和今后法规的实施奠定基础。通过坚持党委的领导，保证把地方立法决策与党委改革决策有机衔接起来，及时把改革成果以地方法规的形式巩固下来，共同为中山市经济社会发展营造好的法治环境。

### （二）处理好与省人大常委会的关系

《中华人民共和国立法法》第七十七条规定：“地方性法规案、自治条例和单行条例案的提出、审议和表决程序，根据中华人民共和国地方各级人民代表大会和地方各级人民政府组织法，参照本法第二章第二节、第三节、第五节的规定，由本级人民代表大会规定。”也就是说，设区的市的地方性法规的制定程序由设区的市的人民代表大会规定。根据《中华人民共和国立法法》第七十二条第二款“设区的市的地方性法规须报省、自治区的人民代表大会常务委员会批准后施行”的规定，设区的市的地方性法规报请省人大常委会审查批准是设区的市地方性法规生效的法定程序和必要条件。为此，中山市积极主动加强与省人大常委会的沟通，做到多请示多汇报，确保省人大常委会法制工作机构能够在立法过程中提前介入，听取他们专业的意见和建议，为地方立法工作顺利推进奠定基础。

首先，及时备案地方立法工作计划。中山市人大常委会在制定立法工作计划后，及时向省人大常委会法制工作委员会汇报年度计划，并进行备案，便于省人大全面掌握中山的立法情况。

其次，及时汇报地方性法规制定情况。根据《立法法》的规定，省人大常委会要对设区的市的地方性法规的合法性进行审查。由于经验不足，为确保地方性法规的合法性，中山市人大常委会在对第一部法规《中山市水环境保护条例（草案）》进行一审、二审后，分管的领导立即与广东省人大常委会法工委沟通，及时“备案”。这种方式也相应得到广东省人大常委会的支持，省人大法工委专门组织省直部门专家进行论证，并赴中山以面对面方式指导，力争把合法性问题解决在法规正式报请批准前。

最后，及时吸收意见和建议。中山市人大常委会在制定《中山市地方立法建议项目办法（暂行）》时，主动报请广东省人大常委会法工委，就把握不准的地方听取意见后，常委会才召开主任会议审议，保证制度的规范性和可行性。

### （三）处理好与政府部门的关系

有观点认为，地方立法将赋予地方政府更大的权力。这种理解误读了《立法法》的初衷。地方立法实际上是为了限制和规范地方政府的权力，让地方政府在上位法缺位的情况下，在地方性法规或者地方政府规章的框架内行使权力，避免地方政府以印发红头文件的形式自设行政权力，从而进一步规范地方政府权力。鉴于立法是为守法和执法服务的，在立法过程中，更应当从方便执法主体和相对人理解、掌握的角度出发设定法规条款。政府部门是执法的主体，是行政主体，具有丰富的执法经验，政府部门积极参与法规的起草，能有效提高地方法规的可操作性，为法规在当地的实施奠定坚实的基础。但是，行政权力作为国家权力的重要组成部分，具有管理事务领域宽、自由裁量权大、以国家强制力保证实施的特点，一旦被滥用，就会对公民的合法权益和依法治国方略带来损害。为此，在立法过程中应当尽量避免政府既当法规的制定者又当执行者的情况出现。中山市人大常委会在起草第一部地方性法规时，坚持树立正确的立法理念，着力平衡好两者的关系。

首先，坚持人大主导立法。根据《立法法》，地方立法的主体包括设区市的人大、人大常委会和政府。鉴于这三个立法主体的立法职能是不一样的，在区分这三类立法主体的职能时，应明确对立法起主导作用的是人大，以真正体现权力来自于人民。地方政府决策层更应当遵守这一地方立法的初衷，从一开始就杜绝利用地方立法谋求政府扩权、部门争利的念想，让地方立法朝着正确的方向发展。为此，原则上能由人大或常委会立法的就应当制定地方性法规；只有在来不及制定地方性法规的紧急情况下，才能制定地方政府规章，施行两年后根据实践，要么制定地方性法规或要么废止。从中山市的立法工作开局来看，市人大充分发挥主导协调作用，成立了由市人大法制委、常委会相关工委、政府相关职能部门、中山市地方立法研究院等共同组成的起草工作组，并由市人大常委会副主任、法制委员会主任委员担任起草工作组组长，便于统筹资源，协调各方的力量。

其次，立法与执法两者兼顾。在立法实践中，中山市正确处理好权、责、利的关系，既不由政府部门左右甚至主导立法，通过立法来扩权、确权、固权，谋取部门的利益；也不无视政府管理需要，一味地削权、限权、控权。起草第一部地方性法规《中山市水利环境保护条例》时，中山市人大常委会首先明确工作的总体进度安排，然后召开起草工作组会议确定草案的总体框架，结合各成员单位的工作职能进行起草分工，由各职能部门完成相关领域的建议稿。同时，把中山市地方立法研究院纳入进来，在起草、论证等阶段，都能公正客观地听取第三方的意见和建议，这样既吸收部门的意见，又防止地方法规掺杂部门保护主义。

### （四）处理好与第三方的关系

立法能力关乎立法质量。中山市的立法能力，有一个从无到有的生成过程。为尽量使这一过程更迅速、更坚实，中山市人大常委会积极引入第三方，充实立法力量。

首先，委托第三方参与地方立法。2015 年 4 月，中山市人大常委会委托中山市地方立法研究院对地方立法课题开展研究，发放了 5000 份调查问卷，在此基础上形成《中山市地方立法课题调研报告》，收集了市民对立法工作的意见和建议，为常委会研究确定立法项目提供重要参考。

其次，委托第三方参与地方性法规的起草。2015 年 7 月，中山市人大常委会把地方立法研究所纳入第一部地方性法规《中山市水环境保护条例（草案）》的起草成员当中，提升法规起草能力。

最后，委托第三方参与地方立法论证。2015 年 10 月，为了解决《中山市水环境保护条例（草案）》中反映比较集中的问题，法工委组织召开立法论证会。论证会邀请了环保、规划、水务、住建等相关领域的业务专家，关注水环境状况的省、市人大代表以及资深律师、法学教授等参加。作为受邀出席的第三方，他们开诚布公地表达自己的观点，发出不一样的声音，使论证会取得较好的效果。此外，中山市还将按照《中山市地方立法咨询专家库管理办法》，成立地方立法专家库，聚集一批法律、环保、城建、城管等方面的技术专家，依靠这个团队提高立法水平，做到科学立法。

### （五）处理好与内部规范的关系

中山市人大常委会把立法工作制度作为发挥人大立法主导作用、提高立法质量、增强立法实效的重要抓手，健全立法工作规程。中山市人大常委会 2015 年立法工作计划，确定了年内要制定五项制度。其制度的形成目前主要有三种方式。

首先，参照广东省的相关立法制度。在刚刚获得立法权的时候，面对具体立法工作相关制度的空缺，中山市参照广东省的地方立法条例和立法技术规范等规定，及时启动地方立法各项工作。经中山市人大常委会主任会议审议通过，相继制定了《中山市人民代表大会常务委员会立法论证工作规定》《中山市人民代表大会常务委员会立法评估工作规定》，规范地方性法规立法论证和评估工作，增强立法的科学性、民主性。

其次，参照其他城市做法，建立符合中山市实际的工作制度。为增强立法的针对性和实效性，规范立项工作，在参照广州等地做法的基础上，中山市结合本市实际，于7月经人大常委会主任会议通过了《中山市地方性法规立项办法（暂行）》。9月，已经按照该办法面向社会各界征集2016年度立法计划建议项目，为科学制定明年的立法工作计划奠定基础。

最后，建立具有中山特色的工作制度，形成合力。2015年8月，中山市人大常委会审议通过《中山市地方立法咨询专家库管理办法》，其中一个显著的特点即“一库双管”：由市人大常委会和市政府统一成立立法咨询专家库，但分设两个专家组分别管理，一个是市人大地方性法规咨询专家组，主要为市人大及其常委会制定地方性法规提供立法咨询服务；另一个是市政府规章咨询专家组，主要为市政府制定地方性规章提供立法咨询服务。虽然两个专家组分开管理，但可以交叉使用，能更有效地整合、统筹立法专家资源，充分发挥专家在地方立法工作中的智力支持作用。中山市还将制定《中山市立法联系点管理联系办法》《中山市立法论证工作规定》《中山市立法评估工作规定》等制度文件，建立立法协商、征求公众意见和意见采纳反馈等工作机制，力图通过规范的制度，确保地方立法工作按照法定程序和规定有序推进。

## 四、立法开局反思

近二十多年来，中山作为不设县、区的地级市，在特殊的扁平化行政管理体制下，通过先行先试、改革创新，走出了一条经济社会协调发展的道路，许多经验做法被冠以“中山模式”在广东省乃至全国推广。而在地方立法方面，中山市则正以开拓性的步伐坚实地向前迈进，在实践与探索中显示自己的独特之处。在短短的时间内，中山市能顺利地推进地方立法的各项工作主要得力于以下四大因素。

### （一）地方党委统筹领导

近年来，中山市形成了党委决策、人大决定、“一府两院”实施、社会参与的法治建设工作格局。这一工作格局毫无疑问为中山市的立法工作奠定良好的基础，使中山市在地方立法之初就能使党委的核心领导作用发挥得更加充分，在立法工作中更好地体现党委的权威。在立法开局工作中，中山市人大及其常委会始终坚持党的领导。例如，在制定2015年的立法工作计划时，中山市人大常委会党组报请了市委，经市委常委会研究同意后才提交市人大常委会审议。就这样通过法定的程序，把党委的意志转化为对全市立法工作的要求，起到高屋建瓴的效果，确保在立法过程中各个部门能通力合作。又如，对于在《中山市水环境保护条例》起草过程中碰到的部门职能分工、调整等一系列有争议的重大事项以及条例草案在审议、征求意见过程中反映比较集中的条款，人大法制工作机构都及时向常委会党组报告、请示，党组主动向市委请示，在整个立法过程中，都凸显党委的统筹协调，这样从体制机制和工作程序上有效防止了部门保护和部门利益法制化。

### （二）地方人大积极作为

人大监督要有实效，这既是一个老话题，也是一个新话题。一直以来，外界仍有不少人认为人大的监督是“橡皮图章”，流于形式，只是走走过场，没有实效。近年来，中山市人大常委会正是以务实的工作态度打破这一说法。中山市人大一方面不断探索完善监督方式，创新工作机制，依法加大监督力度，提高监督实效；另一方面，坚持从人大监督工作的特点和规律出发，灵活运用行之有效的监督形式和方法，与时俱进，探索创新，从而提高监督水平。2012年以来，从顶层制度建设入手，制定和完善《中山市人民代表大会常务委员会讨论决定重大事项规定》《中山市人民代表大会常务委员会规范性文件备案审查办法》《中山市人民代表大会代表议案及建议、批评和意见处理办法》等一系列地方规范性文件，使有关的法律法规在本行政区域内得到有效实施。

结合中山市不设县、区的扁平化行政管理特点，市人大在法律框架内实现有限突破，创新制定《中山市镇人民代表大会监督工作暂行办法》，保障基层人大的监督权力，取得很好的效果。中国社会科学院法学研究所2015年以《走出“边缘”地位的乡镇人大——基于对2014年中山市镇级人大监督工作的现实考察》为题，介绍了这一做法，收入中国法治蓝皮书公开出版。中山市地方立法的顺畅推进，正体现了中山市人大常委会长期以来在当地政治生活中树立的地方权力机关权威地位。目前，地方立法工作中缺少的就是人大对立法全局的统筹及活动全过程的把握，以及人大在审议法规前的多个环节如何更好地发挥主导作用，如征集立法建议项目、法规立项、草案起草等方面。中山市人大正是在政治生活中具备权威地位，才能在短时间内做到科学立法和民主立法——不是简单地在审议和修改过程中举举手、走走程序，而是抓住问题的关键，注重对立法工作的统筹协调，充分发挥主导作用。从开局之初，中山市人大就坚持四个“主导”的定位，即主导立法方向、主导立法起草、主导立法前评估和立法后评估、主导立法审议和协调。

### （三）政府部门高效配合

地方立法是一项政治性、专业性很强的工作，仅依靠市人大法制委员会和常委会设置的法制工作委员会是远远不够的，所以部门与部门之间的配合协调显得尤为重要。在党委的统一领导下，部门熟悉业务的优势得以发挥，部门间形成良好的沟通协作机制，部门的联动力量被充分挖掘，从而弥补立法主体专业不足的缺陷，有力推进立法工作顺利进行。

首先，部门的参与及合作，提高了工作效率。在《中山市水环境保护条例（草案）》的起草过程中，起草工作组就召开了四次工作组会议、六次工作碰头会议，且每次会议都是分管业务科室的领导和熟悉的业务骨干参加，共同确定草案的框架和主要内容，一个月内研究提出的草案建议条文超过150条。

其次，部门之间良好的沟通协调确保了效果好。由于环境保护的内容比较广泛，涉及的职能部门较多，且对应的上位法的依据也不一样，在起草过程中部分职能部门的意见存在分歧是不可避免的。条例草案只是按照某个部门的职能或上位法的要求去简单地罗列条款肯定是不行的，地方性法规必须处理好法律的内部关系。为此，在整个起草过程中，围绕分歧和重点关注的问题，起草工作组多次召开工作会议、论证会，最终达成共识。

### （四）政治环境开放文明

中山市立法工作开局得以顺利进行，除了党委统筹、人大积极作为、政府高效配合之外，还离不开中山市开放文明的政治环境。

首先，政府提供了畅通的民意反映渠道。有法律学者指出，地方立法权越大，损害公民基本权利的可能性也就越大。可见制约地方立法权很有必要，应当创造条件让民众发挥更大的积极作用。近年来，中山市力推依法行政，努力建设法治城市，以法治思维和法治方式推进政府职能转变，着力塑造阳光政府，政府信息公开透明，畅通了社会公众广泛深入地参与地方政治生活的渠道。这使得社会公众在地方立法过程中有渠道、有机会表达意见，使地方立法充分体现民意，做到民主立法。而通过民意来制约立法权，既可以防止立法走偏，还可以提高立法质量。

其次，中山市民对城市政治生活的关注与参与度高。推进地方治理能力现代化的进程，用好民意这张牌，是永恒的主题。立法亦是如此。在城市的发展进程中，中山市历来重视依靠群众。如在社会治理中，分别推出“全民修身”“全民治安”“全民创文”“全民禁毒”“全民绿化”“全民防医闹”“全民除三害”等系列行动，发动群众参与，收到较好的效果，广泛调动群众的政治生活参与度，为地方立法机构在立法当中能深入倾听民意，广泛征求社会意见做好铺垫。

最后，本地专家、学者的积极支持与参与。长期以来，中山市注重实践与理论的结合，促使地方政府和高校、法律机构形成良好的互动关系。在全面深化改革与经济社会发展对立法工作提出新要求的时代背景下，中山市的专家、学者积极踊跃地参与地方立法工作，使立法机构借助高校专家、学者的力量，为地方立法提供理论支撑和智力支持。相应地，地方立法实践也为各相关学科的理论研究、发展提供了实践平台，在立法实践中检验理论研究成果，提升学科的理论研究水平。

## 五、结语

中山市大力推进法治建设，在立法开局中逐步走出了一条开拓性道路。中山市的立法开局不仅对于中山，而且对于其他设区的市地方立法的开局都有重要的启示。诚然，各个设区的市总有自身独特的政治环境和背景，中山市的经验和思考并不能完全适用于其他设区的市。但相信各个设区的市在党委正确领导下，以推进社会治理和治理能力现代化为目标，发挥地方立法的引领和推动作用，必将创造出更多鲜活的经验。

# 论法治中国背景下基层检察机关的执法观念

陈俊涛[①]

【摘要】十八届三中全会作出推进法治中国建设的重大部署，提出维护宪法法律权威、改革司法及司法人员管理体制、健全司法权力运行机制等多项措施。检察机关作为法律监督机关，更应当牢固树立平等守法、尊重司法规律、保障人权和加强自身监督制约的观念，认真贯彻落实《中共中央关于全面深化改革若干重大问题的决定》提出的一系列重大举措，为法治中国建设作出更大的贡献。

【关键词】法治中国建设　执法观念　检察机关

十八届三中全会作出《中共中央关于全面深化改革若干重大问题的决定》（以下简称《决定》），将推进法治中国建设作为全面深化改革的重要内容，提出依法治国、依法执政、依法行政共同推进，法治国家、法治政府、法治社会一体建设的总体思路，以及维护宪法法律权威、深化行政执法体制改革、改革司法及司法人员管理体制、健全司法权力运行机制等多项措施。检察机关作为宪法和法律确定的法律监督机关，应当及时更新观念，认真贯彻落实《决定》提出的一系列重大举措，为法治中国建设作出更大的贡献。

## 一、更加牢固树立平等守法的观念，确保公平、统一地执行好法律法规

---

① 陈俊涛，中山市人民检察院研究室副主任、检察员。研究方向：法学。

《决定》提出要把全面贯彻实施宪法提高到一个新水平，重申法律面前人人平等的基本原则，并强调任何组织或者个人都不得有超越宪法法律的特权，一切违反宪法法律的行为都必须予以追究。改革开放以来，我国已经初步建立起一套中国特色社会主义法律体系。法治中国建设的重点和难点在于法律的实施，而法律实施的重中之重又在于在全社会范围内真正树立平等守法的观念，落实法律面前人人平等的原则。

当前我国法律实施不理想、司法公信力不足的原因有很多，重要的一点就是没有真正做到平等守法。在现实社会中，守法不平等主要有以下两种表现形式：一是部分人、组织和企事业单位凌驾于法律之上，特权思想严重，行为逾越法律界限；二是执法、司法机关不能一视同仁，在保护或惩处上因人而异，不能按照法律的具体规定和法治精神平等对待执法对象，造成执法不平等，纵容甚至变相加剧守法不平等。

检察机关是法律监督机关，确保法律统一正确实施是宪法和法律赋予的神圣职责。要真正做到统一正确地实施法律，平等执法是首要条件。对于检察机关来说，平等执法要做到以下三点：

一是不偏不倚地对待各类法律关系主体。在工作中，尤其要贯彻落实《决定》提出的平等保护各种所有制经济产权和合法利益，保证各种所有制经济主体依法平等使用生产要素、公开公平公正参与市场竞争、同等受到法律保护的要求，对国有、集体所有制经济和非公有制经济，对大型企业、“明星企业”、“利税大户”和中型、小微企业在执法过程中要一视同仁，切实纠正执法、司法工作中存在的重点保护、差别保护和地方保护主义倾向，为市场充分、良性竞争，为深化经济体制改革创造良好的法制环境。

二是要敢于碰硬，尤其是在查办职务犯罪过程中，要旗帜鲜明地排除阻力、反对特权，“苍蝇”和“老虎”一起打，为实现《决定》提出的强化权力运行制约和监督体系，“把权力关进制度笼子”的目标发挥好职能作用。

三是遵照“类似情况类似处理”的原则，适用统一的规则处理问题，并且履行好监督职能，加强和规范对执法活动、审判活动的法律监督。加大立案监督、侦查监督力度，促进侦查机关规范执法，应用好案例指导制度和量刑建议手段，纠正“同案不同判”现象，积极探索实现量刑规范化的工作机制，确保保证国家法律统一正确实施。

## 二、更加牢固树立尊重司法规律的观念，加快推进检察体制和工作机制改革步伐

“徒法不足以自行”，法律不可能自动适用于社会生活，推进法治中国建设，发挥法律在社会生活中的先导性、基础性作用，关键在于正确实施法律，而正确实施法律的关键则在于充分尊重司法规律。司法规律是由司法机关的特殊属性和职能定位决定的，是千百年来人们在长期的社会生活和法律实践中摸索和总结出来的，不以人们的主观意志为转移。司法规律要求司法机关统一尺度、严格执法，以确保法律的统一正确实施为天职；要求司法人员独立办案，只服从法律。

但在实践中，司法机关却受到行政化和地方化的双重侵蚀，宪法和法律赋予的独立地位缺乏制度保障，在办案过程中不仅容易受到权力的非法干扰，还承载了太多诸如维稳、发展地方经济等法律之外的政策限制和社会功能，执法观念在一定程度上出现扭曲。在执法办案过程中片面强调“稳定压倒一切”的“唯稳论”、“搞定就是稳定，摆平就是水平，没事就是本事”，以牺牲规则适用的统一性和公平性为代价追求“案结事了”。“唯稳论”和“案结事了”的观念在处理部分案件时虽然有助于暂时平息矛盾纠纷，但同时会变相纵容、鼓励缠访闹访和滥用诉权等行为。

尊重和顺从司法规律，关键是要建立起一整套与之相适应的体制机制。习近平总书记在《关于〈中共中央关于全面深化改革若干重大问题的决定〉的说明》中明确指出，司法公信力不足很大程度上与司法体制和工作机制不合理有关。《决定》将司法改革纳入全面深化改革，做出推动省以下地方法院、检察院人财物统一管理，探索建立与行政区划适当分离的司法管辖制度等一系列符合司法规律的重大举措，提出建立符合职业特点的司法人员管理制度

的目标，在顶层设计和制度操作层面，朝着保障法院和检察院独立公正的方向迈出了一大步。检察机关应当抓紧抓好这一难得的历史机遇，全面贯彻落实中央和上级检察机关在司法体制和检察体制方面的改革措施，并在法律和政策许可的范围内，不失时机、积极主动地探索合乎司法规律和诉讼活动规律，巩固检察机关的独立地位，不仅有利于凸显检察官在执法办案过程中的主体地位，并且符合本地实际的工作机制，为检察事业的长期健康发展打好基础。中山市从1999年开始试点主诉检察官办案责任制，从2005年开始推行。该制度的推行有助于保障检察官在执法办案中的主体地位，在一定程度上纠正了承办检察官、公诉部门负责人和分管检察长“三级审批”模式下行政色彩过浓，办案效率不高，以及因“办案人不定案、定案人不办案”导致的权责不统一、责任不明确的弊端，取得了较好的效果，并且为检察人员分类管理改革打下了基础。笔者认为，可以抓住贯彻落实十八届三中全会这一契机，进一步推动主诉检察官乃至主办检察官办案责任制改革，为探索检察体制改革积累有益经验。

## 三、更加牢固树立人权保障观念，严格遵守法定程序执法办案

继2004年“尊重和保障人权”入宪、2007年被写入党章，2012年被写入修改后的刑事诉讼法总则部分之后，《决定》重申了尊重和保障人权的政策方针，将完善人权司法保障机制纳入全面深化改革的整体部署来谋划，并且作出了废除劳教制度，健全国家司法救助和法律援助制度等重大决策，提出了进一步规范查封、扣押、冻结、处理涉案财物的司法程序、健全错案防止、纠正、责任追究机制逐步、减少适用死刑罪名等具体措施，推动人权保障向前迈出实质性步伐。

完善人权的司法保障制度，是司法改革的重要内容，是法治中国建设的核心议题，更是全体人民的共同愿景。检察机关必须深刻领会《决定》的精神实质，全面贯彻落实《决定》的要求，更加牢固树立尊重和保障人权的执法观念，为人权保障事业与法治中国建设提供司法保障，在执法办案过程中

坚持以人为本，切实保障每个公民的每一项合法权益和诉讼权利，坚守防范冤假错案底线，让人民群众在每一个司法案件中都感受到公平正义。

检察机关强化人权保障的核心在于健全和完善侦查和司法程序，并且严格遵照法定程序执法办案。从近年来陆续曝光的一批冤假错案来看，产生原因几乎都是办案过程中存在刑讯逼供等严重的程序违法问题。在中山市的刑事司法实践中，检察机关也查办过个别侦查人员刑讯逼供的案件，在审查案件过程中曾经甄别出个别错误立案的案件。由于发现及时，这些案件没有酿成严重后果，但无疑给我们敲响了警钟。作为检察机关，必须切实增强程序意识，牢记正当程序在执法办案中的极端重要性，严格遵照法定程序执法办案，把司法正当程序问题摆在突出位置抓紧抓好。

一是要按照《决定》要求，在查办职务犯罪过程中，进一步规范查封、扣押、冻结、处理涉案财物的司法程序。

二是切实发挥好法律监督职能，在发现和纠正侦查机关、审判机关违反法定程序办案上发挥应有作用。进一步贯彻落实新刑诉法确立的非法证据排除规则，不仅要认真甄别和排除非法取得的供述等证据材料，还要建立相应的倒查机制，应用好检察机关对非法证据的调查核实权和职务犯罪侦查权，从甄别出来的非法证据入手顺藤摸瓜，查明侦查活动中存在的非法行为和责任人员，督促侦查机关进一步规范侦查行为，尤其要杜绝执法活动中存在刑讯逼供、体罚虐待等严重侵犯人权的现象。

三是要按照 2013 年中央政法委出台的关于切实防止冤假错案的指导意见的要求，建立健全法官、检察官、人民警察在职责范围内对办案质量的终身负责制，明确冤假错案标准、纠错启动主体和程序，建立健全冤假错案的责任追究机制，为守好防止冤假错案的底线提供制度支持。

## 四、更加牢固树立监督制约观念，确保检察权在阳光下规范运行

《决定》一方面提出要确保依法独立公正行使审判权检察权，另一方面对司法权力的规范运行提出更高要求。《决定》提出，要确保健全司法权力

运行机制，优化司法职权配置，健全司法权力分工制约机制，加强和规范对司法活动的法律监督和社会监督，并且在推行审判公开、检务公开、法律文书说理等多个方面作出具体部署和要求。随着省以下地方法院、检察院人财物统一管理等改革措施的推行，检察机关的独立性将有所增强，与此同时，加强对检察权运行的监督制约也将更加迫切。在全面深化改革背景下，检察机关更要牢固树立接受监督制约的意识，从建立健全工作机制入手，把检察权的运行关进制度的笼子，确保权力在阳光下规范运行。

强化自身监督，是提高检察机关司法公信力的必由之路，是检察机关确保独立公正行使检察权的必要条件，也是落实《决定》所提出的强化权力运行制约和监督体系的重要环节。在实际工作中，检察机关可以从以下三个方面入手强化自身监督。

一是加快工作机制改革步伐，优化权力配置的同时兼顾强化内部监督，切实强化检察机关执法办案各环节中不同性质、权能之间的有效制衡，并且整合检察机关内部现有的纪律检查、监察和检务督察监督机制，建立上级院对下级院的巡视制度，形成内部监督合力。

二是尊重与侦查、审判机关之间的分工负责、相互制约关系，既要全面履行法律监督职能，又必须保障侦查权的复议复核权，尊重审判权的独立性和判决的权威性，充分发挥公检法三机关在办案环节上的相互制约作用，不越位、不错位、不缺位，把好防止冤假错案关口。

三是顺应司法民主化潮流，深化检务公开制度，进一步健全人民监督员和特约检察员工作制度，充分利用好网站、微博、微信、“检察开放日”等载体，按照上级统一部署逐步实现终局性法律文书上网公布，依法接受人大监督和民主监督，拓宽人民群众有序参与司法渠道，努力创造条件接受社会监督和舆论监督。

# 甄别、分流、调整：预立案的实践探索与制度设计

## ——以中山市第二人民法院民商事案件预立案实践为样本

李世寅[①]

【摘要】随着“大调解”格局的构建，预立案改革出现了尝试与运用社会多元化力量进行调解的新趋势。本文以中山市第二人民法院对民商事案件试行预立案的实践经验为调研样本，结合其他法院预立案的经验做法，尝试对预立案进行一种综合考量的制度设计与路径安排，以达到既及时化解纠纷、减轻当事人诉累，又能提升立案效率、节约司法成本的改革目的。

【关键词】预立案　分流立案　诉前联调　调解纠纷

### 一、前言

预立案，是将立案程序前置的一种改革方式，其初衷在于分流矛盾纠纷，缓解法院案多人少压力，后来随着“大调解”格局的构建，预立案改革又出现了尝试与运用社会多元化力量进行调解相对接的新趋势。本文以中山市第二人民法院对该院民商事案件试行预立案的实践经验为调研样本，结合其他法院预立案的一些经验做法，尝试对预立案进行一种综合考量的制度设计与

① 李世寅，中山市第二人民法院研究室副主任。研究方向：法学。

路径安排，以找到既及时化解纠纷、减轻当事人诉累，提升立案效率，节约司法成本的改革目的。

## 二、现状考察：预立案改革的实践样本分析

中山市第二人民法院从 2011 年开始试行预立案改革，即在“大调解”改革的基础上，以现有的诉前联调、诉调对接机制为平台，由法院在立案审查阶段，将符合条件的一审民商事案件先行移送诉前联调工作室和诉调对接工作站进行调解，调解不成再按照受理程序进入立案环节进行诉讼，对调解成功的案件及时予以司法确认，从而达到分流案件、化解纠纷、提升立案效率的目的。预立案的实施，收到较良好的效果，收案增长较实施前同期减少 11%，化解了一批民商矛盾纠纷。在 2011 年进行司法确认的 965 宗道路交通事故纠纷案件中，仅有 2 宗申请强制执行，无一信访投诉，大部分案件都能做到当场履行，司法确认时间普遍为半小时，最快的为 20 分钟，有效地减轻了当事人的诉累。①

对预立案这一制度，国内其他地区法院也有进行有益的探索。如湖北省通城市人民法院设置“立案前置”程序，将诉前调解设置为立案前置，对申请立案的婚姻家庭、劳动争议等类型案件，法院立案庭进行预立案登记后发送预立案登记卡，引导当事人到相关单位进行调解。如调解成功，驻该单位巡回审判点即出具法院司法确认书，当事人持司法确认书可直接申请进入执行程序；如双方当事人未能达成调解，则由相关单位在预立案登记卡设置的反馈意见栏中填写调解不成意见并签字盖章，当事人持卡到法院立案庭再正式立案，进入诉讼程序。②

① 数据样本来自中山市第二人民法院《关于开展预立案及诉前联调工作的调研报告》。

② 通城市人民法院出台了《关于类型案件试行预立案及诉前调解若干问题的规定》。从预立案的概念、目的、类型案件及预立案登记卡设定的内容，预立案案件委托办理的载体、流程与原则，调解，正式立案和审判等方面进行了规范，见 http://hubeigy.chinacourt.org/public/detail.php?id=23091。

广东省东莞市第一人民法院从2011年4月7日起进行预立案试点改革，截至当年10月31日，该院共完成预立案案件882件，其中调解、撤诉案件258件。[①]河南省南阳市两级法院创设“预立案”制度求解民事矛盾，试行初期就完成“预立案”3121件，调解撤案成功1243件，占了近四成。据不完全统计，仅“预立案”一项就为当事人减少诉讼成本100多万元，也减轻了法院的受案压力。[②]

## 三、理想状况：预立案改革设计的预期目标

预立案制度的创设，其主要目的在于推动社会管理创新，利用协同管理理论达到有序分流案件，利用社会多元化资源去应对多元化纠纷，确保一大批矛盾纠纷可以顺利化解在立案窗口前沿，确保立案质量提升。其制度设计的预期目标在于：

### （一）发挥立案分流功能

即法院在立案审查阶段，采取预立案模式，首先对案件是否属于法院主管、是否属于本院管辖作基本判断，然后对符合主管与管辖条件的案件作预备登记，再对案件进行矛盾纠纷性质、标的大小、地域情况、复杂程度等方面的研判，根据情况分流给辖区内的综治信访维稳中心、人力资源与社会保障分局、交通警察大队、商会、行业协会、妇联，达到立案过滤、分流的目的，

① 东莞市第一人民法院预立案改革初衷：一是规范案件的管理。该院受理案件数量多、种类多，为了做到诉前调解、立案审理两不误，通过“预立案”，让当事人签署《诉前调解申请书》，自愿将案件交由法院调解一个月后再行立案。二是开展诉前联调。在诉前联调机制下，法院通过与社会多个部门联动起来，提前介入纠纷，从而化解纠纷于诉前。三是提高结案均衡度。针对鉴定案件耗时较长的情况，该院对此类案件进行“预立案”，减少鉴定案件的审理期限，提高其结案均衡度。另一方面，通过“预立案”开展诉前调解，避免大量案件集中在某一时间段流入到该院，缓解该院的办案压力，提高该院的结案均衡度。见东莞第一人民法院网，http://dyfy.dg.gov.cn/xwzx/gzdt/2011/11/25105450969.html。

② 河南南阳法院创“预立案”制度求解民事矛盾，http://news.qq.com/a/20091026/000599.htm。

缓解法院案多人少的矛盾。[①]

### （二）发挥矛盾纠纷的预警、防范功能

基层矛盾纠纷从产生到扩大到恶化通常需要一个逐步上升的过程。基层法院及法庭作为面对基层矛盾纠纷的重要防线，应注重发挥矛盾纠纷的预警、排查、预防功能，充分利用社会矛盾综合治理机制，与其他部门形成协同配合机制，共同将矛盾纠纷化解在基层，化解在萌芽，化解在诉讼程序之前，不让其升级恶化。如中山市仅各类民间调解组织就有 453 个，其中市级调解委员会 1 个、镇（区）调解委员会 24 个、村（居）调解委员会 278 个、企业调解委员会 150 个，共有调解人员 2560 人，形成庞大的调解网络。充分利用好这一网络，结合劳动、交警等部门，就能将大部分纠纷予以及时掌控、化解。

### （三）保障诉讼功能

预立案制度的实施，其目的也在于保障当事人诉讼权利，做到方便群众诉讼。一是诉权登记功能。基层群众由于文化程度不高、法律知识缺乏，在传统立案方式下，往往存在诉求表述不清、证据收集不足、起诉错误对象的情形。如果按照以往的立案模式，往往会由于上诉瑕疵而立案不成；或者虽然立案成功，但在审判阶段面临起诉或者诉讼请求被驳回的危险；或者由于为补充诉求及证据而导致诉讼时效丧失，不利于保护诉讼人合法权益。预立案制度的实施，对当事人基本诉求予以预先登记，从法律上产生中断诉讼时效的作用，避免当事人由于自身知识经验不足而丧失保护合法权益的机会。另一方面，通过合理分流纠纷，法官释明及相关机构的调解，可以使当事人对自己的诉求、证据有较为清晰的了解，把当事人不正确、有矛盾的诉求予以排除，把当事人不充分的证据及以补充或赋予调查时间，对当事人不理解

---

① 1999 年 B 市法院有法官 115 人，当年结案 13105 件，人均 124.8 件。2005 年该院有法官 129 人，当年结案 20163 件，人均 156.3 件。2007 年该院法官 132 人，当年结案 29452 件，人均 223 件，法院案多人少的趋势逐年严重。

的情形进行解释说明，澄清其错误认识，使当事人对自己的诉求有清晰认识，避免了对法院立案工作及审判工作的误解。二是防止诉权滥用。由于个别当事人存在不诚信行为，恶意诉讼、虚假诉讼、重复诉讼的情形在司法实践中也时有发生，这些诉讼一旦进入审判执行阶段，必然会导致法院司法资源的浪费，此外，合法诉讼中，当事人过度保护自己合法权益的情形也会增加法院司法资源的耗费，如常见的滥列被告或第三人、过高提出诉讼请求、无故提出反诉等滥用诉权现象时有发生。①

预立案，使得立案审查时间得以大大延长，通过其他机关的调解，则增加了使上述情形更多暴露的机会。此外，还可以借助网络科技手段，可以建立恶意诉讼、虚假诉讼案例信息库、通过查询本院及相邻法院的案件管理系统，对预立案件有初步判断，并将嫌疑情况进行登记，并进行查明，对不符合立案条件的纠纷不予立案，避免进入诉讼程序，对不合理的立案请求事项进行删除，从而提升立案质量，也确保了审判部门能集中精力与资源去处理真正的纠纷。

### （四）提升审判工作效率与质量

一是提升立案工作质量，明晰案由，理解当事人真正的争点，避免立案案由与结案案由的不统一。二是有利于发挥内部调控功能，使案件受理避免出现大起大落的情形，确保法院收案平稳可控，保持收结案均衡度。三是便于审判部门法官对过滤分流后剩余的案件能集中人力精力去进行审理，提升审判质量与效率。四是调解前置功能使法官在以后的立案调解、诉前调解、诉中调解、诉后调解及判后答疑、执行和解过程中，使当事人对诉讼预期、案件事实、证据情况、法律依据有较为清晰的了解，消除了当事人对调解的抵触情绪。五是符合诉讼经济原则，减少当事人诉累，预立案能使得立案审

---

① 调研发现，劳动争议案件当事人滥用诉权现象较为突出，常见的为纠纷起因为拖欠工资，但追索的却包括工资、提成收入、加班工资、违法解除劳动合同赔偿金、高温津贴、带薪年休假奖金等十几个名目的诉求，甚至包括不属于劳动争议关系的员工对公司的借款等，导致立案审查的困难。

查功能在七天的较短时间内得到强化，能真正了解当事人的诉讼目的，对当事人是否适格、是否具有诉讼利益得以正确判断，减少当事人因程序性瑕疵而被驳回起诉，避免当事人为一个争议打几场官司，也避免了法官重复劳动。六是提升审判效率，如鉴定前置，审判阶段就可以直接根据审查鉴定结论及其他证据的结果，一次到二次开庭就可以做出判决，使得审判流程大为缩短，从而提升了诉讼效率。①

### （五）其他作用

有利于发挥其他国家机关、社会组织、社会力量的综合实力，增强调解能力，提升其他调解组织的调解公信力，提升调解专业性，从而达到提升调解效果、化解矛盾、减少涉诉信访的作用。

## 四、困境：预立案制度实施的障碍与质疑

预立案作为社会管理创新及法院改革创新的一种新生事物，在制度运行实践中不可避免地遭遇一些质疑与困惑。

质疑一：预立案运行模式突破了现有法律规定。根据《中华人民共和国民事诉讼法》第一百〇八条规定，当事人起诉只要符合“原告是与本案有直接利害关系的公民、法人和其他组织”等四个条件，立案法官就应予以立案，不得拒绝。理论界普遍认为，民事诉权作为公民、法人和其他组织的一种权利，任何人都不得非法侵害和阻碍其行使，部分提议修改《民事诉讼法》的专家也持有同一观点。② 预立案是直接在立案阶段前置分流案件，明显突破了现

① 调研发现，中山市第二人民法院长期未结案件，即超过 18 个月以上未结案件共有 41 件，其中因鉴定程序未进行完而导致案件不能及时清结的占 38 件，比例非常之高。有的鉴定程序需要进行 2—3 次，鉴定周期普遍在 3 个月以上，医疗事故鉴定及建设工程造价、质量及补强费用鉴定期间甚至高达 2 年。如进行鉴定前置，则避免了案件进入审判阶段而长期积压的情形出现。

② 《民事诉讼法修订专家建议稿（四）》明确规定，当事人向法院提起诉讼，提交了符合要求的起诉状，法院无需进行审查就应立案登记。法院不得拒收当事人的起诉状，民事诉讼法修订：立案登记制度保护当事人诉权，见 http://www.66law.cn/news/8460.aspx。

有法律规定，理论依据的缺乏，容易引发群众对预立案制度正当性的质疑。

质疑二：个别当事人、律师的不理解与不配合，认为预立案是变相剥夺当事人诉权。他们认为：“有告必理”是现代社会的一项基本法制原则。公民向法院提起诉讼，保护自己合法权益，是其基本权利，法院不得随意剥夺及干预。法院推行预立案改革，只是出于自身的功利目的，而向外界推卸负担。有的律师出于自身利益的考量，对预立案改革意见很大，认为预立案会导致新的立案难，拖延诉讼时间，导致法院选择性立案，有违司法平等的原则。可见，民意对改革制度的认识和接纳程度直接关系到该制度能否在社会上立足及长远发展。可以说，民意认同度的高低，直接决定着预立案制度的存续，进而影响到其优越性的发挥。

质疑三：预立案设计与现有立案法律规定其他措施相冲突。如民事诉讼法规定的先予执行、财产保全制度，当事人如果在预立案阶段提出先予执行、财产保全申请，或者提出证据保全申请，法院立案庭应如何处置；如果在案件分流给其他部门调解阶段提出，法院立案庭受理或拒绝的依据又是什么？

质疑四：预立案制度在一定程度上突破传统立案庭职责，但在目前试点基础上，立案庭作为预立案的承载主体，存在结构模式和人员配备不足的缺陷。立案庭的重心仍然放在传统的立案审查、诉讼保全、信访受理甚至评估鉴定上，将重心放在预立案审查、案件外部分流，为当事人释明法律关系、初步审查证据、确定诉讼主体是否适格，有无必要追加变更当事人等环节均未能有较多人力进行安排，制度先进而投入不足，必然造成预立案效率的降低。

质疑五：预立案还存在一些较难解决的实务障碍。① 衔接机制参与主体有待扩大。目前预立案分流案件多分向基层司法所、人民调解组织、综治维稳中心等机构，而消费者委员会、妇联、商会、保险协会等非诉调处机构所对应的类型案件则较少分流，案件分流工作呈现不均衡局面。② 非诉纠纷解决机制的资源利用率低。人民群众对“预立案”“诉前联调”机制的优点了解不够，缺少认同感，而基层调解人员大多为兼职，难以保证有足够的精力和时间参与调解工作。③ 法院与其他调解组织对证据的要求和宽严程度不一导致分流衔接程序不顺畅。个别基层调解组织人员对证据的要求和审查较为宽松，调处纠纷质量不高，甚至有“违法”调解的情形发生。④“预立案”的配套机制、激励机制还不健全，如社会调解组织缺乏经费保障等问题妨碍其效能进一步发挥。预立案监督纠错机制尚未建立起来。

## 五、制度重构：预立案制度的重新设计与路径完善

预立案是法院延伸审判职能、参与社会管理创新的一种模式，也是法院加强自身改革创新的一种制度设计。为使预立案真正发挥应有的职能作用，实现其改革目的，应当从法律层面、制度层面和实践操作层面加以规范和保障。

### （一）上升为法：从立法上肯定对接机制的正当性

预立案改革目前只是部分中级法院及基层法院的内部规范及试点改革，不同地区对预立案工作理解不同，具体操作模式、立案载体、受理范围、预立案时间、监督激励机制等也各有差别。有必要通过总结实践经验，进行广泛调研，在立法上肯定预立案制度，确定其基本原则，并制定详尽的操作细则，才能从法理基础上强化这一制度的正当性。同时通过广泛宣传，提升这一制度的社会认同度，消除社会各界对预立案的误解与质疑，为其进一步发展扫清障碍。如果立法条件尚未成熟，可以先由最高人民法院通过制定司法解释的方式，明确相关规定。

### （二）固化为制：预立案工作模式和主要流程

纠纷调解机制应以建立科学的纠纷分流制度为前提。社会的多元化必然会带来矛盾纠纷的多元化。预立案起到矛盾纠纷分流器与减压阀的作用，应当提供形式多样的纠纷分流及解决路径供当事人选择，并以诉讼路径作为当事人寻求纠纷解决的最后救济手段为后盾，[①] 使矛盾纠纷解决尽量前沿化、

---

① 《走向和谐与公正：促进多元化纠纷解决机制的建立与完善》，http://www.civillaw.com.cn/Article/default.asp?id=19139。

及时化、基层化、非裁判化及彻底化。

1. 平台打造：明确预立案工作的实施载体

好的制度要有好的平台与载体。预立案的职权内容具有复合性、多元性、社会性，涉及立案审查、分流、甄别、转介案件、协调跟进、司法确认、评估鉴定、矛盾排查预警、重大案件报告等方面的工作，其职能也不是法院内设部门职能的分解合并，而是一种独立的职能构建，其目的是在分流甄选案件的基础上，将各类案件推至不同纠纷解决平台，使当事人更认真地对待诉讼及调解程序，避免为诉讼而诉讼的情形发生。根据司法实践情况及各地改革经验，建议以立案庭作为实施预立案的主要载体，以诉前联调或诉调对接工作站为分流平台，联合辖区内的综治信访维稳中心、人力资源与社会保障分局、交警大队、妇联、商会，辅之以人民调解委员会和司法所等基层组织，形成网格状的案件分流、甄别、化解平台。考虑到案件分流的情况，应对立案庭传统功能进行改造，只保留其立案、信访两大职能，将诉讼保全工作交由审判庭或者执行局进行，将立案调解工作与预立案调解功能合并，并强化其人员配置，按常见纠纷类型，抽调经验丰富的民商事法官充实立案部门，成立预立案审查组、分流组、调解组、鉴定评估组、保障组等工作小组，以更灵活地应对案件筛选与甄别分流。

2. 范围细化：明确预立案受理法院、受理纠纷范围及不予受理的案件类型

在改革初期，预立案应当暂时局限于基层法院。基层法院受理案件数量大、矛盾纠纷类型多，其主要目的在于迅速化解纠纷。而中级人民法院以上审级，多为法律审，侧重于法律说理，暂不适宜适用预立案制度。预立案适用范围应当为一审民商事案件，但下列案件例外：起诉时被告下落不明的；基于一方当事人申请，适用特别程序、督促程序、公示催告程序、破产程序的案件；婚姻关系效力、身份关系确认案件；其他依案件性质不适宜调解的民商事案件。

3. 用之有道：明确规范预立案的工作程序及办理期间

第一步：预立案登记，即当事人到法院立案时，经立案人员审查适合预

立案调解的案件，立案人员应向当事人释明预立案调解的优势，在当事人同意后进行预立案登记，并载明当事人起诉时间，同时要求当事人在《诉前联调建议书》中签署姓名和时间，指引当事人到诉前联调工作室、诉调对接工作站进行调解。预立案不预收当事人费用。当事人坚持直接进行诉讼的，法院应当及时立案审查，按照正常程序办理立案手续，符合立案调解条件的，可移送立案调解。

第二步：调解启动。诉前联调工作室、诉调对接工作站对矛盾纠纷进行甄别分类，对于可以进行人民调解或由常驻联调部门调解的，当场进行调解；对于需预约相关部门或者组织调解的，由工作室排期办理。诉前调解原则上应当从当事人向诉前联调工作室递交诉讼材料之日起 30 个工作日内结案，重大疑难案件、群体性案件、新类型案件经法院院长批准，可以再延长 30 个工作日进行调处结案。当事人申请延长调解时间，或申请延长时间补充证据、调整诉求的，可以由当事人以书面形式向立案部门提出，予以一定期限，但最长不能超过 3 个月。超过期限，应当在告知当事人的情形下撤销预立案登记。

第三步：司法确认。诉前联调工作室、诉调对接工作站在调解成功、当事人达成调解协议的情况下，可以引导各方当事人自愿申请法院确认调解协议的效力（即时履行的除外）。司法确认案件不收取案件受理费。在一方当事人不履行或不适当履行确认调解决定书确定的义务时，另一方当事人可申请强制执行。

第四步：当事人一方不同意调解或调解不成，诉前联调工作室、诉调对接工作站应及时引导当事人到立案窗口办理立案手续，并将记载调解过程的材料复印、移送并入立案卷宗。

第五步：对于进入诉前联调程序的案件，由诉前联调工作室、诉调对接工作站负责登记备案，逐案登记，并建立预立案调解卷宗，实行一案一卷。

### （三）分流有序：操作模式上的个性化处理

1. 吸取专业人士意见，选择正确的调处平台社会矛盾纠纷具有多元性、复杂性的特点，作为分流案件的“总闸门”，预立案必须对不同类型的纠纷采取不同的分流解决程序，选择不同的纠纷解决平台，才能达到合理分流案件、解决纠纷的目的。具体包括：专业人士辅助案例分流，在预立案审查分流阶段，除法院立案工作人员、审判经验丰富的业务部门法官外，还可以吸收人民调解员、人民陪审员中具有专业知识的人员担当案件甄别、分流评估人员或调处人员，在法院主导下对纠纷进行评估与调处，对当事人提出的疑问进行解答说明，并决定案件分流到哪个具体的调处平台进行调处。例如，医疗纠纷可以分流至医疗事故调处委员会；婚姻家庭纠纷分流至当地妇联或村委会所在的综治信访维稳中心进行调处较为适合。

2. 分门别类基础上，根据调研数据决定分流甄别的程序

案件数量众多的情形下，法院预立案人员有限，既要快速分流，又要确保预立案质量，必须创设不同的预立案分流甄别渠道。法院应加强对以往案件类型、收案情况、调解难易程度的调研，并形成有价值的分析报告，以有针对性地对案件进行分流甄别。对大批量、容易调解的案件类型，可以开辟预立案的绿色通道，做到快收快转快调。以 B 市法院为例，健康权、身体权、婚姻家庭、劳动争议、信用卡纠纷、小额民间借贷等类型案件调撤率一般超过 50%。对这些纠纷，应当在简单审查的基础上，按案件类型与管辖地域，由诉调对接工作站及相关部门快速适用调解程序进行调解；对医疗事故、建设工程合同、产品质量纠纷等专业性较强的案件，涉及鉴定评估争议的情形时，应及时征询当事人意见，联系当事人明确鉴定事项、鉴定费用、鉴定机构等，并先行进入鉴定评估程序，待出具鉴定评估报告后，再由立案部门法官主持进行对鉴定报告的质询意见，以固定证据、明确争点，再主持调解，而不是简单分流案件；对人格权、撤销权、确认所有权纠纷、合伙纠纷等调撤率较低的案件，则由预立案法官着重审查当事人之间的法律关系是否明确、相关证据是否充足或存在瑕疵、诉讼主体是否适格、诉求是否明确具体，对当事人需要时间补充的，给予一定期限，但超过期限而无正当理由的，予以

撤销预立案登记。对于纠纷种类难以界定的案件、重大疑难案件、新类型案件、容易引发群体性纠纷案件，则综合考量案件具体情形，决定适用何种操作流程，或者需要多个调处平台进行纠纷化解工作。如对劳动争议群体性纠纷案件，部分劳动者可能会采取试探性起诉方式，如果其诉求得到支持，则会大规模提起诉讼。对这种类型纠纷，法院在预立案时，可以一方面对案件进行分流到辖区诉调对接工作站，由综治信访维稳中心、人力资源与社会保障分局、人民调解委员会等多个部门进行调处纠纷，同时还可以启动重大案件报告机制，争取上级党委政府，统筹其他调解组织介入调解及安抚工作，从而最大限度地去化解纠纷。

3. 当事人提出诉讼保全的先予执行

由于上诉措施关系到当事人合法权益的保障与维护，在预立案登记阶段提出，则由预立案部门按正常程序进行审查处理。在当事人申请符合法定条件且提供有效担保的情况下，可以直接先受理上述申请，但案件仍按相关程序进行甄别、分流、调解。当事人在其他调解机构调解时提出上述申请，由其他调解机构将申请转交法院预立案部门处理，但案件未过调解时限的，应当继续调解。

4. 层层接力：调解指导及调解日志的重要作用

在预立案分流案件中，各调解机构的调解是关键环节。如果调解不利，那么分流的案件还会大幅度地回流，势必影响制度的设计目的。一方面，法院预立案部门应加强对各调解机构的指导，使其熟悉类型化纠纷的特点、争议原因、法律依据和调解方法，提高调解质量。另一方面，各调解机构应形成调解笔录、调解台账及调解日志，详细记录调解经过及当事人双方争议的焦点、证据情况等。对调解不成须重新立案的，应当重点记录当事人双方对调解的态度、各自对调解的预期、调解不成的主要原因等，并将调解日志移送回预立案部门，方便立案庭立案调解或者审判业务庭庭审调解时，了解调解情况，从而有针对性地在前面调解的基础上作进一步的调解工作，避免重复调解、无序调解的情形发生。

## 五、机制保障：预立案制度的配套辅助措施

### （一）建立调解联席会议制度

法院预立案部门应通过定期、不定期召开与司法所、综治维稳中心、人民调解委员会及其他中介组织等联合调解组织的联席会议，并辅之以座谈会、总结会、现场教学分析会等多种形式，通报辖区案件发生情况、联合调解工作的开展情况和较为突出的典型案例，共同分析探讨，总结经验教训，研究方案对策，以改善案件分流流程、提升调解效率。

### （二）建立矛盾纠纷排查、预警、反馈机制

法院通过定期对“预立案”工作情况的分析判断，制定基层社会矛盾纠纷排查和预警机制预案。通过派驻社区法官，巡回走访基层联系点等方式，会同人民调解员、联络员定期到各镇区、村组、工厂企业去排查社会矛盾纠纷，加强综合分析研判，提高预警能力，将矛盾纠纷隐患消除在萌芽状态。建立矛盾反馈纠错机制。以司法建议书形式，督促矛盾纠纷多发的单位组织去调整完善管理措施，努力从源头上去消除引起矛盾纠纷多发的因素。

### （三）设立“预立案”人才库、案件库、调解经验库

法院要建立“预立案”专家人才库：对内，按照处理类型案件专长，可以遴选出审判经验丰富的法官、预备法官、书记员，建立其业绩档案；对外，遴选具有专业知识或者社会威望高的人士，如建设工程、医疗事故、银行票据等方面专家。建立“预立案”案件资源库，将历年来预立案的裁判文书、成功案例、工作做法收入其中，对综治维稳中心和人民调解委员会等各调解主体开放，实现资源共享，使其它调解组织可以随时查阅、学习，进而提升调解技能。

### （四）进一步完善考核机制

法院要完善“预立案及诉前联调”工作目标管理考核机制，加强相应的统计、考核、及管理工作，将“预立案”工作量、立案前调解撤诉率、司法

确认率、进入立案程序率、立案后上诉率或者申请执行率等方面指标纳入考核范围，落实奖惩，以全面反映法院预立案工作成绩。严格规范“预立案”工作文书，重点规范预立案审批表、权利义务告知书、委托调解函、处理结果反馈表、审查确认意见书，确保“预立案”过程的实体合法化、程序规范化和效益最大化。建立“预立案”台账，实行一案一档，跟踪管理。将“预立案”开展情况及时通报给当地党委、政府，由其纳入乡（镇）综治目标责任考核，加强对联合调解组织的考核。

### （五）加强司法宣传力度

法院要通过宣传栏、传统媒体、网站、论坛、微博、微信等多种群众熟悉的宣传方式去宣传“预立案”的性质、机制、流程和成效，让群众知晓，取得群众的理解与配合，提高社会认同度，扩大其影响力。

## 六、结语

行文至此，预立案机制在分流矛盾纠纷、提升审判效率、节约审判资源等方面发挥的优势已经初步显现，但预立案程序是一个较新的论题，在大力倡导强化法院分流纠纷、繁简分流功能的今天，对司法实践具有一定的现实指导意义。立案作为开启审判程序的总开关，其功能作用的发挥好坏，直接决定着审判、执行工作的质量与效率，在法院内部、立审执相统一、协调，无疑是有助于提升工作效率，而预立案则为确保立案质量与效率，更好地发挥立案功能，又提升了一层保护阀。限于篇幅及理论知识的不足，本文对预立案程序的探究仅是初步的，更为深刻的反思和构建，还有待司法实务的经验积累及有关人士的进一步研究，毕竟，制度的真正形成是需要长期积累的。

# 建设地方法治政府的理论探索

## ——以珠三角 Z 市依法行政为例

欧阳白果　杨　芳　朱立方[①]

【摘要】地方政府依法行政工作呈现出全面推进的良好态势，社会总体评价较好。但市县政府在行政决策、政务公开、行政审批、简政放权、行政执法等方面仍存在不足，与形势发展的要求和民众的期望还有不小差距。全面推进地方政府依法行政、建成法治政府，应进一步推进政务信息公开，完善行政决策机制，深化行政审批改革，严格规范公正文明执法，强化行政权力的监督制约和问责；从加强法治教育、增强服务意识等方面入手，强化依法行政意识，进一步提高依法行政能力和行政效率。

【关键词】地方政府　依法行政　法治政府建设

加强市县地方政府依法行政，是建设法治政府、实施依法治国方略的重要基础。提高市县地方政府依法行政的能力和水平，是全面推进依法行政的紧迫任务。近些年广东省的市县政府依法行政工作已经取得了显著进展，但是与当前形势发展的要求和民众的期望还有不小差距。珠三角 Z 市的经济总量及其增速多年来连续居广东省前列，其经济社会发展总体状况在珠三角具有较强的代表性。同时，Z 市也是全国开展行政复议改革试点工作的地市。

---

① 欧阳白果，电子科技大学中山学院副教授、法律系主任。杨芳，电子科技大学中山学院讲师。朱立方，电子科技大学中山学院助教。本文获得广东省 2015 社会科学学术年会优秀论文一等奖、广东省 2015 年度政法调研优秀论文一等奖。

为此，我们以珠三角Z市为样本，开展了地方政府依法行政专题调研。该调查的对象范围覆盖Z市各镇区，发放问卷2000份，回收有效问卷1810份。从受访者基本信息尤其是从业单位性质等情况（非“国家机关、事业单位”等较大可能性成为行政相对人的比例占82.4%）来看，调查对象具有较强的代表性。在此调研基础上，本文以Z市为例探讨市县地方政府依法行政的基本态势、存在的主要问题，以及进一步推进依法行政、建设法治政府的对策。

## 一、Z市依法行政的基本态势

近年来，Z市依法行政工作体现出全面推进的态势，其基本情况与进展如下。

### （一）着力加强制度建设，行政权力运行进一步规范

Z市在全省率先制定地方政府《重大行政决策程序暂行规定》，努力推动政府重大决策向科学化、民主化和法制化迈进。严格执行政府决策合法性审查备案制度，强化决策源头违法风险防范，严把规范性文件的“合法关”，有效预防因决策违法而可能导致的社会矛盾风险。制定关于闲置土地、户籍登记、公益项目征地补偿等一系列规范性文件，有效发挥制度建设对社会发展的促进和保障作用。创新政府舆情民意表达方式，通过市长接待日、网上政务投诉平台、行政服务在线、周五民生直播室及城市论坛、政务微博等多种形式，广泛听取民意，汇聚民智。调查表明，受访者对“制度建设的总体状况”的满意度、可接受度较高（43.0%、94.6%）。

### （二）加快政府职能转变，行政审批体制改革不断深入

积极推动审批方式创新与公共服务建设、电子政务建设有机结合，打造全市统一的网上办事大厅，初步探索出创新审批方式改革的“Z市模式”。开展第六轮行政审批事项清理工作，对全市52个部门621个行政审批事项进行梳理。取消164项，向社会组织转移27项，向镇区下放109项。加快实施简政强镇事权下放，以委托或内部调整方式将170多项行政许可和1300多项

行政执法事权下放至镇区，力求行政运行机制更加规范有序，更加便民高效。

### （三）创新行政复议机制，加大行政执法监督力度

广东省行政复议案件数量已连续8年居全国首位，2013年的数量占全国总数14.2%。[①] 近五年，珠三角地区行政复议案件占广东全省同类案件比例超过六成。[②]Z市率先成立行政复议委员会，创新行政复议机制，充分发挥行政复议解决行政争议的主渠道作用。Z市作为全国开展行政复议委员会试点工作的地市，走出一条“相对集中行政复议权”的行政复议工作路子：以往分散在各个行政单位的行政复议权收归到市政府，行政复议委员会作为唯一具有议决权的机关，并实行非常任委员遴选制度（由社会各界人士担任的非常任委员过半数，其中来自法律界的委员占70%）；建立“政府主导，社会参与，专业保障”的行政复议审理机制和“统一受理，集中审查，分别决定”的运作模式。[③]Z市率先推进行政复议基层受理点工作，在20个镇区设立受理点，将受理重心前移延伸到基层。市行政复议经费列入本级财政预算，行政复议年度经费超过100万元。2009年开展试点工作以来，Z市行政复议收案数接近试点前11年间所收总数的2.5倍，连续多年高于人民法院同期受理的行政诉讼案件数。近年市行政复议委员会办结案件的总纠错率、调解和撤案率均将近40%，经过行政复议后当事人上访的案件极少，绝大多数基层行政争议在复议环节得到有效化解。这表明，行政机关重视并采取有效措施进一步畅通行政复议渠道，人民群众对行政复议制度的认同感和信赖度不断提高，选择行政复议方式解决行政争议的日益增多，行政复议化解行政争议的主渠道作用日趋凸显。[④] 作为广东省三个试点城市之一，Z市越来越多的市

---

① 国务院法制办：《全国行政复议和行政应诉案件统计分析报告》，国务院法制办网站，2014年3月24日。

② 黄丽娜：《广东行政复议执法检查：“民告官”胜诉率不足一成》，《羊城晚报》，2013年9月17日。

③ 陆先念：《通过法律途径解决行政争议》，《广州日报》，2011年11月2日。

④ 辛均庆：《行政复议：“民告官”有望走向独立裁决》，《南方日报》，2013年9月7日。

民选择通过行政复议依法维权，“信访不信法”的观念正逐渐消除。

Z市修改完善《行政复议委员会案件审查会议议事规则》等工作制度，采用行政复议建议书的形式反馈相关执法问题，强化行政复议监督职能。运用科技信息手段规范行政处罚自由裁量权的标准化管理工作，并拟开发应用“行政处罚标准化管理及执法监察信息系统”，进一步全程监督全市行政执法行为。此外，Z市作为“行政机关首长出庭应诉机制”试点城市，近年基层法院受理的行政案件中行政首长出庭应诉率有较大提升（2013年高达91%）。

### （四）创新社会管理模式，依法有效化解社会矛盾

Z市率先探索外来务工人员公共服务积分制管理，构建具有本地特色的社会建设和管理模式，有效破解城市人与农村人、本地人与外地人双重二元结构障碍，推进社会管理多元共治。Z市率先建立“2＋8＋N”农村社区建设模式[①]，获得“全国农村社区建设实验全覆盖示范单位”称号。积极推进镇区行政服务中心和村（居）行政服务站建设，将政府行政和公共服务、文化体育等设施延伸至农村社区，努力使村民不出社区就能享受与城区市民一样的公共服务。全市153个农村社区基本实现“领导协调机制、社区建设规划、社区综合服务设施、社区服务、社区管理”五项全覆盖。

努力探索社会矛盾多元化调处化解机制，构建人民调解、行政调解、司法调解与社会调解相互衔接的“大调解”格局。Z市行政机关与法院加强沟通，通过行政机关向法院咨询，法院向行政机关提供司法建议、实施“预立案”机制等方式，行政与司法良性互动、注重调解、依法处理社会矛盾纠纷的工作成效显著。

---

① Z市农村社区建设“2＋8＋N”模式中，“2”指各社区组建一个农村社区建设协调委员会，搭建一个社区服务中心。“8”指各社区服务中心内设“四站”和“四室”，即社区公益事业服务站、社区环境卫生监督站、社区志愿者服务站、社区农技服务站以及社区文体活动室、社区计生卫生室、社区治安警务室、社区法律服务室；“N”指根据农村社区和村民生产生活需要增加若干服务项目。

针对基层社会管理中存在的“信访不信法”“信官不信法”问题，Z市在促使信访部门回归原本工作职能，强化具体行政部门、司法部门依法解决信访问题职责的同时，十分重视从法律有效运行的角度化解人民内部矛盾，注重引导群众通过协商、调解、仲裁、复议、诉讼等法律手段和渠道化解矛盾纠纷。Z市通过创新行政复议模式，努力让行政复议成为解决行政争议的主渠道；通过创新综治信访维稳运作模式，建立健全诉讼与非诉讼相衔接的矛盾纠纷解决渠道。

Z市积极探索通过诉讼等法律方式，着力解决信访问题“硬骨头”。近年来，在Z市经济发达镇区的众多农村集体经济组织中，以“外嫁女”[①]为代表的女性股民身份确认、股东权益纠纷处于多发状态。一些地方在村民自治中出现以集体表决等合法形式侵害“外嫁女”股份分配权益的违法行为，以致权益受侵害的“外嫁女”反复上访。为此，Z市探索构建村民自治纠错机制，按照“行政处理——行政复议——行政诉讼”三步走的模式，采取法律路径有效地处理此类疑难纠纷。村民自治事务发生违法情况后，按照《村民委员会组织法》，先由镇级政府发出“行政决定书”，依法纠正违法事项。如果村民自治组织对行政决定不服，可以申请行政复议或提起行政诉讼，从而把原来的民事案件转化为行政案件处理，扭转权益受侵害者的弱势维权地位，最终“外嫁女”的权益依法得以有效维护，疑难纠纷得到彻底解决。此类疑难纠纷的处理模式，既发挥政府管理社会的行政主导作用，又充分发挥法律在化解社会矛盾中的保障作用，有效地维护弱势维权者的权益。

### （五）建立健全社会信用体系和市场监管体系，改善市场秩序和法治环境

自广东省开展“三打”专项行动以来，Z市查处了一大批欺行霸市、制假售假、商业贿赂案件，侦破了一批涉及民生、社会反响强烈的大案要案，

---

① “外嫁女”，指与本村组外的人结婚而户口未外迁的女性。外嫁女的子女之户口随外嫁女入户的，其权益纠纷亦与外嫁女权益纠纷属同一性质，二者混合在一起。

挖出了一批影响恶劣的“保护伞”。通过“以打促建”，建立健全社会信用体系和市场监管体系，为改善市场秩序与创建国际化、法治化的营商环境打下坚实的基础。

### （六）市民对依法行政工作各基本方面的总体评价较好

市民对Z市依法行政、建设法治政府工作各基本方面的总体评价较好。① 依法行政进展的总体状况：满意度过半、可接受度达九成以上。② 依法行政的总体现状：满意度将近四成、可接受度达九成。在调查问卷所列“推进依法行政、建设法治政府八个基本方面”[①] 的总体评价中，受访者的满意度较高、评价列前三位的依次为：“制度建设的总体状况”“行政决策的总体状况”“依法行政能力建设的总体状况”。可接受度均超过90.0%。③ 主要领域行政执法的总体现状：满意度将近四成、可接受度达八成以上。在调查问卷所列“九项行政执法”[②] 的总体评价中，受访者的满意度较高（44.7%–49.1%），评价列前三位的依次为：交通管理执法、市容卫生管理执法和治安、消防方面的执法。三者可接受度将近或超过85.0%。

## 二、地方政府依法行政存在的主要问题

调查表明，民众对Z市依法行政、法治政府建设工作总体现状的满意度和社会可接受度高，但对具体项目的社会评价相对较低。依法行政总体状况不满意度较高的前三个环节领域为：依法防范化解社会矛盾纠纷（14.6%），行政监督与问责（13.6%），行政复议、行政应诉和行政赔偿（12.4%）。此外，

① 调查问卷所列“推进依法行政、建设法治政府”总体评价涉及的八个基本方面为：制度建设（红头文件制定、备案审查、监督），行政决策，行政执法，政务公开，依法防范化解社会矛盾纠纷，行政复议、行政应诉和行政赔偿，行政监督与问责，依法行政能力建设。

② 调查问卷所列“九项行政执法”总体评价包括市场秩序监管、食品药品安全和安全生产监管、产品质量监管、自然资源和环境保护、交通管理、市容卫生管理、房地产领域调控监管、医疗行业监管以及治安、消防等方面的执法。

政务公开、行政执法等方面也属于不满意度较高的环节领域（12.1%、8.2%）；上述五方面总体状况的满意度均较低（三成左右）。法治政府建设是一项长期、艰巨的社会系统工程，由于发展基础、体制机制等方面的制约，法治政府建设离党的要求、人民群众的期待和经济社会发展的需要，还有一定的差距，尚存在一些困难和不足。不同领域环节的依法行政工作状况存在不平衡性，相关工作中社会关注的热点难点问题的解决有待实现根本性突破。进一步建设法治政府的工作任务仍十分艰巨，推进地方政府依法行政工作迫切需要进一步加强和改进。

### （一）重大行政决策的透明度、公众参与度及政务信息公开力度不够

绝大多数受访者（72.7%）认为，“透明度和公众参与度不够，没有充分征求吸纳公众的意见”，是重大行政决策方面的主要不足之处。此外，近三成受访者认为，“部分负责人擅权专断，集体讨论决定制度执行不力”“决策责任追究不力”等方面是其不足之处。在调查问卷所列“推进依法行政、建设法治政府八个基本方面”的总体评价中，受访者对“政务信息公开”的满意度最低（32.1%）。过半数的受访者认为，政务信息公开“主动公开的力度不够”（53.5%）；四成以上的受访者认为，“办事不够公开”（43.7%）、“信息公开申请的处理和答复不及时”（44.7%）。在有关行政诉讼案件中，甚至有行政执法机关设置信息公开或查询的苛刻条件，不依法公开政务信息或变相限制信息的依法公开。一些行政机关因未答复群众公开政务信息的申请，或者答复内容不明确，而被当事人提起行政诉讼。

### （二）部分行政审批和备案不规范，服务意识不强，行政效能不高

部分行政部门的行政审批仍存在环节多、程序繁、时间长、效率低的问题。过半数的受访者认为，有关部门的行政审批（非许可类行政审批）“时间长、期限不明确”。部门之间互为前置、串联审批现象仍然存在。近半数的受访者（47.0%）认为，“多个部门都同时认为待其他部分审批后，本部门才能审批”。部分行政审批或互为前置，或设置的条件不清晰，或通过内设制度增加当事

人负担，让当事人无所适从。一些能够整合的行政审批项目尚未按照广东省政府的要求进行整合，未有开展“一门受理”、并联审批。一些行政机关在部分项目的审批权限被取消后，存在备案时间较以往审批时间更长、期限更不明确的现象；也有行政机关将备案行为演化为实质审批，致使审批权限实质上没有被取消，行政效能也没有得到提高。

### （三）简政强镇、事权下放工作有待规范完善

Z市简政强镇、事权下放工作正式实施一年来，大部分镇区认为存在“放责不放权、责权不统一”方面的问题。大部分镇区整合内设机构的大部制改革流于形式。不少镇区设置的综合执法局，并未有效整合环保、安监、交通、城管等职能，各职能分局仍是职能独立、执法独立，没有形成工作合力。市属部门与镇区执法部门工作衔接机制不顺，部分市属部门的业务指导不力。有些行政处罚权已下放到镇区，但审批权限仍保留在市属部门。在日常工作中，部分市属部门没有和镇区部门做好有效的沟通协调。在人权、事权下放镇区后，市直部门对镇区的业务指导往往相应减少，而镇区综合执法部门职能扩大，而某些事权专业性强，镇区执法人员对新的执法职能或业务不熟，这在一定程度上降低了行政效能并影响执法质量。此外，部分镇区还存在人员配备、执法水平、执法条件与部分下放事权不相匹配的问题，发文、印章、制服、执法证等方面也存在不规范现象。

### （四）部分行政执法问题较突出，存在违法违规现象

1. 行政监管执法不满意度高的领域：食品药品安全、产品质量等

在调查问卷所列九项行政执法的总体评价中，不满意度最高的前四项为：食品药品安全与安全生产监管执法（27.3%）、产品质量监管执法（23.7%）、医疗行业监管（20.7%）、房地产领域调控监管（19.1%）。此外，受访者对自然资源和环境保护、交通管理等执法，也不够满意。可接受度最低的前三项为：食品药品安全与安全生产监管执法（72.7%）、产品质量监管执法（76.3%）、医疗行业监管（79.3%）。行政执法社会评价状况的影响因素，

涉及诸多方面。其中，工作改进与政务信息公开状况，是直接影响社会评价的重要方面。近年来，提高行政效率、增强服务意识、加大执法标准、扩大信息公开力度等方面下功夫的执法部门，其社会评价往往得到提高，如交警部门。食品药品安全、产品质量等领域监管执法的社会评价较低，有深层次、多方面的原因。当前不少产品质量问题，其根源往往主要在生产环节。本地市场不少有质量问题的产品往往在外地生产，导致产品生产环节监管难，本地加大流通环节监管也仅能治标而不能治本。

2. 行政执法违法违规的主要环节领域

行政执法存在的违法违规现象中，列前三位的环节领域分别为："行政执法效率与方式""执法资格""执法的公正合法性"。具体而言，三成以上的受访者认为：行政执法"拖延推诿、效率不高"（34.8%），"态度粗暴，执法不文明"（33.5%）；存在"合同工、临时工等无执法资格人员上岗执法"现象（32.9%）；"执法不严不公"（31.4%）。近二成的受访者认为，还存在"执法谋私，借工作之便吃拿卡要报"等现象（19.8%）。此外，行政执法体制、执法程序等方面也存在违法违规现象，如"多头执法、重复执法、执法缺位"（25.6%），"执法时不出示证件"（17.1%），"不给有效收费、罚款票据"（14.3%）（见表1）等。

**表1　受访者认为行政执法中存在的违法违规现象**

| 评价内容 | 百分比 |
|---|---|
| 多头执法、重复执法、执法缺位 | 25.6% |
| 合同工、临时工等无执法资格人员上岗执法 | 32.9% |
| 执法不严不公 | 31.4% |
| 越限执法 | 9.8% |
| 态度粗暴、执法不文明 | 33.5% |
| 拖延推诿、效率不高 | 34.8% |
| 执法时不出示证件 | 17.1% |
| 不给有效收费、罚款票据 | 14.3% |
| 执法谋私，借工作之便吃拿卡要报 | 19.8% |
| 其他 | 19.2% |

关于行政处罚方面存在的问题，三成的受访者认为主要涉及执法裁量（自由裁量权行使）、罚没管理等方面。三成以上的受访者认为“执法裁量标准笼统，不告知处罚依据，收费处罚标准不统一”（37.5%）、“以罚款代替执法”（31.7%）。三成受访者认为“执法裁量、处罚随意性大，自由裁量权约束不力”（30.5%）、“选择性执法”（29.1%）。此外，二成以上的受访者认为罚没管理方面还存在“处罚不公”（25.0%）、“罚缴分离、收支两条线制度执行不力，罚没物品未依法处理”（24.3%）。部分受访者认为“部分执法机关有罚没收费指标任务”（17.9%）。（见表 2）

**表2　受访者认为行政执法处罚方面存在的主要问题**

| 评价内容 | 百分比 |
|---|---|
| 执法裁量标准笼统，不告知处罚依据，收费处罚标准不统一 | 37.5% |
| 处罚随意性大、自由裁量权约束不力 | 30.5% |
| 选择性执法 | 29.1% |
| 处罚不公 | 25.0% |
| 部分执法机关有罚没收费指标任务 | 17.9% |
| 以罚款代替执法 | 31.7% |
| 罚缴分离、收支两条线制度执行不力，罚没物品未依法处理 | 24.3% |

3. 行政执法不够严，行政处罚自由裁量量化标准执行不彻底

近三成的受访者认为，Z 市行政执法处罚方面存在“选择性执法”（见表 2）。调查走访中发现，部分执法部门在实施行政处罚时，没有严格执行本部门行政处罚自由裁量量化标准，未履行告知陈述、申辩、听证等权利及其程序。目前制定实施的裁量标准还是一纸文书，并没有有效的约束机制——法制局只能通过案件评查通报和考核评价机制来约束。因此，各部门和各镇区在执行行政处罚自由裁量标准的时侯，还存在选择性执法的情况。调查中还发现，在执法项目上，选择性执法倾向也不同程度地存在，其原因主要是部门利益驱动与执法风险规避。

### （五）行政执法监督力度不够，行政问责不力

在调查问卷所列“推进依法行政、建设法治政府八个基本方面”的总体评价中，受访者对“行政监督与问责总体状况”的评价较低（不满意度达13.6%，居第二）。一些行政执法机关注重事后处罚监督，忽视事前监督和事中监督，导致违法行为得不到有效预防和控制。行政执法机关接受监督的自觉性不强，行政问责、责任追究不力，对违法行政行为，往往是就事论事，对事处理的多，而对人处理的少——对追究个人责任缺乏明确的操作指引。受访者反映“行政监督与问责”方面存在的问题比较集中。过半数的受访者（50.3%）认为，行政机关“接受监督的自觉性不强，甚至规避监督”；达到或接近四成以上的受访者认为“未严格实行问责制”（45.3%）、“行政不作为失职渎职违法行政等方面的责任追究不力”（37.0%）、“违法或不当的执法行为未查处纠正”（36.2%）。

### （六）行政诉讼案件暴露行政机关依法行政意识差，执法水平和执法能力低

1.“重效率、轻程序”，联合执法不够规范

部分行政机关在执法中存在追求政绩而“重效率、轻程序（甚至违反法定程序）”“重经济、轻法治”的现象，部分镇区的政府行为甚至出现“经济优先、法律站边”的情形。在行政许可中，部分房地产行政登记行为违反法定程序；在行政强制及执行等程序上，部分交警存在不同程度的违法现象；在拆除违法建筑中，有关部门较多地存在超越职权、违反法定程序的情况。安监、工商、城管等部门联合执法的部分案件中，行政强制没有严格按照法定程序和要求进行。

2. 事实认定、法律适用、职权行使等方面存在违法问题

部分行政行为存在程度不一的违法现象。[①] 行政许可中，部分房地产未

---

① 详见Z市中级人民法院《全市法院行政审判白皮书》、广东省法制办和省高院《全省行政复议和行政诉讼情况》等。

严格依法进行行政登记。行政处罚中，部分交警认定的违法事实缺乏应有的证据支持。对于用地规划，该适用地方标准的却适用了国家标准的情形；市规划局、国土局等部门出台了某些规范性文件，自己却不予适用或不严格遵守。[①]在物价监管中，存在物价检查过程不规范、无有效证据支持而随意变更处罚金额等问题。行政确认中的工伤认定，较为普遍地存在超期认定情形。

3. 部分领域行政不作为现象较常见

二至三成受访者认为，行政执法中存在“行政不作为”（22.5%）、“责任追究、处罚不力”（37.0%）的情形。如有些镇区对出嫁女纠纷，不按《市府常务会议决定事务通知》处理；对当事人的申请，包括市政府、市国土局等行政机关不予答复；在对待相关举报人的举报时，该给予回复的未回复，该处理的未予处理。

4. 涉案多的部门存在的问题较多，实质意义上的败诉率较高

当事人起诉较多的行政机关，主要集中在国土资源、人力资源与社会保障、公安交警等市直部门及镇政府。人力资源与社会保障行政确认、房屋土地行政登记和行政批复案件，居各类行政案件前列。涉及案件多的行政机关，发现的问题也较多。工商行政变更登记、商品房预售备案注销登记及抵押登记等方面也存在违法违规问题。全市法院近年审结的行政案件中，判决维持行政机关具体行政行为或驳回原告诉讼请求的占四成，其他方式结案的占六成。尽管调解结案比例高达 40%，但此类案件中的有关行政机关，实质上存在程度不一的违法行为而往往存在败诉的风险。

5. 执法队伍、法制机构和队伍建设有待加强

随着行政管理事权的下放，基层政府成为被告的概率大增。基层执法人员素质和执法水平不高，是引发行政争议诉讼的重要因素。根据调研，部分执法人员在实施行政许可、行政处罚等行政执法活动中仍然存在违反实体法

① 薛冰妮等：《广东省法制办和省高院公布行政复议和行政诉讼情况 披露多宗“民告官”案揭露执法问题》，《南方都市报》，2013 年 10 月 6 日。

律、执法程序不规范、认定事实证据不充分等问题，执法队伍素质亟待提高。此外，大多数镇区法制办没有配备专职法制员，较多的是交由镇司法所负责或律师办理。而依据司法所现阶段的人员配置情况，根本无暇顾及法制办的工作。因此，亟须整合镇区法制资源和法制力量，以应对镇区法制事务工作。

### （七）防范化解社会矛盾能力有待提高

社会转型期各类矛盾多发，形势错综复杂，化解社会矛盾的难度在一定范围和程度上在加大。政府运用法律手段有效防范、化解社会矛盾纠纷的现状，与民众的要求和期望仍然有一定差距。在调查问卷所列“推进依法行政、建设法治政府八个基本方面”的总体评价中，受访者对“依法防范、化解社会矛盾纠纷的总体状况”的评价较低：不满意度列首位（14.6%）、可接受度列倒数第一（85.4%）。

部分部门和镇区通过法律手段解决矛盾纠纷的意识和能力不强，一些老大难的信访问题长期得不到解决。部门之间缺乏必要的沟通联系，没有实现信息互通、资源共享，导致在工作中对同一信访案件重复办理、多头办理，相关部门反复调查、反复报告，浪费行政资源，案件却长期得不到终结。行政处理与司法解决的衔接机制不完善，案件当事人在法院终审后仍不断上访。受信访压力影响，相关部门仍继续处理，损害司法权威。

## 三、进一步推进依法行政，建成法治政府的对策建议

在受访者对Z市“推进依法行政、建设法治政府”的期望中，列前六位的为：“提高行政效率、增强服务意识”（52.2%），“推进政务信息公开”（50.2%），“严格、规范、公正、文明执法”（43.6%），“提高依法化解社会矛盾纠纷的能力”（43.5%），“简政放权，规范和减少行政审批”（35.2%），“完善行政决策机制，依法科学民主决策”（33.4%）。此外，“提高依法行政的意识和能力”（26.7%），“对行政权力的监督制约和问责”（24.3%），“完善行政复议工作机制，依法公正处理案件”（21.3%）等方面，也是社会期望的重要方面。

以问卷调查中体现的社会期望为主要视角，Z 市推进依法行政、建设法治政府应重点加强以下方面的工作。

### （一）增强服务意识，提高行政效率

1. 转变机关作风，增强服务意识

政府部门通过创满意单位、满意处室以及评选满意公务员等活动，窗口单位和行业推行导办服务、限时服务、延时服务、预约服务等措施，进一步改进机关作风。积极推行岗位责任制、服务承诺制、首问负责制、限时办结制、否定报备制、绩效考评制等措施，解决政令不通、有禁不止、效率低下、行政不作为、服务不到位等问题，强化公务员的服务意识和效能意识。

2. 加强行政效能监察，切实提高行政效率

推进效能建设，解决干部在行政过程中效率观念差、服务意识薄、行政水平低等方面的问题。为此，应进一步畅通渠道，积极有效开展效能监察和受理效能投诉。可考虑设立行政效能监督检查办公室、目标任务考核办公室和效能投诉中心，强化效能建设和效能监察工作。

### （二）推进政务信息公开，依法科学民主决策

1. 转变观念，加大信息公开力度

政府部门应转变被动或消极公开的观念，在公务员中强化“公开是法定义务”的意识，以及“以公开为原则，以不公开为例外”的执政理念。推进政务信息公开，应畅通公开渠道，进一步扩展公开内容，坚持“结果公开”与“程序（过程）公开”并重。

2. 完善决策程序机制，提高决策透明度和公众参与度

进一步推进行政决策过程和结果公开，建立健全公众参与、专家咨询论证、公示、社会听证等制度，进一步提高重大行政决策的透明度和公众参与度。①健全完善重大行政决策专家咨询论证的工作规程和运作机制，设立或明确机构负责管理，为不同专业领域专家开展工作提供便利和服务。②规范重大行政决策公示公开制度。对与群众利益密切相关的重大决策事项，除依法需

要保密的外，决策正式出台前都要将决策方案通过媒体向社会公示，公开征求公众意见。③ 规范听证制度。科学合理地遴选听证代表，公布听证参加人的基本情况，严格听证会举办程序，确保决策机关听取各利益相关方的意见和建议。听证的过程和结果都应予公开，对于是否采纳公众的意见也必须及时给予回馈。④ 探索采取多种切实有效的方式，积极主动地向公众征求重大行政决策意见。

3. 建立重大决策失误纠错与责任追究机制

重大行政决策实施以后，应及时有效抽样检查监督。可采取跟踪调查、评估等方法，对决策中存在的问题及时地发现，并加以纠正，使有关决策得到适时的调整与完善。建立严格的决策失误责任追究制度，必须明确追究主体和责任主体，制定和完善责任追究程序。置于大众监督下的责任追究机制，才能起到威慑和惩罚的作用。为此，决策责任追究程序要公开透明，责任追究的过程和结果都应当及时向公众公开。

### （三）严格、规范、公正、文明执法，强化行政权力的监督制约和问责

1. 推进规范行政自由裁量制度，依法加大行政处罚力度

重新梳理并细化完善各部门行政处罚自由裁量量化标准，充分利用信息技术手段，规范约束行政执法权力。实施行政处罚自由裁量权标准化信息化管理，将执法检查、立案处理、调查取证、复议申请、执法文书打印、结案、归档、案卷评查等运行程序全部实施网上信息化、流程标准化管理，构建“源头管理、节点监控、异常预警、系统考评”的行政执法权力运行监督工作新模式。执法机关应勇于担责，加大对违法行为的行政处罚力度，重点解决群众意见较大的环境保护、食品药品安全、产品质量、违法占地等领域的问题。

2. 理顺综合执法体制和联动执法机制

打破各执法机关内设机构、职能分局之间的壁垒，对分局人员、机构、职能进行彻底整合，将各分局整合为内设的不同业务科（股）室，并尽量集中办公，实现资源共享和彻底的综合执法，提高综合执法效能。同时，应建立健全各行政机关之间信息互通、资源共享联动执法合作机制，解决审批信

息与执法监管不衔接的问题。

3. 完善行政执法与刑事司法信息共享、工作顺畅衔接机制

逐步建立和完善行政执法机关与刑事司法机关之间，以及行政执法机关相互之间的信息共享平台。一是要利用信息平台，制定行政执法机关上传案件信息的标准，以增加行政执法工作的透明度，有利于相关行政和司法机关进行监督。同时，检察、公安机关对移送案件的处理情况要及时上传到信息平台，以利于行政机关的协作和配合。二是要建立完善的责任追究机制。对于没有在法定时限内将法定的案件信息上传到信息平台的机关直接责任人和主管人，应当根据后果严重程度，追究行政纪律责任乃至法律责任。

4. 加大行政执法监督力度，强化行政执法责任追究

一是要整合责任追究主体力量，强化外部力量对行政权力的监督和制约。充分发挥人大、法制、监察、审计等部门的监督职能，明确任务，形成责任追究合力。二是改变行政执法责任制度的事后追究模式，转变为“事前、事中、事后”全过程的动态监督机制。三是完善行政执法公示工作，健全相关制度，依法向社会公开主体资格、法定职责、执法依据、执法程序、监督办法。三是严肃查处违法行政行为，落实执法追究的个人责任。切实将行政执法评议考核结果与奖惩、干部任免紧密挂钩，与各级执法机关领导的政绩和职务晋升挂钩。通过严格的责任追究，推进行政执法责任制的落实。[①]

### （四）完善事权改革，积极推进行政审批改革

完善简政强镇事权改革，规范行政审批等事权下放工作。一是进一步理顺市镇两级人员、财务体制，坚持责权统一原则，切实保障放事与放权并行，合理地“放权、放人、放钱”，调动镇区的工作积极性。为此，应进一步梳理调整下放事权范围，明确市直部门下放镇区的行政管理权限，制定市镇权责明细，研究出台事权下放的操作规范，明确事权下放的依据和程序，规范

① 胡炎平、欧阳白果：《我国行政监督机制的缺陷与完善》，《聊城大学学报（社科版）》，2005年第3期。

界定市镇权力和责任配置。下放事项范围应科学论证确定，一些需要从全市总体上进行统筹把关的事项，则不能大量地下放到各镇区。同时，下放事权必须考虑到镇区的承受能力，不能盲目下放。二是结合简政强镇事权下放情况，调整非税收入市镇分成比例。三是进一步健全理顺镇区综合执法体制，彻底整合资源，改变执法机构各自为政的现象。四是切实加强镇区执法业务指导培训和队伍建设。市直部门应加强镇区主动执法业务指导，发放统一的执法证件，加强镇区行政执法人员综合法律知识、业务知识培训（尤其是委托事项的执法培训），以提高镇区执法水平。按照“人随事走”的原则，加强市属部门向镇区的人员流动，缓解镇区执法人员编制不足问题。此外，行政审批等事权下放改革后，强化后续监督和跟踪管理，避免下放后监管真空或监管不力的现象。

改革行政审批方式，提高审批效率。行政审批方式应由注重“前面”转为强化“后面”。改变低效的审批方式，可通过将审批材料分为必要材料和补充材料，改前置审批为后续监管。申请人申请审批时只需提供必要材料就可通过该部门的审批，而补充材料则由相关部门加强审批后的监督管理来保证相关资料的齐全。

进一步精简和清理行政审批事项。坚持“能不设则不设，该设的则必须设”的原则，进一步加大力度对行政审批及其前置事项的清理工作，避免某些行政机关盲目清理和精简掉必须的审批事项。

加强对行政审批改革事项的监管。积极探索行政审批转变管理方式后的监管机制，加强对行政审批调整后的后续监管、备案、批准行为的规范，完善备案、核准事项的范围界定和操作程序，防止以备案、核准等名义搞变相审批或上收权力。建立和完善行政审批监督问责制度，推动行政审批监督问责深入到行政机关是否严格依法履行审批职能等实质性环节。

### （五）完善社会矛盾纠纷化解机制，提高依法化解社会矛盾纠纷的能力

政府沟通和处置机制不完善、公民诉求渠道不畅，是引发大多数社会矛盾特别是官民冲突的直接原因。为此，有效防治社会矛盾，必须从建立健全

政府与公众间的沟通和处置机制，确保公民救济渠道畅通人手。[①] 必须加强社会矛盾纠纷多发领域的风险评估，加大重大决策社会公示力度。进一步落实矛盾纠纷动态排查和分级调处工作制度，提高准确预警、有效调处能力。加强社会矛盾化解机制的规划设计，从源头上减少矛盾发展、避免矛盾升级。

坚持运用法治思维、法治手段防治社会矛盾的基本原则，综合运用调解、复议、仲裁、诉讼等法律手段，同时辅助行政、经济、救助等手段，完善多元化渠道解决社会矛盾的机制，力使矛盾在有效疏导中化解。

在依法防范和化解基层矛盾、解决“信访不信法、信官不信法”问题上，受访者认为需要重点加强或改善的主要方面有：“积极引导、支持群众通过法律手段和渠道化解矛盾纠纷”（62.30%）、“强化具体行政部门、司法部门依法解决信访问题的工作职责”（50.80%）等。地方政府应健全社情民意收集机制，可探索在镇区建立人大代表、政协委员接访群众工作室。信访作为纠纷解决的辅助方式可以存在，也需要与法治机制相协调、通过法治机制来实现。应建立完善统一规范的信访受理和处置机制，从源头上限制非正常上访带来经济利益的空间，推动通过司法途径解决矛盾纠纷。“属于法律问题的争议，应通过法律途径来解决；不属于法律问题的争议，则可由信访解决。”[②] 为此，应进一步完善复议、诉讼等法治机制，发挥其解决纠纷的主导功能和地位，同时积极引导公众采取理性的、法治化的方式来表达与实现诉求，把涉法涉诉信访纳人法治轨道解决；在民生类行政管理与执法中，应从多方面入手有效扭转“信访不信法”“大闹大解决”的态势，不能以强制手段压服不同群体的利益冲突。政府应建立健全购买法律服务、法律咨询顾问的长效机制，政府法律顾问团、顾问室依法参与行政法律事务，为政府依法行政、防治社会矛盾纠纷提供优质高效法律服务。

伴随简政放权、行政审批制度改革工作的深入，行政执法重心日趋下移，

---

① 周佑勇：《依法行政的观念、制度与实践创新》，《法学杂志》，2013 年第 7 期。

② 应松年：《复议是化解行政争议的重要渠道》，《人民日报》，2012 年 12 月 18 日。

基层政府的行政复议案件势必增多，从而，基层政府行政复议工作的压力日益加大，基层政府法制机构现状与其职责任务之间不相适应的矛盾也日益突出。为此，要继续以行政复议规范化建设为抓手，健全基层政府法制机构，配齐配强行政复议人员，落实行政复议经费保障，确保行政复议力量与其所担负的任务相适应。[①]

### （六）加强法治教育和队伍建设，领导干部带头提高依法行政的意识和能力

加强法治教育和队伍建设，提高执法人员依法行政的意识、能力、素质，是推进依法行政、建成法治政府的基本保障。为此，应进一步完善干部学法用法制度，健全学法用法考核、监督检查机制，将法治教育培训作为干部考核、职务晋升、奖惩的重要内容。推进依法行政、建成法治政府，关键在领导。[②]坚持法治国家、法治政府、法治社会一体建设，各级领导干部要带头依法办事、带头遵守法律，组织部门要把能不能依法办事、遵守法律作为考察、识别干部的重要条件。[③]为此，领导干部应率先垂范带头学法，牢固树立法律至上的执政理念；领导机关和领导干部应带头守法用法，提高运用法治思维和法治方式的能力，严格按照法定程序办事，积极运用法律手段解决各种矛盾和问题。基层党委、政府主要负责人，尤其应注意正确认识处理发展经济与依法行政的辩证关系，努力以法治凝聚改革共识、规范发展行为，坚决排除对执法活动的非法干预，力戒为短期的经济发展而牺牲长效的法治环境。

---

① 国务院法制办：《广东省行政复议工作再创佳绩》，国务院法制办网站，2013 年 2 月 6 日。

② 习近平：《坚持依法治国依法执政依法行政 共同推进法治国家法治政府法治社会一体建设》，《人民日报》，2013 年 2 月 25 日。

③ 胡锦涛：《推进依法行政弘扬社会主义法治精神》，《人民日报》，2011 年 3 月 30 日。

# 走向规范化、体系化和精细化的地方人大监督

## ——以对广东省中山市人大监督实践的考察为中心

课题组[①]

【摘要】地方法治实践表明，人大监督权行使的效果往往与其法治成熟程度成正相关。受多元动力和压力驱动，各级、各地人大在监督的理念、制度、方式等方面取得了不同程度的创新和突破。其中，广东省中山市人大监督以“全域中山理念”为指导，以良好的制度和机制为支撑，在监督各要素之间谨慎平衡，表现出了规范化、体系化、精细化的趋向，逐步走向成熟。观察中山市人大监督的实践，有助于深入理解人大在地方民主法治建设和社会发展中扮演的和应当扮演的角色，亦从一个侧面反映出广东省依法治省的“人大常委会模式”所具有的独特优势。

【关键词】人大监督　规范化　体系化　精细化

人民代表大会制度迄今已走过60个春秋，监督角色缺位、监督实效不彰的“顽疾”却依然困扰着各级人大。这一现实，既与中国宪法设定的控权机制相悖，也与法治国家的建设和政治体制改革的推进格格不入。应于多元的动力和压力，各级、各地人大相继在宪法和法律确立的框架内进行了探索，

---

① 课题负责人：田禾，中国社会科学院法学研究所研究员、国家法治指数研究中心主任。项目组成员：吕艳滨、李霞、王小梅、栗燕杰、刘雁鹏、徐斌、赵千羚、刘迪、杨芹、马小芳、曹雅楠、周震、徐蕾、宁妍、赵凡、刘永利、宋君杰。执笔人：李霞，中国社会科学院法学研究所副研究员。本报告为中国社会科学院法学研究所法治指数创新工程项目组、国家法治指数研究中心成果。

在监督的理念、制度、方式和实效方面，均取得了不同程度的创新和突破。一个有趣的现象是：地方人大监督权行使的效果，往往与该地方的法治成熟程度呈正相关；地方人大的权威和地位，可从一个侧面折射当地民众民主法治理念的培育程度与和谐共治社会的发育程度——一言以蔽之，可视作度量地方政治文明的一把“标尺”。

这一现象在广东省中山市得到深刻诠释。中山市地处开放前沿，近年来经济快速发展，城镇化加快推进，社会文明程度迅速提升，为人大监督“一府两院”依法履职提供了强大的内生动力。中山市一向“开风气之先”，民主和法治氛围较为浓厚，公民的权利和规则意识较强，也为人大积极履行监督职能施加了压力。

在动力和压力下，在制度和现实架构的有限空间中，中山市人大在监督的制度、体制、机制，以及监督工作的技术和细节方面，都体现出了智慧和用心；人大监督不断规范化、体系化、精细化，逐步趋于成熟。观察中山市人大监督的实践，有助于深入理解人大在地方民主法治建设和社会发展中扮演的和应当扮演的角色，亦从一个侧面反映出广东依法治省的“人大常委会模式”[①]所具有的独特优势。

## 一、走向规范化的中山市人大监督：以良好的制度和机制为支撑

### （一）制度建设：省、市、镇共同努力的成果

过于笼统、不易操作的监督制度，曾是制约地方人大监督效能充分实现

① 从依法治省（市）工作领导小组办公室的设置来看，目前主要存在三种模式。第一种是领导小组办公室设在司法厅（局）的“司法系统模式”，为全国普遍采用；第二种是领导小组办公室设在党委常委的“党委模式”，以上海市为代表；第三种是领导小组办公室“挂靠”在人大常委会的“人大常委会模式”，以广东省为代表。广东省依法治省工作领导小组及其办公室成立于1996年10月，目前广东省21个地级以上市依法治市工作领导小组办公室除深圳市设置在司法局外，其他都设置在市人大常委会。办公室是省（市）党委领导下的议事协调机构的常设办事机构，省（市）人大及其常委会承担依法治省（市）的日常工作，在实践中发挥着主导作用。

的因素。从 20 世纪 80 年代开始，省级地方人大开始尝试对监督工作予以规范和完善。广东省走在前列，先后出台了一系列监督法规和规范性文件，并不断修改完善。包括综合性的监督法规、专项性监督法规、关于监督方式的法规，以及人大及其常委会的议事规则。

在 2015 年《立法法》修改以前，中山市作为不设区的市并无地方立法权。尽管如此，中山仍在立法框架内进行了规则制定方面的尝试。1988 年，中山市人大就制定了《中山市人民代表大会常务委员会议事规则》（后四次修正）。《广东省各级人民代表大会常务委员会监督条例》颁布后不久，中山市出台了相应的实施办法，规定人大常委会监督的范围、形式等，并明确人大常委各办事机构的具体职权。此外，还制定了《中山市镇人民代表大会工作规则》（2008 年）、《中山市人民代表大会议事规则》（2009 年）、《中山市人大代表联系选民办法》（2010 年）。为了实现对人大代表议案建议办理的全程管理，强化对办理工作的刚性约束，2008 年制定《办理建议提案绩效量化测评工作细则（试行）》，2011 年印发《建议提案办理工作量化管理办法》，设定考核分值进行综合考评，考核结果纳入部门镇区领导班子实绩考核体系。从 2013 年开始，中山市密集出台了又一系列关于人大监督的规范性文件。《中山市镇人民代表大会监督工作暂行办法》（2013 年）是全国首部关于镇人大监督工作的规范性文件，标志着中山市各镇的人大监督工作，尤其是闭会期间的监督工作自此有章可循。《中山市人民代表大会代表议案及建议、批评和意见处理办法》（2013 年）旨在规范代表议案、建议等的办理工作，提高办理质量。《中山市人民代表大会常务委员会规范性文件备案审查办法》（2013 年）明确规范性文件备案报送的内容和要求，审查的机构和职责、内容和程序等。2014 年针对预算审查监督、生态环境保护和建设工作监督，分别出台《预算审查监督暂行办法》和《生态环境保护和建设工作监督暂行办法》。

中山市在镇人大层面，也立足于基层人大监督的实际需要进行制度创新，使监督工作更“接地气”。例如，小榄镇制定《中山市小榄镇人民代表大会监督工作暂行办法》，依据该办法成立城乡建设、法制、财经、农村社区和教科文卫等专业代表小组，开展调研、联系选民、实施监督。三乡镇制定了《党委、人大联合督查活动制度》，探索建立党委人大联合督察组，完善代表监督约束机制。

省、市、镇三级在人大监督制度化方面所做的努力，使中山市人大监督工作基本步入规范化的轨道，有助于规范人大监督活动、促进人大监督工作的开展。同时，市、镇的探索和积累也将为广东省甚至全国的相关立法提供来自基层的鲜活经验。

### （二）机制建设：实践基础上的凝炼和设计

在《中华人民共和国各级人民代表大会常务委员会监督法》业已设定的制度框架下，如何借助更有效的机制设计将人大监督权用好用足，恰是问题的关键。中山市和镇级人大在实践中善于思考和总结，尝试通过一些精巧机制的建构，丰富监督方式，强劲监督动力，强化监督效果，树立人大的权威。

1. 建立民主测评机制

民主测评是《中山市镇人民代表大会监督工作暂行办法》引入的一种创新的监督方式，也是一种有效的监督机制。它要求镇人民政府职能部门及上级国家机关派驻镇的部门接受年度测评，全体镇人大代表无记名投票的形式进行评分，测评结果向代表报告。经过 2014 年、2015 年的两轮民主测评，各镇立足自身情况作进一步补充和创新，使这一机制趋向于成熟。

第一，测评对象覆盖中山市镇政府所有职能部门及上级国家机关派驻各镇的所有部门。第二，测评内容一般包括依法办事、工作效能、政务作风和议案建议办理四个方面。第三，测评程序，一般实行集中发票、写票、投票、计票，现场公布民主测评分数和排名；测评结果按照得分高低排序，并在会上当场宣布。第四，积极利用民主测评结果，大多数镇区将民主测评结果作为镇机关干部年终实绩考核的参考依据。第五，对于民主测评中凸显的问题，各镇区较为重视，并根据代表提出的提案和建议予以整改落实。

2. 完善议案建议办理和督办机制

强化对人大代表的议案和建议的督办是中山市人大监督的抓手之一。议案和建议办理的效果如何，直接决定了监督职能实现的效果。市政府各职能部门和各镇已形成了较成熟的议案建议办理机制。首先，在领导机制上，成立专门的议案建议办理工作领导小组，制定实施方案，明确工作目标和责任分工。其次，在责任机制上，采取“三级负责人”办理制度：职能部门主要领导或镇区的主要领导为第一责任人，分管领导为直接责任人，承办部门为具体责任人。再次，在办理单位和人大代表之间形成常态的沟通机制，贯穿“办前、办中、办后”。最后，建立人大跟踪督办机制，不定期对建议办理落实情况进行监督检查，确保办理实效。同时，不仅追求意见建议办理满意率，更重视其落实率，力求使涉及的民生问题得到解决或逐步解决，从“答复型”向“落实型”转变。在具体实施层面，各镇区进行了各自的发挥。例如，中山市西区办事处提出“五个一”的要求，同时对承办单位的办理工作在健全制度、严格程序、保证质量等方面作出了详细规定和更高要求。

此外，依托电子政务的建设开发“两个平台”——议案建议提案综合管理平台和建议提案在线平台，实现议案建议提案办理工作的信息公开，是中山市人大代表提案建议办理工作规范化和程序化的又一个创新。

3. 完善人大代表活动机制

（1）小组活动机制

《中山市镇人民代表大会监督工作暂行办法》将代表小组确立为人大代表开展监督工作的基本形式，以增强代表的专业性来尽量弥补代表非专职的缺陷。实践中，各镇因应具体情况、需要和习惯来对代表小组进行分类，具体名称也各不相同（包括“代表小组”“功能小组”“专业小组”“专业代表小组”等）。

例如，三乡镇设计以功能小组为单位的督查机制，围绕镇委、镇政府的中心工作进行联合督查。具体而言，是将 61 名人大代表分成 13 个功能小组，每个组要求 1 名党代表参加，各小组在组长的召集下本着“专题、小型、深入、实效”的原则开展活动。对于督查中发现的工作不力的部门单位，视情况处理和问责。同时为扩大社会对监督工作的参与，提高监督的客观性，还要求第三方代表列席督查活动。功能小组的具体构成并非一成不变。2013 年末，三乡镇人大办围绕小组分工、活动次数、代表专场等方面重新调整了督查小组，将原来的 13 个小组调整为 9 个，还专门增设了议案建议组。

（2）代表服务保障机制

早在 2009 年，中山市各镇区就已按标准建成各自的人大代表活动室，有专门场所和经费的保障，市、镇人大代表在闭会期间拥有自己的“家”，荣誉感和归属感随之增强。在抓好活动室硬件建设的同时，镇区规范代表花名册、代表活动计划簿、代表活动登记簿、代表学习记录簿、代表履职情况登记簿等“一册四簿”的整理归档工作。从 2014 年开始，部分镇的人大代表活动室已建到各村（社区），为代表密切联系选民搭建平台。

在人大闭会期间，镇人大经常走访人大代表及其工作单位，协调解决代表履职中的困难，动员代表所在单位为其提供时间保障和必要条件；开展的各项活动向代表通报，邀请代表参与、接受代表监督。

（3）代表监督约束管理机制

镇区的监督约束管理机制各有特色，其约束对象一般不限于代表个人，还延伸到代表小组。例如，三乡镇人大每年会根据督查小组的与会人数、活动情况、提交建议数量、提交调研报告数量等，对督查小组进行量化评分和排名。还有不少乡镇建立代表履职档案，对代表参加会议、提出意见和建议的情况进行登记，并在年终进行通报。东凤镇对代表专业小组的年度活动进行细化和量化，要求各代表小组每季度至少开展一次活动，每次活动由联络员召集，座谈会由组长主持，并加强专业小组代表的出勤考核与活动开展情况的跟踪。2015 年，东凤镇进一步严明代表闭会期间的组织纪律，建立了代表闭会期间考勤考核机制。

## 二、走向体系化的中山市人大监督：人大监督的“全域中山理念”

任何领域的改革都是一项系统工程，这意味着对领域内的各个方面、各个层次、各种关系、各个环节、各种要素，需要从全局的视角予以统筹协调和观照，拒绝死角。《中共中央关于全面深化改革若干重大问题的决定》将推动人民代表大会制度与时俱进地改革作为深化改革的要点之一，而监督制度无疑是人民代表大会制度中的重要部分。因而，人大监督制度的改革和完善也理应被当作一项系统工程。目前，中山市人大在监督过程、方式、主体要素等方面，已形成一个自洽的、较为完整的体系。监督权在不同环节，通过不同方式，经由不同主体行使，产生了叠加效应。这一理念与中山市在区域发展方面的要旨相一致，堪称人大监督领域的“全域中山理念”。

### （一）坚持民生导向，办好议案建议

1. 事前：议题选择的民生导向

监督资源有限，是一直以来摆在人大面前的难题之一。科学分配有限的监督资源，将其配置在“要害”领域，是提高人大监督针对性和实效性的前提。在这个环节上，中山市人大删繁就简，广纳民意，无论在议题的选择还是选择的议题上都体现了强烈的民生导向，回应了社会关切。

为确定2015年中山市人大常委会的监督议题建议，2014年9月，市人大常委会连续3天在《中山日报》刊登征集监督议题的公告，同时通过中山人大网、中山法治网、常委会公报发布。除此之外，市人大常委会还通过各代表小组向全体市人大代表征集意见建议，各工作委员会分片联系单位、镇区征集意见。在汇总、分类梳理的基础上，市人大常委会办公室以问卷形式把初步遴选出的监督议题再发全体市人大代表征求意见修改后，提交2015年初召开的常委会会议审议通过后组织实施。经过严格的程序确定下来的议题均与民众利益切身相关，涉及食品安全、饮水安全、交通出行、治安改善、教育、医疗等。基于公开征集议题所取得的良好效果，2015年9月，中山市人大常委会发布了《关于征集2016年监督议题建议的公告》，可以预期这

一议题建议“民众说了算”的机制将持续开展。

2. 事中：围绕民生的议案建议办理

中山市政府在全市人大代表议案建议办理中起到重要的领导和统筹作用。全市人大代表议案（建议）、政协提案任务交办会由市政府组织召开，进而经各镇区人大工作室分解到有关职能部门。办理前，要求承办部门通过上门或电话联系的方式向代表详细了解情况，探讨办理方案；办理中，及时向代表汇报进度，征询办理措施是否得当，反馈难点问题，对不合规范的答复进行修改，不满意或基本满意的办理件一律退回重新办理；制定解决方案和工作计划后，进一步听取代表的意见建议，并与代表共同推进，按时完成建议的受理、交办、反馈、答复等。

3. 事后：民生议题的落实

对监督效果的评估，一方面自然是针对现状、静态地评价议案建议的办理和答复本身，更重要的则是面向将来、动态地评估人大监督对被监督者行为的影响。具体来看，体现在答复中承诺事项的落实、监督成果的转化和今后对类似问题的处理上。

中山市人大一向重视监督工作“回头看”，倒逼议案建议办理部门落实议案建议中的承诺。在建议办复后，各部门并不止步于纸上答复，而是建立起工作台帐和跟踪办理制度，对答复中承诺的事项逐项落实。同时，将符合部门发展方向的建议提案融合在拟出台的政策性文件中，通过工作常态化满足人大代表反映的群众需求。例如，结合人大代表成立中山市重大疾病救助基金的建议，市民政局制定了《中山市困难居民重特大疾病医疗救助暂行办法》，完善社会救助体系。

### （二）综合运用多种监督方式，开启全方位监督

现行宪法和法律规定了多层次、多形式的人大监督方式。除此之外，中山市还在法律框架内积极探索和综合运用其他行之有效的监督方式。目前已形成一套涵盖一般性监督（组织代表视察、调查、检查等）和刚性监督（质询、否决、罢免等）的、较为成熟的监督模式。

1. 组合调研监督，落实民生实事

为了深入了解“1 号议案”和十件“民生实事”的推进情况，中山市人大常委会采取座谈、走访调研、市人大代表统一活动日视察和第三方评估的组合调研监督形式。这种做法针对的是重要且棘手的监督事项，与民众生活息息相关，涉及多部门的职责权限，且时间跨度较长，需要持续跟踪和监督。

2015 年 6 月下旬，中山市人大常委会召开了四场座谈会，相关部门以及 24 个镇区参加了座谈，并走访了市公安局治安支队和流动人口管理办公室。9 月在市人大召开座谈会，听取交通局、农业局关于 1 号议案相关情况的汇报。为了加强现场考察的力度，“9·15”市人大代表统一活动日组织了 430 多名代表分 24 个小组深入各镇区对农村道路桥涵建设情况进行视察。之后，24 个镇区对 1 号议案及十项民生工程完成情况和视察总结进行了书面回复。

2. 突出民生重点，听取和审议报告，开展执法检查

听取和审议“一府一委两院”的工作报告、专题报告和执法检查报告，以及执法检查等，是人大监督的常规手段。2015 年，中山市人大及其常委会听取的各种报告，内容主要围绕民生等热点问题，包括物业管理、水环境保护、道路交通安全、农业面源污染防治、食品药品检验检测机构建设等。针对《物业管理条例》《广东省物业管理条例》《传染病防治法》等的实施情况执法检查，体现了监督的民生取向。

3. 围绕民生议题，开展专题调研和专题审议

专题调研、专题视察和专题审议等监督方式在中山运用频率较高，体现了中山人的主动、专注和讲求实效。专题监督具有主动性强、针对性强、效力更强等特点，常委会可以自主选题，监督更能有的放矢，提出的建议和措施更加务实可行，审议意见具有法律效力。2015 年的专题监督，主要围绕交通改造工程方案、住宅二次供水、城区内停车、农村生活垃圾的收运处理等民生主题进行。

4. 推进全口径预决算审查监督规范化，替人民管好“钱袋子”

对财政预算进行监督以促使政府妥善使用财政资金，是宪法和法律赋予

人大及其常委会的法定职责，也是建立公共财政、透明财政体制的客观要求。

中山市人大近年来一直致力于推进全口径预算决算审查监督规范化。2006年，中山市就开始编制全口径综合性预算，将所有财政资金编入预算；至2011年，公共财政、政府性基金、国有资本经营收益、社会保险基金已全部编入政府预算体系，并提交市人代会审议；新《预算法》颁布实施后，中山市积极推进全口径预决算管理改革，2014年10月通过《预算监督暂行办法》，规范人大预算决算审查监督的方式和途径。目前已基本建成框架科学、内容完整、运转有效的财政预算管理体系。值得强调的是，中山市的"实时在线财政预算监督系统"经过9年多的优化升级，内容全面，项目清晰细化，为人大预算监督工作提供良好支持。

### （三）统筹人大各项职权，配合监督权的行使

立法权、监督权、重大事项决定权和人事任免权，是人大及其常委会拥有的四项职权。此四项职权并非独立，而是有着内在联系，使用恰当可实现"多赢"。2015年，围绕环境保护等主题，中山市人大常委会统筹行使立法权①、监督权和重大事项决定权，效果相得益彰。

在监督方面，环境保护因与民生紧密相关而一直被视作"民生实事"，也一直是人大监督的重点领域。例如，2015年，"十件民生实事"之一的"内河清流和城区治涝工程"，具体举措包括在完成中心城区核心区主干道雨污分流主体工程基础上，开展首批内河涌整治；对旧有排水系统启动升级改造工程；编制完成《中山市城市排水（雨水）防涝综合规划》等。

在立法方面，中山市获得地方立法权后制定的第一部地方性法规即是《中山市水环境保护条例》。这一选择是为了解决水环境监管工作中部门职责分工不明确、水污染防治、饮用水源的保护等问题，同时也符合民众呼声。

---

① 2015年3月，全国人民代表大会通过了《中华人民共和国立法法（修正案）》，赋予中山市地方立法权；5月，广东省人大常委会发布第32号公告，规定中山等市的人民代表大会及其常务委员会，自5月28日起可以制定地方性法规。

目前，具有鲜明中山特色的条例草案已成型，可望形成适合中山的水环境治理制度和机制。

在环境保护领域的重大事项决定权和人事任免权方面，中山市人大也有新举措。2014 年审议通过的《生态环境保护和建设工作监督暂行办法》（以下简称《暂行办法》）规定，对于因决策失误造成重大生态环境问题等情况，可依照法定程序对市人大常委会任命的相关人员提出撤职案。该《暂行办法》还创新了人大行使监督权的形式，对需由人大决议、决定的环保重大事项作出界定，并明文列出市政府应向人大常委会报告的十项重要事宜，包括生态文明建设规划实施情况、重大环境事件情况等。

## 三、走向精细化的中山市人大监督：在监督要素间谨慎平衡

人大监督权的切实有效行使，需要在各种监督要素之间谨慎寻求平衡。具体来看，需要严格遵守立法确立的“权利—权力”框架，考虑基于不同监督目的、针对不同监督对象的监督手段、力度和方式的选择，注重在上级人大统筹指导与下级人大创新之间的平衡。中山市人大的监督工作，凸显谨慎细致、灵活周全的政治智慧和工作智慧，开始释放出强大能量，助力发展，服务民生。

### （一）监督力道的“刚柔相济”

宪法和组织法赋予了各级人大及其常委会监督“一府一委两院”的权力，并就监督方式作出规定，这是人大刚性监督的基本依据。然而，仅强调监督刚性的一面，可能会挫伤被监督者的积极性或者影响其创造性的发挥，不符合《监督法》提出的“促进依法行政，公正司法”的要求。因此，还有必要强调监督柔性的一面。中山市在这方面颇有经验。

首先，从监督方式上，针对不同的监督对象和监督目的，中山人大灵活选用刚性和柔性的方式。刚性手段包括质询、询问、否决、撤销、撤职、罢免等，柔性手段则包括视察、调查、执法检查、听取和审议报告、对规范性

文件进行备案审查等。事实上，大量监督活动是通过柔性监督，采取约谈、调研、听取汇报等手段，以目标的一致化解观点的分歧。其次，在监督方法上，中山市人大注意发挥内设工作机构的作用，在监督的全过程中加强与“一府一委两院”对口部门的交流，具体方式包括邀请参会、交流信息、通报情况等。再次，在监督限度上，中山市人大严格遵守法定的职权划分，尊重“一府一委两院”权力的依法行使，将监督精力主要集中于宏观和中观层面，谨慎使用微观监督，努力做到“在监督中支持，在支持中监督”。

### （二）市统筹规划下的镇区创新

综观中山市人大监督的制度、机制和具体工作，较易发现一个特征：市人大及其常委会职司统筹规划，勾勒大体的制度框架，而将制度创新的空间尽可能多地留给镇区；而镇区基于强大的创新能力和动力，结合自身情况和特点出具具体方案，呈现出亮点纷呈的局面。这种拒绝一刀切的模式，主观上体现的是市人大对镇区人大主动性和能力的信任，客观上激励各镇区的积极性，符合中山市镇区各具特色的发展模式。

例如，在人大代表民主评议职能部门和选区群众评议人大代表方面，中山市人大常委会都制定了相应的规范性文件，对评议内容、程序、要求等有一个大体的规定，而将评议的主题、详细流程、具体形式等的设计空间，则留给各镇区人大。又如，对于镇区人大代表小组，无论在名称、组成、活动方式，还是经费保障、监督机制方式上，都由各镇区根据各自代表的数量、专业背景，镇区的特殊需求等来确定。在监督方式上，各镇区在每年做好审查和监督政府预算、开展各单位民主测评等“规定动作”的同时，又结合实际，把关系该镇改革发展稳定大局和民生问题作为监督首要，通过组织代表执法检查、听取部门工作汇报等形式，演示“自选动作”。

### （三）监督主体要素之间的博弈

1. 监督者与被监督者

能得到有效落实的制度才是有生命力的制度，否则不过是空中楼阁。“一府一委两院”由人民代表大会产生，对它负责，受它监督，是宪法确立的基本权力结构，它将人大和“一府一委两院”分别置于监督和被监督两个象限。条款虽简单，执行却不易，首先需要应对的就是现实中两者并不均衡的力量对比。面对现实，中山市人大对自身的功能和定位做了客观判断，对与被监督者之间的关系做出切合实际的调整。

首先是沟通。信任和尊重不仅存在于人与人之间，同样存在于由人组成的组织机构之间。而沟通是信息和思想的传递和反馈，经由沟通可望达成思想或行动的一致，实现信任和尊重——尤其是在二者拥有共同目标的情况下。中山市主要领导曾表示，人大为中山百姓为中山发展而监督，政府也是为中山百姓和中山发展而做事，大家目标一致，监督与被监督都很舒服。中山市人大常委会和政府组成人员的座谈会机制，是沟通的重要渠道之一。这一机制建立于 1989 年，多年来通过真诚沟通、凝聚共识，推动政府一系列重大工作的开展。2015 年 9 月召开的座谈会的主题是“推动一号议案实施，办好十件民生实事”，与会人员共商如何将“民生工程”办成“民心工程”。

其次是真诚。中山市人大将自身作为连接政府和选民的桥梁和纽带，一方面了解社情民意，倾听民众声音，为公权机关决策提供重要参考；另一方面全面考察政府的工作情况，了解政府各项举措的用意和苦衷，向民众反馈，以促进民众和基层政府的相互了解，化解二者之间的某些张力和矛盾。对待被监督者，更多采取约谈、调研、听取汇报等柔性手段，消除监督对象的抵触情绪。此外，人大尊重“一府一委两院”权力的依法行使，尊重其行为的规律和专业性，谨慎把握监督力度。

随着二者的良性互动，“一府一委两院”逐渐放下了对监督者天然的戒备。中山市委主要领导强调，领导干部的权力来自人民的授权，必须自觉接受人大的监督，执行好人大的决定、决议。“一府一委两院”将人大议案建议视为代表的“智库”源泉，将办理人大议案建议作为沟通民众的重要渠道。正是由于人大常委会提出了议案，并全程监督议案的办理，才让政府部门更加了解民意，及时对工作中的偏差查漏补缺，促使政府加快了解决最棘手问题的进度。一些政府部门采取了措施将办理建议涉及的工作列为部门的年度工作重点，或将办理建议工作的成果融入政策性文件，成为助推政府工作的动力。

2. 代表与被代表者

人大代表与人民之间的关系，与人大和“一府一委两院”之间的关系相通：人大代表由人民选举产生，对人民负责，由人民监督。除了法律关系之外，代表和人民之间还存在一种现实的利益关系——选民给予代表的利益是赋予其身份和与身份相应的权力；代表给予选民的利益则是为其“代言”，贯彻“一切权力属于人民”的宪法原则。中山市在密切人大代表与其所代表的选民之间的联系以及选民了解和评价代表履职情况方面，有一系列创新性举措。

第一，密切代表与人民的联系。中山市人大常委会制定的《人大代表联系选民办法》（2010 年），规范代表联系选民工作的基本内容、主要形式，以及代表了解社情民意进行研究处理的方式和途径。根据该《办法》，代表们结合自身的实际情况明确了联系选民的时间、场所、内容和方式；代表所在单位和原选区所辖单位支持代表联系选民活动，协助代表记录、整理选民反映的意见和建议，经过必要的调研综合后向有关部门反映。2015 年，多个镇区人大开展了代表联系群众活动。东区和神湾镇在这方面走得更为超前。东区制定人大代表驻点普遍直接联系群众的工作方案，在组织形式、接待地点和联系方式上有所创新；神湾镇的市镇两级人大代表参与镇区领导干部驻点开展普遍联系群众活动，在驻点层次、接待时间和收集意见的方式上也有所突破。

第二，群众评议代表。2014 年年底，中山市人大常委会出台《关于开展人民群众评议市人大代表工作的意见》。2015 年初正式试水。首批试点是三乡镇和南头镇，此后，石岐区、大涌镇、横栏镇等也加入了行列。有些镇区（例如五桂山区）还为此成立专门的群众评议人大代表工作小组。评议的内容一般包括代表任期内的守法情况；参加会议，贯彻决议、决定的情况；联系选民和群众，提出议案、建议、批评和意见的情况等六个方面的内容。评议的程序，一般是代表事先递交关于履职情况的书面述职报告＋人大办提供代表年度履职情况表＋代表现场述职＋群众现场投票评议，全程公开透明。基于前期的成果，中山市人大常委会计划在全市33个代表小组推广市人大代表向群众述职活动，并将于2016年年底前完成全面推广任务。这一活动不仅为选民了解代表履职情况、代表深入了解民意提供了平台，也有利于增进选民对代表的信任，促进代表履职。

# 关于中山市律师业服务创新驱动发展战略的思考与建议

李 庆[①]

【摘要】认真贯彻落实党的十八大精神，积极服务创新驱动发展战略实施，促进转变经济发展方式，是当前律师工作的重要任务和广大律师肩负的重要职责。“法治兴则国治”。在加快推进依法治国进程，全面实施创新驱动发展战略中，中山市律师业面临着如何进一步加强执业保障、拓展服务领域，更好地融入全市核心战略的问题，也面临着如何进一步提高职业化水平，加强行业监管自律，促进自身转型升级的问题。中山市广大律师应该顺应形势和机遇，充分发挥职能作用，在创新驱动发展中彰显优势，顺势而为，主动作为，奋发有为。

【关键词】律师业 创新 发展 思考

崇尚创新、推动创新已经成为当今中国社会重要共识。党的十八届五中全会把创新列在五大发展理念之首。习近平总书记在省部级主要领导干部学习贯彻十八届五中全会精神专题研讨班讲话中更是形象地指出，抓住了创新，就抓住了牵动经济社会发展全局的“牛鼻子”。2016 年 7 月，中山市委十三届八次全会专门部署落实中央、省委决策精神，提出要把创新驱动发展作为核心战略，奋力推进国家创新型城市建设。

---

① 李庆，原中山市司法局党组书记、局长，现任中山市审计局党组书记、局长。研究方向：司法制度、律师行业管理与发展等。

创新是一个复杂的社会系统工程，涉及经济社会各个领域。律师作为建设法治社会和市场经济的重要力量，作为现代服务业的重要组成部分，在法律服务领域引领创新、激发创新、服务创新等方面具有重要的地位和作用。中山市经过改革开放以来的迅速发展，至2016年年底，有执业律师898人，律师事务所87家，律师从业人员逾2000人。2015年，全市律师共办理诉讼案件20030件、非诉讼法律事务27598件，担任法律顾问4349家。一直以来，中山市律师围绕中心，服务大局，创先争优，取得了可喜的建树和成绩。如率先承办了全国第一宗关于土地使用权出租、转让、抵押见证业务，率先探索与港澳律师协办涉外非诉法律事务，率先担任个体户的常年法律顾问，创立“公益法律进万家”短信咨询平台，设立律师学堂和法律研究院，建立覆盖全市277个村（居）的半小时法律服务圈。今后一段时间，中山市律师业将围绕市委、市政府各项中心工作和群众需求，着力在创新机制、拓展领域、打造平台上谋求更大发展。

## 一、为建设国际化法治化营商环境服务

中山市作为改革开放的前沿地带，对外交流频繁，外向型经济发达，2016年拥有各类外商投资企业3000多家，外贸出口额达280亿美元，对外投资超过3亿美元，全球500强企业有20多家在中山投资。2016年，《市政府工作报告》提出要对接国际经济管理先进理念和通行规则，建设国际化法治化营商环境。中山市政府提出的与国际接轨，更多的是指办事准则、市场准入和政府监管，即通过依法办事，来努力建成法律制度规范、投资贸易便利、监管安全高效的一流营商环境，而这些都离不开律师的积极参与和高效服务。

### （一）拓展公共法律服务，为地方立法、深化行政审批改革、完善权责清单提供支持

随着中山市取得地方立法权，为当地律师参与地方立法提供了更广阔的

舞台。中山市律师协会（以下简称“市律协”）是目前广东省唯一一个获得省市两级人大常委会基层立法联系点资质的律师协会，已经参与中山市首部地方性法规《中山市水环境保护条例》的论证评估工作，并承接多个立法项目的意见审查、专业评估。今后应结合当地市场主体的普遍性法律需求，发挥中山市首个行业智库——中山市律正法律研究院的专业优势，围绕构建宽松、灵活、便捷、效能的投资贸易规则体系，打造国际化、法治化、市场化、便利化的营商环境，提出地方立法项目建议，参与相关立法草案的社会评价与立法后评估等工作。此外，随着中山市近年来深入推进商事登记制度改革，实施“三证合一”，建成市级行政服务中心、网上办事大厅和中介服务超市，成为全省首批“三单管理”试点城市，下放镇区1793项行政审批和执法事项，审批事项取消调整比例超过50%，也为中山市律师参与推进中山市依法行政工作创造了平台。中山市司法局、市律协要指导各律师事务所加大力度开发公共法律服务产品，探索研究法律法规汇编、部门职责清单梳理等新兴法律服务项目，进一步厘清行政审批职能，规范行政执法程序，促进政府职能部门的转变和依法行政能力的提升。

### （二）加强知识产权保护，促进科技创新和社会信用体系建设

按照《中山市社会信用体系建设规划（2014–2020）》，到2020年中山市将建成与社会主义市场经济体制相适应、比较完善的覆盖全社会的社会信用体系。同时为推动大众创业、万众创新，早日实现高新技术企业倍增和迈进珠三角第二梯队目标，中山市委市政府提出要高标准建设国家知识产权示范市。中山市律师业可以围绕知识产权创造、管理、运用和保护等环节，为市场主体提供多元化的法律服务，主要表现为：一是利用法律实务经验，引导、帮助市场主体将创新成果转化成为自主知识产权。二是提供知识产权贯标服务，指导市场主体在生产经营活动中贯彻《企业知识产权管理规范》的国家标准，形成策划、实施、检查、改进的有效运作的知识产权管理体系。三是综合应用实施、转让、许可、入股、质押等手段，推动自主知识产权产生经济效益，促进创新成果商品化、市场化、产业化。四是为知识产权受侵害主

体提供法律咨询、调解诉讼仲裁代理等服务，协助依法打击侵犯知识产权等违法犯罪。

### （三）服务珠三角国家自主创新示范区建设，引进、培养高素质法律人才

习近平总书记指出“创新驱动实质上是人才驱动。”从中山市律师队伍人才结构来看，青年律师的培养和现实需求不对接，律师中既懂法律又懂外语、懂金融、懂贸易的高层次复合型人才极为缺乏；不少律师是中途改行，缺乏必要的经验积累和职业应变能力；大多年长者缺乏开拓创新意识、服务方式单一，新出道的年轻人社会阅历浅、业务方式分散。为了配合珠三角国家自主创新示范区建设和中山市创新驱动发展战略的实施，必须重视律师人才队伍建设，创新人才培养机制。

一是加快对本土法律服务人才的培养。制定中山市律师行业人才整体培养规划，探索在市律协设立人才培养专项基金，渐次培养本地区律师领军人才，加强对律师专业化分工的引导，注重对青年律师的扶持与培养。

二是重视高层次法律服务人才的引进。利用好中山市现有人才引进培养的一揽子政策措施，针对本市法律服务的市场需求和人才短板，吸收一批擅长大型项目运作，精通资产重组并购、新三板、PPP(政府与社会资本合作)、私募等高精尖业务的专业人才，引进一批通晓国际法律规则、善于处理涉外法律事务的涉外法律人才。

三是优化环境，留住优秀法律服务人才。要加强本市律所与国内外大律师所之间的沟通交流，引导本地律所从管理方式、律所文化等方面与国内国际接轨。要为律师参与党委政府决策咨询、产业规划和各类经营管理项目等法律事务创造条件，促进律师队伍提质增素。

## 二、为实施“一带一路”倡议，迎接大通道时代，对接南沙、前海、横琴自贸区，促进中山跨越融合发展服务

随着国家“一带一路”倡议的实施，中山市作为沿海港口城市将面临重要的机遇和挑战。同时，中山市毗邻南沙、前海、横琴三大自贸区，如何对接自贸区改革和政策的溢出效应，是一个重大的现实课题。深中（深圳、中山）通道建成后，中山市将成为珠江口西岸最重要的综合交通枢纽城市。这些无疑给中山市法律服务业带来利好。律师作为社会的重要精英力量，应主动融入这一大变革，为中山市的跨越式发展贡献一己之力。

### （一）服务珠江口西岸区域性综合交通枢纽城市建设，为深中通道、深茂铁路等重点工程提供法律支持

中山市明确提出“十三五”时期要“大抓交通、抓大交通”，把中山建设成为沟通珠江口东西两岸的“桥头堡”和综合交通枢纽城市。其中的重点工程项目包括深中（深圳、中山）通道配套交通、深茂（深圳、茂名）铁路、南沙港铁路、中开（中山、开平）高速、广中江（广州、中山、江门）高速，以及长江路、博爱路改造等。为保证工期进度和工程质量，除了建设、施工单位的倾力付出外，相关法律问题的理顺必不可少，律师介入不可或缺。这里涉及两个方面的问题：一是律师主动对接项目提供法律服务。可以遴选一批综合实力强的律师事务所和执业律师，组建重点项目律师服务团，提供法律咨询、起草审查项目合同文件、出具法律意见书以及配合相关部门做好融资、土地征用、房屋拆迁安置补偿等法律事务，力争实现重点项目建设到哪里，法律服务及时跟进到哪里。二是不排斥、干预律师为利益相关人提供法律服务。工程建设过程中，不可避免会与沿线居民、厂矿企业发生交集，特别是涉及征收拆迁相对人的利益时，问题会复杂化，甚至可能产生对抗。这时项目建设实施单位要正视相对人的正当合法诉求，对后者聘请律师代理维权的行为，应持包容态度和审慎欢迎，相信律师的职业道德和专业水准，通过律师的介入和协商谈判，搭建起双方沟通的桥梁，反而有利于矛盾问题在法律

框架内合理解决，杜绝所谓的天价索赔和群体性事件的发生。

### （二）加强法律服务区域合作，促进协同发展

经济全球化与区域经济一体化已成为当今世界经济发展的两大趋势。近年来，中山市委、市政府采取一系列重大战略措施，对接周边地区产业，推动区域合作。如在紧邻深中通道出口、南沙、横琴的东部临海区域高起点、高标准建设翠亨新区，打造珠三角湾区最宜居、最低碳、最现代化的滨海新城。在产业承接和深化合作中，现代服务业是一个关键要素，是体现一个国家和地区竞争力的重要指标。毗邻中山的广州、深圳，现代服务业产值和增加值均处于全国领先水平。规划建设中的广东三大自由贸易试验区（南沙、前海、横琴），功能定位有所区别和侧重，但都是以物流、科技、金融、商务、信息等现代服务业为发展重点和方向。法律服务业作为现代服务业的重要组成部分，无论是“走出去”，还是“请进来”，都会给中山律师业带来越来越大的空间和越来越多的机会。“走出去”的方式可以为在广州、深圳等一线城市，特别是抢先一步在法律市场尚未成熟的广东三大自贸区设立分所或自创品牌经营，占领市场份额。中山市已有少数律师事务所尝试在外地设立合作或分支机构，关键是管理要跟上，业务模式要创新，否则在与大型律所、连锁律所的竞争中将会落于下风。“请进来”不是盲目引进，不是外地律所在中山遍地开花，而是通过与品牌律师事务所、大型律师事务所、专业型律师事务所合作，学习先进管理模式，开拓高精尖业务，提高中山律师和律师事务所的生存发展能力，进而更好地满足当地市场主体的新需求。

## 三、助力供给侧改革，为促进实体经济发展服务

推进供给侧结构性改革，是当前和今后一个时期我国经济工作的主线。要将推动供给侧结构性改革的关键放在坚持创新驱动发展上，持续增强实体经济核心竞争力。供给侧结构性改革是一项系统工程，律师业可以发挥与市场主体联系紧密、熟悉法律政策、擅长风险管控的优势，围绕中山市产业转

型升级和实体经济发展提供多元化的法律服务产品供给。

### （一）为专业镇的创新发展和产业转型升级提供法律支持

截至 2017 年，中山市共有 16 个省级专业镇、35 个国家级产业基地，专业镇的生产总值占全市的 72%，税收贡献率达 65%，形成了一批市场占有率较高的特色产业集群，但专业镇产业构成基本上以劳动密集型为主，如服装、家具、五金、灯饰、小家电等，属于低附加值、低投入、高能耗的传统产业，呈现出企业规模小、管理水平低、创新能力不足、品牌意识弱等不足，亟待转型升级。我们要围绕供给侧结构性改革，找准律师服务业的发力点和增长点，提高律师业务结构对需求变化的灵活性和适应性。针对专业镇和产业集群发展过程中遇到的难题，律师事务所可尝试开展以下服务行动：一是“保安全”行动。组织律师事务所与企业结对子，每家律师事务所至少联系帮扶一家重点企业，提供一对一的法律风险评估和全面的法律体检服务，特别是在去杠杆方面，防范企业投融资风险。二是“减负担”行动。发挥具有破产、清算管理人资格的律师事务所的牵头带动作用，积极参与僵尸企业、资不抵债企业的破产清算、处置工作，淘汰落后产能。三是“增活力”行动。市律协联合市工商联、行业协会（商会）等开展企业专项法律服务，鼓励支持律师事务所参与企业股份制改造，盘活整合现有资源。

### （二）为民营经济发展创造良好的营商环境

到 2015 年年底，中山市有民营企业 28.6 万户，注册资本金 1546.3 亿元，民营经济增加值为 1563 亿元，占全市生产总值 51.9%。习近平总书记参加全国政协民建、工商联委员联组讨论时，强调用“亲”“清”两字阐明新型政商关系。2017 年 3 月，中山市高规格召开推进民营经济发展工作大会，并发布有史以来分量最重的“民企 50 条”，释放惠企红包逾百亿元。律师服务民营经济发展，应着眼于破除体制机制弊端，增强民营企业的内生动力，营造亲商、爱商、重商的环境和氛围。一是立足于打破市场准入障碍，为民营企业争取平等竞争的主体地位提供行政法律服务，尽力消除各种“玻璃门、弹簧门、旋转门”现象，为依法保障民营企业财产权和其他合法权益提供刑事、商事法律服务。二是立足于减轻企业经营成本，开展税费和用工专题调研，宣传有关法律政策，向有关部门提出法律建议。三是立足于解决融资难、融资贵问题，帮助中小微企业完善法人治理结构，通过购买保险、增强信用等级、实施“助保贷”等，携手金融主管部门和金融机构提供惠企信贷服务。四是立足于增强自主创新能力，参与民营企业高级管理人才培训工作，协助民营企业培植现代企业经营理念，提升造血和再生功能。

## 四、为律师执业创造有利条件、提供有效保障，加快律师服务业的创新发展

党的十八大特别是十八届四中全会以来，党中央高度重视律师工作。全国律师工作会议、全国律师代表大会、中央政法工作会议和中央全面深化改革领导小组会议相继对律师制度改革和律师工作作出一系列部署。我们要认真贯彻中央的决策精神和各项规定，营造公平、公正、高效的律师执业环境，促进中山市律师行业加快发展、创新发展和规范发展。

### （一）制定中山市“关于深化律师制度改革的实施意见”

中央全面深化改革领导小组第十六次会议审议通过《关于深化律师制度改革的意见》，并由中共中央办公厅和国务院办公厅印发，从深化律师制度改革的总体要求到完善律师执业保障机制、健全律师执业管理制度、加强律师队伍建设、充分发挥律师在全面依法治国中的重要作用、加强组织领导等方面，全面提出了深化律师制度改革的指导思想、基本原则、发展目标和任务措施。中央的顶层设计，为我们深化律师制度改革指明了方向，框定了原则。为实现争当“法治广东建设示范市”工作目标，促进中山市律师业的规范有序发展，有必要尽快制定中山市的实施意见，并纳入市委全面深化改革领导小组民主法制领域重点任务，由市委政法委牵头，市司法局、市中级法院、市检察院、市纪委、市人大办、市法制局、市财政局等部门共同参与，以市委、

市政府或“两办”名义出台指导性强、可操作的规范性文件，从政策、资金、保障、监管等方面为中山市律师执业和行业发展搭建平台载体，创造良好条件。

**（二）大力推行法律顾问制度，推进政府购买法律服务**

中共中央办公厅、国务院办公厅《关于推行法律顾问制度和公职律师公司律师制度的意见》（以下简称《意见》）为律师个人职业塑造、业务模式结构革新等提供了依据。我们要结合中山实际积极贯彻《意见》精神，推进公共法律服务上规模、上层次、上水平。《意见》要求在2017年之前，中央国家机关和各部委以及县级以上各级党政机关都必须配备法律顾问，倡导乡镇党委、政府配备法律顾问。从中山的实践看，市行政执法相关职能部门、镇区党委政府聘请法律顾问较常见，近年政法委、宣传部、社工委、信访局、编办等党委系统部门，总工会、团委、妇联等人民团体也开始向市律协或律师事务所购买常年法律顾问或专项的法律服务，但与《意见》要求的覆盖范围还相差甚远，市镇两级有关部门还需要参照《中山市政府向社会力量购买法律服务实操指引》，进一步梳理自身的法律事务需求，完善相关采购程序，逐步构建起服务对象广泛、项目内容多元、法治作用明显的公共法律服务体系。《意见》规定“党政机关要将法律顾问、公职律师经费纳入财政预算，采取政府购买或财政补贴的方式，根据工作量和工作绩效合理确定外聘法律顾问报酬”。客观地说，中山市党委政府部门聘请律师担任常年或专项法律顾问的服务费起点不算高，尤其受限于政府采购招投标程序，长期徘徊在10万元左右或以下，“律师进村（社区）”项目仅为1万元/年，法律援助案件补贴标准也偏低，律师工作“加量不加价”的现象普遍存在。这都有待于在推进公共法律服务工作中加以重视和解决，当然，律师、律师事务所也需要不断提高自身能力水平，提升服务质效。

### （三）以构建新型法律职业共同体为出发点，全面落实律师执业权利保障

司法人员和律师的角色定位、职责分工虽然不同，但都是社会主义法治工作队伍的重要组成部分。要积极构建司法人员和律师的新型关系，共同促进社会主义法治文明进步。一是要彼此尊重、平等相待。司法人员要率先放下“官”的架子，把律师真正作为与自己平等的同行，尊重他们的人格和权利；律师要自觉维护司法人员在依法履职中的尊严，自觉遵守司法秩序。二是要相互支持、相互监督。律师依法在诉讼每一个环节上较真、在案件每一个细节上挑毛病，有利于司法人员的认识更符合事情的本来面目；司法人员要认真听取律师的辩护、代理意见，促进司法公正。三是要正当交往、良性互动。司法人员和律师职业的天然联系，决定了两者之间既不能搞简单的物理隔离，也不能搞庸俗关系学，更不能勾肩搭背、搞利益输送。“两高三部”（最高人民法院、最高人民检察院、公安部、国家安全部、司法部）联合出台的《关于依法保障律师执业权利的规定》，对如何保障律师知情权、申请权、申诉权，以及会见、阅卷、收集证据和发问、质证、辩论等作出全面规定。中山市律师整体执业环境尚好，但也存在不少问题。构建新型关系主动权在政法机关，公检法司等部门应积极落实上述规定，以北京雷洋、广西吴良述等事件为鉴，深入查找在保障律师执业权利方面存在的突出问题，制定相关保障律师执业权利实施细则，建立完善救济机制，确保侵犯律师执业权利的行为能够得到及时纠正，为律师依法执业营造公平公正的司法环境。

## 五、发挥司法行政、律师协会职能作用，引领律师行业转型升级

司法行政机关行政管理和律师协会行业自律“两结合”的律师工作管理体制，是我国的特色和优势，是律师事业健康发展的体制保障。在市司法局、市律协的领导和管理下，中山市律师业稳步发展，获得了多项表彰奖励，成绩有目共睹。近三年来，律师行业创收以每年超20%的增幅上升，并形成一

批优秀律师事务所和品牌律师。但中山市律师业仍呈现出诸多与形势发展不相适应的问题，如律师队伍素质尚需提高、法律服务领域狭窄、律师事务所竞争力不足等等。如何正确处理管理与服务的关系，引领中山市律师行业转型升级，实现优化创新发展，市司法局、市律协任重道远、责无旁贷。

### （一）找准切入点，不断拓展中山市律师服务的广度和深度

从中山市律师业务领域来看，大多以诉讼业务为主，提供的法律服务主要是问题解决式服务，非诉讼业务偏重于法律顾问。要进一步拓宽律师服务的广度和深度，巩固充实传统诉讼、仲裁和非诉讼业务，使其常做常新、焕发生机。在此基础上，发挥好律师熟悉现行法律规定的专业优势、相对客观处理法律事务的职业优势、立足经济社会生活的实践优势，参与化解代理涉法涉诉信访案件、矛盾纠纷调解、公共突发事件处置等，在公共法律事务中找准切入点、着力点。要增强对经济社会和民主法治建设走向的预见，引导律师业务未来预期，使律师业务导向适当超前至少同步于需求变化。如配合中央实施“三去一降一补”政策和化解产能过剩，加强对兼并重组、破产清算以及相关衍生业务的研讨；配合“一带一路”倡议，提高律师在企业跨国并购、对外贸易投资、公民个人海外维权等方面的法律服务水平；配合中山市“十件民生实事”的实施，打造“民生法律服务直通车”项目，推进基层律师服务工作。要改进律师服务供给方式和生存业态，利用新一代信息技术和网络媒介，推行“互联网＋法律服务”模式，形成更多的特色服务品牌。

### （二）加强引导和扶持，不断提升中山市律所管理能力和水平

中山市现有的律师事务所普遍规模不大，合伙所尽管还占有半壁江山，但专业化程度不高、品牌效应不大。大多数律师单兵作战，凝聚力差，缺乏归属感，“租赁柜台”现象较为普遍。科学有效的律师事务所所管理必然能使律师业务分工更加有利于体现高端专业性，薪酬制度更加有利于激发创业积极性，内部运行更加有利于保障高效性和协调性。以这“三个有利于”为标准，来衡量目前律所所谓团队制和分散制、提成制和薪金制、简约制和公

司制、所有权经营权统一制和分离制等各种形式的内部管理结构，才更有价值和意义。一句话，律师事务所管理要以提高劳动生产率、鼓励价值创造为核心。规模是衡量律师业水平的重要标尺，要鼓励、支持律所搞合并，实现人合、资合、理念合、业务合、信息资源合，大家抱团取暖，互信、互联、互助、互补，产生规模效应，降低运行成本，应对大宗业务、大数据时代的挑战。

### （三）多措并举，不断加强律师行业监管

法律服务质量是律师的立业之本、执业之基。要建立起科学合理的质量评估机制，按照不同律师业务类别的特点，遵循其内在规律，建立包括委托人满意度、律师自身工作量、社会公众和管理机关认可度等内容的指标体系；设立专业权威的评估机构和客观公允的评估方法；及时公布评估结果，使其得到充分有效的运用。同时，执业风险是律师必须面对的“伴生品”，是始终悬在律师头顶的“达摩克利斯之剑”。有些律师倒在《刑法》第306条的“绊马索”下，有些律师事务所和律师被证监会的巨额罚单命中。律师业要建立严密的风险防控体系，加强从接案到结案全过程的研判、审核、监督，构筑起坚固的“防火墙”。律师要加强自身素质和修养，树防线，守底线，提高抵御风险和诱惑的能力，建立与委托人之间充分的理解、尊重、信任与合作。市司法局、市律协要加强风险防控的教育引导，建立统一的执业保险机制，最大限度地解除律师的后顾之忧。

《国家创新驱动发展战略纲要》提出建设世界科技创新强国“三步走”目标，中山市将创新驱动发展作为“十三五”时期的核心战略和各项工作的总抓手。服务创新驱动发展是当前背景和形势下广大律师围绕中心大局，实现自我价值、人生价值和社会价值的重要体现，也是律师行业的重要职责与使命。我们相信，在党委、政府的正确领导下，中山市律师业将为建成国家创新型城市和加快建设“三个适宜”、更加美丽的中山作出更大贡献。

# 和谐社会

# 推进中山市家政服务发展的思考

徐瑞欣 ①

【摘要】随着社会的发展，家政服务成为人们的普遍需求。本文通过对中山市民的街访和对相关部门、部分家政服务公司的调研，分析中山市家政服务发展的基本状况和存在问题，并在此基础上提出若干建议。

【关键词】家政服务 存在问题 对策建议

随着生活水平的不断提高，人们生活方式逐步转变，对社会服务的需求逐渐加大，越来越多的家庭希望社会能够提供形式多样、质量满意的家政服务。国家统计局中山市调查队 2017 年 5 月街访了 191 名中山市民，并到相关部门及部分家政服务公司进行调研。本文以街访和调研结果为基础，梳理中山市家政服务业的状况，剖析家政服务面临的主要问题，并为促进中山市家政服务业的健康发展提出若干建议。

## 一、中山市家政服务发展的基本状况

### （一）家政服务机构不断发展壮大

中山市家政服务起步较晚。20 世纪 80 年代开始陆续出现以中介服务为

① 徐瑞欣，国家统计局中山市调查队住户调查科科长，统计师。

主的中小家政服务公司，从事的大多是简单传统的服务项目，如清洁、搬家等。近年来，随着生活节奏的不断加快和生活质量的稳步提高，居民对家政服务的需求不断提高，家政服务机构不断发展和壮大，服务领域不断扩大，并出现部分采用员工制管理模式且具一定信誉度和品牌影响力的家政服务公司，初步形成综合服务企业和专业化企业点面结合、共同发展的态势。目前，家政服务机构以社会团体改制而成的家政服务公司、民办家政服务公司、个体工商户等几种主要模式存在。2010 年，中山市家庭服务业协会成立，目前加入协会的家政服务单位达 95 家，家政服务行业有了一定的凝聚力。

### （二）家政服务项目不断拓展

随着生活质量的提高和生活方式的转变，传统家政服务项目已不能满足现阶段人们的需求。除了照顾孩子、护理老人、处理日常家务之外，提高生活质量、享受专业服务也是不少居民购买家政服务的目的。目前，中山市家政服务项目的范围日趋丰富，服务内容从做饭、洗衣、清洁等常规服务，扩大到养老护理、育婴、家教等个性化服务，且所提供服务更趋专业化。如为孕产妇、新生儿、老年人配置专业人员进行科学护理，为有需要的家庭提供科学饮食服务等。调查显示，目前人们对家政服务的需求主要集中在家务服务（保洁、维修、做饭）、看护老人、住家保育等方面；部分家庭希望寻求家庭教育、健康顾问等层次更高的家政服务；部分家庭认为家庭公司提供的服务简单，较难找到合适要求的高层次家政服务。社会需求的提升已成为促进家政服务项目不断拓展和专业化的内在动力。

### （三）从业人员工资水平不断提高

近年来，家政服务从业人员的工资水平不断提高。国家统计局中山市调查队抽样调查资料[①]显示，近五年（2010—2014 年）家政服务从业人员工资水平保持稳步上扬的态势，工资年均增长 9.7%，累计增长 58.7%；春节假日

① 据中山居民消费价格调查数据。

期间工资涨幅更大，近两年增长幅度均超过 17%。

从月收费标准看，据中山市某规模家政服务公司介绍，保姆的月工资自 2011 年起有较大的增长，工资水平与是否住家用工、是否本地人、工作熟练程度有关。目前不住家保姆的工资在 2800—3500 元，住家保姆工资从 2011 年的 2500 元左右升至现时的 3500—4500 元；月嫂的工资近年也上升较快，初级月嫂月工资从 2007 年约 3300 元升至 2010 年约 3800 元，目前约为 4800 元，而中级、高级、金牌、特级、顶级、钻石级月嫂月工资则每个级别依次增加 1000 元；钟点工也由几年前的每小时 10 元升至现在的 20—30 元；在部分港澳人士聚居的生活小区则每小时高达 35—40 元；医院护工收费更高，日工资高达 200 元，节假日则按平时收费的 2—3 倍计算。

### （四）家政服务潜在需求巨大

随着人口老龄化、家庭小型化、生活水平的提升和消费观念的转变，“花钱买服务”越来越成为居民常见的生活方式，家政服务将成为千家万户的普遍需求。调查显示，有 40.3% 的市民曾接受过家政服务；目前未接受家政服务的市民中，仅三成市民表示没有家政服务需求，逾三成市民表示在 1 年内将需要家政服务，逾两成市民表示在 2—3 年内有此需求。可见家政服务市场蕴藏着巨大消费力。另外，从分组数据上看，家政服务由“小众”需求转为“大众”需求，接受和需要家政服务的已不局限于中高收入家庭，只是比例随收入水平的提高而提高。在月人均收入 2000—5000 元的家庭中，逾三成曾接受过家政服务，有家政服务需求的占 63.0%；月人均收入 5000—8000 元的家庭中，逾五成的家庭接受过家政服务，有家政服务需求的占 70.2%；而在月人均收入 8000 元以上的家庭中，均有家政服务的需求。

## 二、中山市家政服务业存在的问题

中山市家政服务行业发展潜力巨大，但也存在着诸多对行业长远健康发展不利的因素。

### （一）服务机构规模参差不齐，传统经营模式制约行业发展

1. 家政服务机构规模偏小，管理无序成软肋

目前，中山市家政服务业仍处于初步发展阶段。在家政服务行业准入机制、资质认定机制、监管机制仍不完善的情况下，中山市知名度高、专业性强、操作规范的家政服务企业不多，而“麻雀”公司、个体经营户占多数。“一间房子、一张桌子、一部电话、十几平方米办公场所”就开张营业的现象比较普遍，撇开中介公司私人揽活的现象也不在少数，整个行业呈现出小、散、弱的局面。

尽管规模较大、建立员工制管理的家政服务公司管理相对规范，但大多数中小中介、“散兵游勇”式的私人家政服务却存在管理混乱、竞争无序的现象，致使服务质量参差不齐。主要原因是：一是标准缺失，定价随意。目前，大多数家政服务项目缺乏明确的等级标准和服务质量规范，在服务行为、服务规范、服务价格等方面无章可循。中介公司或私人家政随市场行情或用户经济状况自行定价，收费各有不同，随意性较大。二是服务单一，质量无保障。大部分中介公司只是提供简单的“介绍工作”服务，从中收取保姆和雇主双方200—500元的中介费。承诺在2—3个月内不满意可换人的已属不错，有的仅起中间牵线作用，其他一概甩手不管，没有任何跟踪监管措施。不少中介公司自律意识差，对从业人员素质和专业技能未进行详细核实，在未弄清楚保姆真实身份、健康状况、服务熟练程度的情况下，把人员推介出去，也无人对其工作进行跟踪检查、监督，使雇主在聘用家政服务人员期间遇到各种问题。三是责权利不明确，纠纷产生难解决。家政服务中介、雇主、家政服务人员之间正规的三方协议签订率不高，三方的责权利不明确。中小中介、私人接活等往往多是“口头协定”，即使签了服务协议，也不规范，服务不受法律法规约束，导致供求双方得不到应有的权利保障，发生纠纷和争议时家政服务中介无力或不予处理，也难以寻求其他渠道投诉解决。这些收费、运作上存在的不规范现象，均使消费者对家政服务中介的信心大打折扣，影响家政服务市场的整体形象。

2. 传统经营难以为继，持续发展面临挑战

行业的无序竞争本来就加大了家政服务的市场经营开发难度，而近年来劳动力成本、场租、保险等费用不断上涨，使原本处于微利状态的家政服务公司盈利空间日益缩减。小中介开张几个月就关闭的情况屡见不鲜，较大规模的、正规运营的家政服务公司要维护品牌、保证服务质量，花销更大，面临着更大的挑战。目前，中介费和管理费是家政服务公司收入的主要来源。据了解，中山市内两家较有影响力的家政服务公司近几年盈利并不理想。有家政服务公司开始探索完善经营方式，如借助综合型的电子商务平台简化服务流程，或通过多元化经营拓展业务等来推动家政服务的发展。但在政策扶持力度不足、市场环境不规范的情况下实现转型升级难度较大，部分家政服务公司表示迫切希望得到政府的大力扶持。家政服务公司如何提高服务方式现代化程度，形成有效的商业运作模式并提供良好服务以满足不断增长的社会需求是其可持续发展道路中急待解决的问题。

### （二）从业人员紧缺，低水平服务难以满足消费需求

1. 从业人员紧缺

现实的市场需求日益增大，但家政服务从业人员明显短缺。家政服务工作的社会认可度较低，很多人看不起家政服务行业，认为家政服务人员就是干杂活的低层次社会闲杂人员。调查显示，如果没有工作，34.0% 的中山市民认为家政服务“不受尊重、又脏又累，不考虑从事”，31.9% 的市民认为“生计所迫，无其他选择，可考虑从事”，仅两成的市民认为家政服务“是新兴行业，可考虑从事”。而外地从事家政服务行业的人员由于家乡环境变好，待遇差异不大，更愿意留在家里。据家政服务公司反映，近几年回流的人员逐年减少，2015 年春节过后回流的劳动力比往年更少，招工难、缺口大的问题愈发突显。需求较大而从事人员的缺少，使该行业处于供不应求的状态。

2. 从业人员素质不高

中山市从事家政服务的人员多为外地人，来自广西的农村居民尤多。他们的卫生习惯、生活方式和家务操作方式与本地用户的期望有较大的差异，

并且大多受教育程度不高、年龄偏大。据一家综合性家政服务公司反映，该公司从业人员以45岁左右的人员为主，86%为初中及以下学历。而另一家专业型家政服务公司（专供月嫂服务）反映，从业人员中初中以下文化程度占80%，年龄多在40—45岁之间。受年龄和教育程度的限制，从业人员几乎没有太多职业特长，大多数只能从事简单的家务劳动，而且学习与接受能力较差，较难依靠自身的学习来适应用户的要求。

3．缺乏专业系统培训

中山市有家政服务培训资质的单位不多，持证上岗者较少。受成本的制约，小型家政服务中介一般不提供培训，从业人员多凭经验直接上岗，缺乏应具备的家政服务专业素养，导致服务质量不高；一定规模的、有专业要求的家政服务公司也只能提供基础的培训，如道德品质、礼貌礼仪、风俗习惯、法律法规、基本技能等简单的岗前培训。

家政服务行业就业准入门槛低，家政服务从业人员在上岗之前必须取得专业教育证书的规范还没真正落实。有部分家政公司反映，对于家政服务行业培训补助的项目类别较少、补助额度小、补助金额发放不及时，限制了培训机构和有培训资格家政服务公司的培训进程，也无法调动家政服务从业人员参加培训的积极性。另外，中高端服务技能培训短缺，如可以在中山考证的高级工种较少，高级育婴师、高级养护员等工种的考试根本没有开设，职业技能鉴定工作没有跟上，限制了中高端市场的发展，难以满足市场高层次、专业化、精细化的需求，影响了整个行业的发展后劲。

从业人员的“供不应求”和“供不适求”，使目前中山市的家政服务市场成为卖方市场，数量上和结构上的供需矛盾日益突显。消费者埋怨家政服务人员服务费用过高、工作不专业又爱偷懒，却没有更多或更好的选择，甚至还逐年被迫加工资；而有专业技能的家政服务人员，如熟手保姆、金牌月嫂、有经验的看护员等成为炙手可热的抢手货。

### （三）消费者意识欠缺引导，不利家政服务市场良性发展

中山市是中小城市，雇主间互相介绍家政服务人员或家政服务人员私人

揽活现象比较普遍。调查显示，在问到“通常以什么方式来选择家政服务”时，近五成的居民选择熟人介绍；而问及“您聘请的家政服务人员是否有健康证、上岗证、培训证”时，逾四成的居民表示没有，甚至连基本的健康证也没有。可见雇主从家政服务公司特别是从专业的家政服务公司聘请家政服务人员的意识不强，安全保护意识不强。目前，小中介凭借价格优势吸引部分消费者，亦有部分家政服务人员私自相互介绍工作，甚至有部分从业人员明知道自己体检不过关，仍私自接活。出事或发生纠纷较多且难以解决的多是不规范的小中介或私人家政服务。消费者的做法不仅对自身毫无保障，而且使正规的家政服务公司在无序的竞争中难以发挥应有的作用，导致“劣币驱逐良币”，影响家政服务市场的良性发展。

此外，部分消费者对家政服务人员预期过高，要求过于严格，在磨合中由于供需双方存在文化、生活环境差异，而又缺乏必要的理解、沟通，屡屡发生不快之事。

## 三、意见和建议

家政服务业是城市发展到一定阶段的必然产物，巨大的市场空间将使其成为促进城市服务业发展不容忽视的新增长极。中山市目前的家政服务状况与经济社会发展形势、家政服务的市场要求仍有较大差距。抓住发展契机，加快推进中山市家政服务行业发展不仅依赖于市场需求支撑，还有赖于政府、企业、社会等各方面的协调配合。针对中山市现状，建议从以下几方面着手。

### （一）加大扶持，规范管理，推动行业产业化与规范化

作为新兴的服务产业，家政服务相关的发展规划及扶持政策相对较少，仅靠企业自身发展是远远不够的，政府应给予家政服务业足够的关注与强力的推动。建议政府加大资金投入和政策引导，充分发挥家政服务协会的作用，出台促进家政服务业发展的指导意见与中长期发展规划。

1．促进行业向产业化发展

鼓励各种所有制企业及其他社会力量以独资、合资、合作、联营、参股等方式进入家政服务业，对从事家政服务业的公司给予信贷、税费减免、培训补助、保障补贴等方面的优惠，并设立家政服务发展专项基金，扶持家政服务业发展。引导企业进行资源整合，向规模化、集约化模式发展，积极培养一批能主导市场的家政服务标杆企业，介绍推广知名家政服务公司先进的工作经验和科学管理模式，发挥品牌效应，带动其他家政服务公司发展。同时在条件允许情况下合并管理无序、竞争力弱的小型家政服务公司，充分发挥企业的龙头作用，促进行业向产业化方向发展。

2. 促进行业向规范化发展

一是不断规范、完善相关标准和出台规范性文件。中山市作为首批被赋予地方立法权的地级城市，在地方的层面上，需考虑有计划地逐步完善家政服务行业标准，规范市场准入标准、收费标准、服务标准与纠纷处理办法，明确家政服务企业的行业定位，由中介型逐步向员工型、劳务派遣等形式转变，建立从业人员个人资料档案，签订劳务雇佣合同，形成约束保障，促进家政服务竞争步入良性循环，推动家政服务业的发展。二是尽快完善家政服务网络平台，充分发挥中山市家庭服务网络中心服务热线与网站在推介家政服务方面的作用，通过电话、网络、短信等信息手段为市民、企业提供供需对接服务，并拓展健全网络诚信登记、信息咨询、服务监督等功能，为市民提供放心、可信任的家政服务的同时，有效促进行业向网络现代化转型升级。

### （二）转变观念，多元发展，提升行业竞争力

家政服务公司除争取外部的支持外，更应努力改进自身经营方式。家政服务行业大有可为，企业应逐步向员工制转型，强化管理，并为自身准确定位。一是细分市场，积极创新服务方式，满足高中低等不同层次需求，如在社区服务中心的基础上拓展家政服务功能，把家政服务纳入社区服务当中，组织提供就餐、清洁等专业化家政服务，既让本地居民、无业人员就近就业，也可集中满足社区内有共同需要人员的需求，或针对特定人群（催奶、育婴等）提供一人多点的家政服务，提高服务质量。二是拓展相关产业，实现多元化

发展，开发新的利润增长点，如在提供家政服务的同时，还可以提供与家政服务有关的商品、服务（如送餐服务、医疗器械、陪护老人等）。三是融入现代流通方式，以连锁经营、电子商务等手段，以服务现代化推进家政服务规模化发展，更好地服务大众。

### （三）加培强训，壮大队伍，适应日益增长的需求

提高对家政服务业的重要性和发展前景的认识，吸引多种类别、多种层次的人员加入该行业，壮大家政服务从业队伍。如联合大中专院校、护理院校等开设家政服务专业，系统地培养家政管理和服务人员，提升家政服务行业的管理水平和综合实力，并以此补充年轻的生力军。强化职业认同感和成就感，开设更多的家政行业高职称考试认证，建立家政服务人员人才库，提高行业级别薪酬标准。以“技能型”和“智能型”为目标，提高行业档次，吸引高素质人才，在壮大服务队伍的同时更好地引导市场向中高端全面发展。

积极扶持家政服务培训机构，增加补助项目，加大补助力度，为家政服务人员提供专业的技能培训。推行岗前培训，培训初级、中级、高级等不同档次的家政服务人员，使其掌握家政服务所必备的各种技能以适应家政服务市场不同层次的雇主需求。倡导继续培训，不断加强岗中技能更新和提升。经过培训后，家政服务人员要参加统一的职业等级鉴定考试，按成绩分等定级，以级定薪。同时通过一系列针对性较强的业务培训，增强从业人员的服务意识，规范服务行为，提高家政服务人员整体素质。

### （四）正面引导，积极宣传，营造健康发展的良好氛围

加大宣传力度，对家政服务正确定位，增强家政服务从业人员的职业认同感，树立家政服务的良好职业形象，形成全社会重视、支持家政服务业发展的良好社会氛围。一是进行引导教育，转变人们的思想和观念，使大家认识到家政服务业作为一个新兴产业，不仅为失业人员、务工人员提供就业机会和工作的平台，也为创业者提供用武之地，吸引更多高素质的人才投入该行业。二是端正社会舆论导向，新闻媒体应主动报道家政服务行业积极正面

的新闻，大力宣传推动家政服务行业相关的政策措施和家庭服务行业先进典型，营造良好的舆论氛围，引导社会舆论提升从业人员的社会形象和社会地位。三是要引导家政服务人员学会与消费者相处，同时也要引导消费者理性消费，对家政服务人员的服务要有合理的预期，使氛围更和谐。

# 中山市青少年性教育现状调查与对策研究

“中山市中小学生青春期性教育课程体系建构研究”课题组 ①

【摘要】目的：了解中山市青少年性教育的现状，为设计科学合理的性教育课程提供依据。方法：采用整群分层抽样法，对中山市 4662 名在校初中生的性知识、性态度、性行为现状以及性教育课程期待进行问卷调查。结果“”学生自身性成熟前性知识准备不足，掌握的性知识数量偏少、科学性偏低；认为性是纯洁自然的学生比率不高，学生性观念前卫但需要引导；学生性知识主要来自学校，但仍有部分来自黄色读物；学生表示需要学校的性教育，但对现行的性教育认可度不高。结论：需拓宽教育渠道、转变教育理念、把握教育原则，提升青少年的性知识、性态度和性行为。

【关键词】青少年　性教育　性知识　态度　行为　调查

青少年期是个体由儿童向成人发展的过渡期，也是人生发展历程中一个独具特色的关键时期。与儿童期相比，性成为这一时期极为重要的发展内容和发展主题，成为影响人生进程的重要课题。因此，接受科学、完整、适当的性教育，注定是青少年的必修课程。为了解青少年性教育的现状，以便设计科学系统的性教育课程，“中山市中小学生青春期性教育课程体系建构研究”课题组对中山市 4662 名在校初中生的性知识、性态度、性行为现状及

---

① 课题组单位：中山市教师进修学院。课题组负责人：陈少芳。课题组成员：李宏伟、杨巧红、周红、陈月灵、张树地、谭宝凤、梁蔚菁、黄志媗、陈葵芳。本文为广东省中山市 2012 年教育科研规划课题《中山市中小学生青春期性教育课程体系建构研究》的研究成果。

性教育课程期待进行了问卷调查。以下是本次调查的结果与分析。

## 一、调查对象与方法

本次调查选择的8所学校包含了市区、镇区不同办学层次。本次调查共发放问卷4707份，回收有效问卷4662份，有效应答率为99.0%。在提交有效问卷的4662人中，男生2419人，女生2243人，其中初一学生1586人（男生850人，女生736人），初二学生2097人（男生1093人，女生1004人），初三学生979人（男生476人，女生503人）。

本研究采用自行编制的调查问卷，从知识、态度、行为三个维度（knowledge-attitude-practice，KAP①）了解学生的性教育现状以及学生对学校现行性教育工作的评价和对性教育课程的期待。调查以班级为单位，经调查员详细解读问卷填写说明后，学生以无记名方式当堂独立完成问卷。问卷当堂回收后，课题组对调查结果进行探索性因素分析及相关分析统计。

## 二、结果与分析

### （一）性知识掌握水平

1. 自身性成熟前对遗精 / 月经的认知

分别调查男、女学生在个体性成熟（男生首次遗精和女生月经初潮）前对该现象的认知情况。有31.7%男生在首次遗精前不知道这种个体要经历的生理变化，而女生在月经初潮前，对该现象相对了解得多一些，有88.5%的女生表示清楚地知道或知道一点。对首次遗精的态度，比较多的男生表示为没多大感觉，无所谓，比例为56.5%，而50.5%的女生在月经初潮则表现为

---

① KAP，即知信行模式，是改变人类健康相关行为的模式之一。它将人类行为的改变分为获取知识、产生信念及形成行为三个连续过程。该模式认为：知识是基础，信念是动力，行为的产生和改变是目标。人们通过学习，获得相关的健康知识和技能，逐步形成健康的信念和态度，从而促成健康行为的产生。

困惑和恐慌。不能忽略的是，仍有22.1%的男生对首次遗精表现为困惑和恐慌。见表1。

**表1　对遗精/月经的认知**

| 性别 | 首次遗精/月经前对该现象的了解 | | | 首次遗精/月经时对该现象的态度 | | |
|---|---|---|---|---|---|---|
| | 清楚知道 | 知道一点 | 不知道 | 新奇、喜悦 | 困惑、恐慌 | 无所谓 |
| 男生 | 20.8%（503/2419） | 47.5%（1149/2419） | 31.7%（767/2419） | 21.4%（518/2419） | 22.1%（534/2419） | 56.5%（1367/2419） |
| 女生 | 38.8%（870/2243） | 49.7%（1115/2243） | 11.5%（258/2243） | 19.4%（435/2243） | 50.5%（1133/2243） | 30.1%（675/2243） |

2. 对常见性知识的认知

在问卷列出的十个常见性知识中，学生认知较多的有月经、艾滋病、同性恋、性骚扰，表示清楚知道和知道一点的学生超过了80%。而认知较少的概念有童贞、自慰、性冲动、遗精、避孕、性行为，对这些概念回答不知道的学生均超过30%。特别是对童贞这个概念，回答不知道的学生达到65.1%。见表2。

另外，对于自慰这种正常的生理现象，只有37.5%的学生认为是正常行为；18.7%的学生认为是不正常行为，不可以有；43.9%的学生选择回答不清楚。

**表2　青少年对常见性知识的认知**

单位：掌握度%

| 性概念 | 清楚知道（%） | 知道一点（%） | 不知道（%） |
|---|---|---|---|
| 遗　精 | 26.4（1231/4662） | 39.8（1855/4662） | 33.8（1576/4662） |
| 月　经 | 44.7（2084/4662） | 35.7（1664/4662） | 19.6（914/4662） |
| 性冲动 | 20.8（970/4662） | 40.2（1874/4662） | 39.1（1818/4662） |
| 避　孕 | 25.6（1193/4662） | 43.3（2019/4662） | 31.1（1450/4662） |
| 自　慰 | 21.5（1002/4662） | 31.2（1455/4662） | 47.3（2205/4662） |
| 性骚扰 | 38.8（1809/4662） | 46.9（2186/4662） | 14.3（667/4662） |
| 同性恋 | 39.4（1837/4662） | 42.3（1972/4662） | 18.3（853/4662） |
| 童　贞 | 14.1（657/4662） | 20.8（970/4662） | 65.1（3035/4662） |
| 性行为 | 25.9（1207/4662） | 43.8（2042/4662） | 30.3（1413/4662） |
| 艾滋病 | 40.9（1907/4662） | 41.8（1949/4662） | 17.3（806/4662） |

## （二）性态度自我报告

1. 对性的看法

调查学生对性的看法，认为性是纯洁自然的学生比率并不高，只有46.5%，有30.7%的学生回答性是说不清楚的，有17.8%的学生回答了性是神秘的、难为情的，还有5.0%的学生认为性是罪恶的。

2. 对性别的悦纳

问卷调查了学生对自己性别的接受情况，有65.5%的学生选择乐意接受，24.8%的学生认为无所谓，有9.8%（457人）的学生回答不喜欢目前的性别身份，希望改变性别。

此外，问卷还单独调查了女生对“女生与男生相比”的看法，认为男女生都一样的只有61.6%，认为女生比男生强的有15.0%，认为女生不如男生的有5.5%，还有17.9%没想过这个问题。

3. 对异性交往的看法

对于是否有特别想交往的异性朋友，回答没有也不想有的学生的比例最多，为46.9%；回答有过，但放在心里的次之，占32.2%；回答没有，很想有的占12.2%；回答有过，并单独交往过的学生占的比例最少，只为8.7%。

在与异性的交往中，分别有55.7%、25.3%、11.6%、7.4%的学生选择可接受聊天、牵手、接吻、性行为。其中需要关注的是，选择可以接受性行为的比例为7.4%（共345人）。

4. 对同性亲密交往的看法

对于同性间的亲密交往，回答“能理解，但自己不会尝试”的学生比例最高，为42.4%；回答“说不清楚”的学生次之，为28.8%；16.1%的学生表示难以理解，无法接受；12.7%的学生认为“没什么，我就是如此”。

5. 对未成年人发生性行为的看法

对未成年人发生性行为，认为无法接受的学生占多数，为61.7%；28.6%的学生回答“说不清楚”；还有9.7%（共452人）的学生认为这种现象司空见惯，没什么大不了。

## （三）性相关行为表现

1. 获取性知识的途径

调查学生获取性知识的最主要途径，学校教育占的比例最高，为46.9%，父母次之，为18.9%，再就是朋友、同学，占15.2%，网络占6.7%，报刊、杂志占4.4%，影视、录像占3.8%，还有4.1%的学生选择了其他途径。

2. 男生阅读黄色读物（网站）的情况

本题调查只对男生进行，由男生汇报班上男生阅读黄色刊物（网页）的情况，认为有大部分的占13.1%，认为有少数几个的占16.0%，认为没有的占21.4%，还有49.5%回答不清楚。再分别调查不同年级男生对这个问题的看法，回答大部分的，初一、初二、初三三个年级是依次递增的，分别占10.4%、15.6%和30.5%。见表3。

**表3　男生对看过黄色不健康读物（网站）的同班男生人数的看法**

| 年级 | 大部分（%） | 少数几个（%） | 没有（%） | 不清楚（%） |
| --- | --- | --- | --- | --- |
| 全体男生 | 13.1（317/2419） | 16.0（387/2419） | 21.4（518/2419） | 49.5（1197/2419） |
| 初一男生 | 10.5（89/850） | 13.0（111/850） | 24.0（204/850） | 52.5（446/850） |
| 初二男生 | 15.6（170/1093） | 21.0（230/1093） | 15.0（164/1093） | 48.4（529/1093） |
| 初三男生 | 30.5（145/476） | 14.7（70/476） | 11.7（56/476） | 43.1（205/476） |

## （四）性教育课程期待

1. 学校开展性教育的必要性

调查学生学校是否有必要对青少年进行性教育，认为迫切需要和需要的学生占25.8%和54.2%，两者共占比例达到80%，还有14.0%的学生认为无所谓，只有6.0%的学生认为没有必要。

2. 对学校现有性教育课程的评价

对学校现有性教育课程的评价，认为很一般，多数知识是自己以前就懂的学生占的比例最多，为35.4%，仅次于此的是选择丰富生动，得到了很多自己迫切想知道的知识的学生，占34.9%，认为枯燥无味，没什么感觉的占

9.0%，还有 20.7% 的人选择了不知道。

3. 对学校性教育课程形式的期待

对学校要开展的性教育，学生认为最适合的形式是教师讲座，比例远远高于其他形式，为 51.9%，次之是同伴讨论和看视频，分别占 17.4% 和 16.7%，最后依次是阅读书籍、电话咨询、当面咨询和其他方式，分别占 7.9%、3.1%、2.6%、0.6%。

4. 对学校性教育课程内容的期待

分性别调查学生最想了解的青春期性知识。男生最想了解的性知识中，排在前三位的是：如何与异性交往、青春期的发育特征及卫生保健、有关遗精的知识，余下依次是：性心理障碍的排除、性器官的构造、预防性骚扰与性侵害的知识、对待性冲动的知识和方法、性病的预防及相关知识、对男性性别角色的悦纳、有关避孕的知识、其他。女生选择排在前三位的性知识是：如何与异性正确交往、月经的形成与经期保健、预防性骚扰与性侵害知识，余下依次是：性心理障碍的排除、乳房的发育与保健、对女性性别角色的悦纳、对待性冲动的知识和方法、性器官的构造、性病的预防及相关知识、有关避孕的知识、其他。显而易见，男女学生都把如何与异性正确交往列在了最想了解的青春期性知识的第一位。

## 三、对策建议

### （一）拓宽教育渠道，帮助青少年掌握科学丰富的性知识

1. 学校应成为主阵地，科学系统地开展性教育

调查结果显示，学生在个体性成熟前，性知识准备不足，掌握的性知识总体上数量偏少、科学性偏低。有 31.7% 男生在首次遗精时对遗精是不知道的，并有 22.1% 的男生首次遗精时表现为困惑和恐慌。虽有 38.8% 和 49.7% 的女生在月经初潮时表示清楚地知道和知道一点，但仍有 50.5% 的女生在月经初潮时表现为困惑和恐慌。对调查给出的十个常见性知识，月经、艾滋病、同

性恋、性骚扰是学生掌握较好的，但清楚知道的比例也只有 44.6%、40.9%、39.4% 和 38.8%。对童贞、自慰、性冲动、遗精、避孕、性行为六个性知识，回答不知道的学生均超过了 30%，特别是对童贞这个知识，不知道的学生更是达到了 65.1%。此外，学生对性知识缺乏正确的认识，如只有 37.5% 的学生认为自慰是正常行为，有度即可。

国务院 2011 年 8 月印发的《中国儿童发展纲要 (2011—2020 年 )》明确指出：应加强儿童生殖健康服务。将性与生殖健康教育纳入义务教育课程体系。教育部于 2012 年 2 月发布《教师专业标准（试行）》，要求教师要掌握中小学生青春期和性健康教育的知识和方法。同时，本调查也显示，学校教育是学生获取性知识的首要途径。所以，学校教育应肩挑重任，通过系统的课程设置，有计划地的开展性教育（如针对青少年个体性成熟前的性知识准备不足，学校可以在小学四、五年级时给学生开设青春期发育特征与卫生保健知识的课程），使学生掌握丰富科学的性知识，从而在面临自身性成长问题时能做出正确的应对，避免类似“17 岁少年耻于勃起挥刀自宫”等悲剧故事的发生。

2. 家庭、学校、社会三体一体，全方位开展性教育

调查结果显示，学生获取性知识的途径中，父母是仅次于学校教育的性知识来源；同学、朋友、网络、报纸、杂志、影视作品也是学生获取性知识的途径。同时，有 13.1% 的男生认为班上有大部分男生阅读了黄色读物（网页），且在分年级统计中，此比例按年级依次递增，到初三年级，该比例达到了 30.5%。可见，青少年性知识来源于学校、家庭、社会，性教育需要一个立体化的教育渠道，家庭、学校和社会应齐抓共管，全方位地对青少年性教育发挥积极作用。

因此，家长应端正性教育态度，避免“无师自通论”“封闭保险论”等错误观点，学校和社会可考虑开设针对家长的性教育课堂，培育、转变家长的性教育理念。社会相关部门与学校要统一步调，支持或协同开展青少年的性教育工作。以中山市为例，学校性教育工作需要得到市教育局卫生保健所和德体艺

科、市妇女联合会、市卫生和计划生育局、市文化广电新闻出版局等部门的支持和协同配合；在此基础上，通过课程宣讲、社会宣传、网站管理、书籍印发等途径，丰富青少年科学的性知识。依据知信行（KAP）模式，知识是基础，只有学生掌握了健康的性知识，才能促成健康性态度与性行为的产生。

### （二）转变教育理念，引导青少年树立积极正确的性态度

1. 树立“性是美好的”的教育思想

正确的性教育应让孩子树立性是美好的观点，因为正确的性观点会带给孩子正确的两性交往观，同时也决定着孩子一生的幸（性）福。调查中显示，能真正认为性是纯洁自然的学生比例并不高，只有46.5%。同时，在调查中，有学校错误地把必要的、正面的性教育看作“性诱发”，因而拒绝给学生发放问卷。有学者到一所进行过防性侵犯的中学调查，问学生：“提到‘性’，你想到什么？”所有学生写下的都是“强奸、性骚扰、痛疼、怀孕、性病、流产”这些负面词汇，没有一个人写下“愉悦、快乐、爱、亲密关系”等正面词汇。所以，要帮助学生树立正确的性观念，教育工作者首先要转变观念，树立“性是美好的”的教育思想。台湾著名性教育专家林燕卿教授强调，在教授孩子“认识自己”的第一课就要告诉孩子“我的身体很漂亮”，从而引导孩子与人沟通，树立勇敢面对性的态度。要避免性是罪恶、性是羞耻的思想，才能避免将来婚姻恋爱生活中出现“亲密关系恐惧症”“爱无力”等不良后果。

2. 倡导赋权型性教育理念

性教育是有理念的。好的理念，真正使青少年受益；坏的理念，即使目的是好的，也终将伤害青少年。调查数据显示，学生在两性交往中，对聊天、牵手、接吻、性行为等四种行为，可接受的比例分别为55.7%、25.3%、11.6%和7.4%，在被调查的人群中，有345人选择可以接受性行为。同时应注意，有9.7%，共452名学生认为未成年人发生性行为是司空见惯的现象。面对学生性观念的改变，传统的性教育思想已经不合时宜，我们必须转变性教育的理念。

禁欲型性教育、综合型性教育、整体型性教育是当今国际社会主要的性

教育模式，而事实证明：尊重受教育者人权的性教育，才是效果最好的性教育。在此基础上，国内著名性教育专家方刚博士提出“赋权型性教育”的理念。该理念强调：性教育的目的是让受教育者具有掌控自身与性有关的事务的权力，是提供给他们相关的资源，帮助他们获得选择的能力。调查显示，如何与异性交往是学生最想了解的青春期性知识。在开展爱情相关话题的性教育时，“赋权型性教育”认为性教育不应该是“拒绝早恋”的教育，也不应该仅是“爱情美好”的教育，甚至不应该只是“异性爱情”的教育。该理念强调要在教育中让孩子充分、全面地理解爱情，要学会面对情爱关系时必然会遇到的情况及处理方式，如如何表达爱慕，如何邀约，如何面对性要求，失恋了怎么办，等等。台湾晏涵文、林燕卿等著名性教育专家也强调，两性交往教育中我们要教会学生邀约的艺术，教会学生如何用尊重和合适的方式与异性交朋友。在美国，女孩如何安全约会已被写入性教育课本中，16 条黄金原则指导女孩更聪明地约会，并在应该的时候勇敢说“不”。

良好的性态度涉及如何看待知识的获取、自我的悦纳、人际的交流、彼此的尊重、负责任的决定。因此，在提供科学、准确的性健康知识的同时，深化对性态度的讨论和教育，协助学生对性有更广更深的理解，有助于青少年学会全面、客观、积极地看待生活。稳定的性情感和良好的性适应有助于推迟他们可能出现的性行为，也使得初次性行为的发生更趋于理性，对他们今后处理婚姻家庭关系，乃至工作学习中的问题，都有积极的影响。

### （三）把握教育原则，促进青少年养成负责担当的品格

1. 内容上，性教育要把握“标准”原则

调查结果显示，有八成的学生“迫切需要”或者“需要”学校开展性教育。可见，对性知识的渴望已经成为青少年的普遍现象。但开展性教育，是要遵循许多标准的。第一是年龄标准，即对不同年龄的孩子要给予不同内容的性教育，同时不同年龄的孩子也应该有不同的性行为标准。调查结果也显示，不同年龄的孩子对性有不同的关注点：初一的学生更关注青春期发育及保健知识，初二的学生更关注两性交往的知识，而初三的学生则对遗精和月经感

兴趣。第二是男性参与标准，即性教育中要体现男性角色的存在。首先，性教育不要只关注女生的教育，而忽略对男生的教育，女生固然需要学会自我保护、防性侵，男生同样需要。其次，在生命由来、感恩教育、爱的教育等课程中，不要忽略父亲的角色。在生命诞生的过程，父亲也充当着照顾母亲和婴儿的重要角色，父亲与母亲是同等重要的存在。第三是爱的标准、双方自愿的标准，即一切性行为的发生都建立在爱与双方自愿的基础上。所以性教育时要告诉学生，交往是以尊重为前提的。第四是权利与责任的标准，即对性行为我们有选择的权利，但要承担责任与义务。被誉为“全球性教育典范”的瑞典性教育模式指出，完整的性教育不仅仅是性生理知识的教育，而且是人格成长与自我认同的教育。所以，性教育的标准不只是以上四条，而是要本着知识与情感相结合的原则，来促进青少年养成责任感。

2. 形式上，性教育要把握“多样性”原则

性教育讲究适时、适度，形式可以多种多样。调查结果显示，学生最喜欢的性教育方式是教师讲座。因为在这样的讲座中，知识信息量大，且相对科学、完整和系统。但目前，中小学校性教育师资的匮乏影响了这一形式实施的效果。此外，同伴讨论和看视频也是学生喜欢的性教育方式。同伴讨论是课堂上老师们沿用最多的，因为这种方式容易引起学生们的共鸣，产生的结论也更能被学生们接受。但值得注意的是，这种方式需要老师的专业引领，对教师的专业知识水平要求更高。

看视频也是一种很好的性教育方式，在这里推荐方刚博士倡导的性教育电影课程。课程以老师引领学生观看电影的方式，从视频中挖掘可进行性教育的情节，进而引导学生们掌握正确的性知识、性态度和性行为。

当然，性教育的方式还有很多，如书籍阅读、电话咨询、面谈等。这就需要家庭、社会的共同参与，通过多种方式，一起开展青少年的性教育工作。

**【参考文献】**

[1] 李鹰：《青少年性教育》，济南：山东人民出版社，2006 年。

[2] 中国性学会青少年性健康教育专业委员会注册性教育教师官方网站：《关于实施“再成长计划”第一期“注册性教育教师”中级注册培训的通知》。http://www.ccse.org.cn/index.php?m=content&c=index&a=show&catid=45&id=89.（2014 年 12 月 10 日访问）

[3]《17 岁少年耻于勃起挥刀自宫，经抢救保住命根》http://cq.qq.com/a/20121106/000286.htm（2014 年 12 月 10 日访问）

[4] 邓琪：《中学生性健康教育现状调查及其对策研究》，《中国性科学》，2007 年第 16 期，第 35 页。

[5]《中小学生接受性教育现状及解决政策》，http://wenku.baidu.com/ link?url=WZemXSgtAFcm62LEw0x1HeW8_VSre0-2DHJyxLH-XHkomnHTj10RRQ0HH95XGkPe7uPR4LJhyYzaFZ9ArkIrEZfNxqTqugytq4aRzc_t153（2014 年 12 月 11 日访问）

[6] 林燕卿：《校园性教育手册》，台北：幼师文化事业股份有限公司，2011 年，第 51—52 页。

[7]《亲密关系恐惧症》，http://baike.baidu.com/link?url=WCq06dEQsbzz2u7SV-5lwG12oQMDjvFIDXJSucPT5Ci_iQ2xP-6lCpDgx7mSY5Ug4lNhl5BcIoywgWqiy5RYqq（2014 年 12 月 12 日访问）

[8]《爱无力》，http://baike.baidu.com/link?url=p4UomgyWwdQtzf6udz LYJXCUSa_IWqFlBgtl97cM_THrYacZYWq9MGPKsLH0aeZjZ11KeTmmfsE3ntfHN0dwGq（2014 年 12 月 12 日访问）

[9] 方刚：《电影性教育读本》，北京：中国人民大学出版社，2014 年，第 1–3 页。

[10] 方刚：《性权是性别平等：学校性教育的新理念与新方法》，上海：东方出版社，2012 年，第 151—161 页。

[11] 林燕卿：《校园两性关系》，台北：幼师文化事业股份有限公司，1998 年，第 2—5 页。

[12] 林燕卿：《新旧男女两性平权新视野》，台北：幼师文化事业股份有限公司，1999 年，第 10 页。

[13]《美国性教育课本上的 16 条黄金原则》，http://edu.qq.com/a/20140905/031315.htm.（2014 年 12 月 13 日访问）

[14]《青少年性教育中态度的重要性》，http://blog.sina.com.cn/s/blog_6b7feb620100m3cp.html（2014 年 12 月 13 日访问）

[15] 方刚：《中学生性教育教案库》，北京：中国人民大学出版社，2012 年，第 2 页。

# 关心下一代工作参与社会治理的作用研究

课题组[①]

【摘要】本课题研究以党的十八大精神为指导，对中山关心下一代工作参与社会治理的努力方向和对策措施进行了深入探讨。研究认为关心下一代工作参与社会治理，对于关工组织服务大局积极作为，培养中国特色社会主义事业接班人，具有重要意义。中山市关心下一代工作参与社会治理有着扎实基础，应在六方面发挥积极作用。一是用社会主义核心价值观引领青少年健康成长，为筑牢中国特色社会主义事业共同思想基础发挥作用；二是开展创建五好关工组织活动，为参与社会治理固本强基发挥作用；三是加强非公有制企业关心下一代工作，为促进企业与社会和谐稳定发挥作用；四是关爱新中山人儿童健康成长，为实现“同一蓝天下、花儿朵朵鲜”发挥作用；五是开展助学帮困活动，为青少年特殊群体做实事、解难事发挥作用；六是推进关心下一代工作资源共建共享，为提升参与社会治理综合成效发挥作用。

【关键词】关心下一代工作　社会治理　青少年　作用　研究

青少年是祖国的未来、民族的希望，是中国特色社会主义伟大事业的建设者和接班人，是社会治理范畴不可或缺的重要对象。研究关心下一代工作参与社会治理的积极作用及其有效实践，是一个重要而迫切的命题。本课题研究以党的十八大精神为指导，以关心、教育、培养青少年健康成长为使命，

① 课题组负责人：郭惠冰。课题组成员：蔡玉媛、何一芳、欧阳景照、吴竟龙、梁炳权、虞天识、刘立红、张莹仪。本研究报告为中山市委老干部局、市关心下一代工作委员会联合完成的中山市政府立项重点调研课题“关心下一代工作参与社会治理的作用研究报告”核心内容。

以服务中山市建设幸福和美家园为目标，以加强社会治理的全局任务为出发点，以总结提升中山市关心下一代工作的成功做法为基础，以解决青少年工作在社会治理中面临的新问题为抓手，以理论与实践相结合为方法，提出中山市关心下一代工作在参与社会治理中发挥作用的努力方向和对策措施。

## 一、关心下一代工作参与社会治理的重要意义

### （一）是培养中国特色社会主义事业接班人的需要

党的十八大描绘了建设中国特色社会主义的宏伟蓝图，同时对青少年一代健康成长提出了更高要求。十八大报告用较大篇幅强调，中国特色社会主义事业是面向未来的事业，需要一代又一代有志青年接续奋斗。全党都要关注青年、关心青年、关爱青年，倾听青年心声，鼓励青年成长，支持青年创业。习近平总书记作出重要批示：希望关心下一代工作委员会（关工委）再接再厉，认真贯彻落实党的十八大精神，发挥“五老”（老党员、老专家、老教师、老干部、老模范）优势，做好关心和教育青少年健康成长的相关工作。这充分体现了党中央对关心下一代工作高度重视，也对关心下一代工作参与社会治理赋予重要使命。占社会人口近三分之一的广大青少年是社会发展的重要基础，关心下一代工作参与社会治理，对于引导青少年响应党和国家号召，树立正确的世界观、人生观、价值观，做中国特色社会主义伟大事业的合格建设者和可靠接班人具有重要意义。

### （二）是关工组织围绕中心服务大局、主动配合积极作为的需要

关心下一代工作组织是在党委政府领导下，以离退休老同志为主体，党政有关部门和群众组织负责人参加，以关心教育培养青少年健康成长为目的的群众性工作组织，是党委、政府在关心下一代方面的参谋助手。关心下一代工作要急党政所急，想青少年所需，尽关工委所能，发挥积极作用。党的十八大指出要强化人民团体在社会管理服务中的职责，充分发挥群众参与社会治理的基础作用。中国关工委、广东省关工委要求各级关工组织在涉及青

少年健康成长的范围内积极参与社会治理。关工组织和广大“五老”要发挥自身的组织优势、专业优势、经验优势，在加强社会治理中发挥作用。关心下一代工作参与社会治理，对于关工组织在围绕中心、服务大局中主动配合、积极作为具有重要意义。

### （三）是为建设幸福和美中山事业做出积极贡献的需要

中山市委、市政府高度重视关心下一代工作，为关工委参与社会治理活动提供了有利条件。中山市委、市政府《关于加强社会建设创新社会管理的实施意见》提出，全面加快推进幸福和美中山建设，努力争当加强社会建设和创新社会管理的排头兵，必须坚持社会协同、公众参与，鼓励和支持社会各界参与社会管理，动员和引导全体社会成员积极参与社会建设，开展包括阳光少年自强等十项全民修身行动，培育与经济、社会、城市发展相适应的现代文明市民。这一系列要求，都与关心下一代工作有着密切联系，都是关心下一代事业应该作为且大有作为的工作。关心下一代工作参与社会治理，对于组织引导全市青少年积极投身建设幸福和美中山的共同事业具有重要意义。

## 二、中山市关心下一代工作参与社会治理有扎实基础

中山市关心下一代工作委员会2000年成立以来，团结带领各级关工组织，凝聚发挥广大“五老”作用，在引导青少年健康成长上发挥了重要作用，为服务经济社会发展作出了积极贡献。中山市关心下一代工作形成了一年一主题活动、青少年校外教育辅导站全覆盖、“十帮”等关工特色品牌。中山市关工委两次获评全国先进集体、两次获评广东省先进集体，一批基层关工组织获评全国全省“五好”关工组织先进集体，一批同志获评全国全省先进个人。全市关心下一代工作不断迈上新台阶，为在新形势下参与社会治理奠定扎实基础。

### （一）各级党委政府高度重视，为关心下一代工作参与社会治理提供了优良环境

上级关工委与中山市委、市政府高度重视和关心支持中山关心下一代工作。中国关工委、广东省关工委领导近年四次到中山市指导工作和给予充分肯定，历任市委、市政府主要领导给予大力支持，在人财物力各方面给予充分保障。中山市委书记、市长十分重视关心下一代工作，经常到基层关心青少年成长，为关工委工作给予指导帮助。他们还深入到石岐区关工委调研，勉励关工委以“关注青少年、关心青少年、关爱青少年”为宗旨积极开展工作，为祖国下一代健康成长传递正能量。重要领导的殷切关怀，激励着关工组织和“五老”同志增强了做好工作的使命感、光荣感、责任感。

中山市各级党委政府切实把关心下一代工作作为功在当代、利在千秋的事业，作为加强社会治理的基础摆上重要位置，做到思想认识、领导分管、组织协调、关心支持、工作保障“四到位”，做到纳入党政工作议事日程、纳入党建目标责任制、纳入精神文明建设目标、纳入干部实绩考核体系、经费纳入财政预算“五纳入”。各级领导的重视支持，为关工组织参与社会治理提供了有力保证。

### （二）健全三级青少年校外教育辅导站，为关心下一代工作参与社会治理造就了特色平台

青少年校外教育辅导站是关心下一代工作的重要平台。中山市青少年校外教育辅导站建设工作从 2009 年起步，2010 年广东省关工委在中山市召开现场会和全省建立青少年校外教育辅导站启动仪式推广中山经验，市委办转发了市关工委《关于全面推进校外教育阵地建设的意见》，到 2011 年 6 月全市实现镇区、村（社区）、村民小组（小区）三级青少年校外教育辅导站全覆盖，10 月市关工委制发《关于开展创建“四好”校外教育辅导站的意见》，全面启动创建组织建设落实好、制度健全执行好、辅导队伍作用好、活动丰富成效好的“四好”辅导站工作。2013 年召开全市促进创“四好”辅

导站平衡发展会议，总结推介先进经验。目前，中山市有青少年校外教育辅导站334个，其中镇区中心辅导站16个、村（社区）278个、村民小组（小区）40个，市级“四好”辅导站123个。

各级青少年校外教育辅导站围绕帮扶青少年健康成长的目标，积极适合青少年特点和家长需要，开展一系列体现关工特色、丰富多彩、富有实效、孩子欢迎的活动。每年各级辅导站举办各类主题教育、学科辅导、寒暑假兴趣班、家庭教育班等超过1万班次，参加活动青少年30多万人次。探索出以校外辅导站为切入点，把学校、家庭、社会教育相结合的有效方式。辅导站注重参与社会治理工作，关爱流动留守儿童、单亲子女、隔代抚养小孩、“三困”学生，做好学生假期教育“160”工程，协助有关部门组织义务网吧监督队伍等。校外辅导站真正办成关爱青少年健康成长的开心天地，办成学校、家庭、社会三结合的教育阵地，得到广泛好评。

### （三）坚持开展一年一主题教育活动，为关心下一代工作参与社会治理奠定了思想基础

把培育和践行社会主义核心价值观作为关心下一代工作的主线，坚持每年在全市关工系统开展一年一个主题教育活动。各级关工组织围绕主题，运用各种活动载体，对青少年进行思想道德、革命传统、爱国主义、理想信念等教育，引领青少年树立正确的世界观、人生观和价值观。近年先后开展了“学英雄、讲道德、见行动”“关爱明天、普法先行”“庆祝中国共产党建党90周年和纪念辛亥革命100周年”“老少携手修身立德、建设幸福和美中山”“学雷锋做有道德的人”“老少共筑中国梦、齐做中山文明人”等主题教育活动。举办修身讲座、主题演讲、征文比赛、书画创作等活动3820场次，参加青少年80万人次。举办雷锋精神宣讲901场次，参加青少年38.4万人次。宣讲中国梦740场次，受教育青少年25万人次。主题教育活动贴近中心任务大局、贴近社会治理需要、贴近青少年实际富有实效，为服务社会治理发挥了积极作用。

### （四）扎实开展青少年“十帮”活动，为关心下一代工作参与社会治理开拓了有效途径

中山市关工委从2007年起，与教育、宣传、共青团等9个部门联合开展“十帮”活动，对青少年特殊群体进行帮修德、帮心态、帮诚信、帮礼仪、帮就读、帮残疾、帮就业、帮戒毒、帮戒网瘾、帮后进工作。关工组织做到年年有目标、村村有建“帐”、时时有分析、工作常态化，广大“五老”做到贴身帮教，既帮思想学业进步，又帮解决实际困难。近5年，中山市“十帮”活动帮助了青少年9.7万人次，引导了问题青少年走上人生正道，化解了困难家庭青少年困境，减少了青少年犯罪，促进了社会和谐稳定。

各级关工组织在党委政府支持下，积极发动社会力量，以捐资助学、建立基金、义工帮扶、专项活动等多种形式，开展助学帮困工作。各级党政领导带头参加助学帮困，市委主要领导为全市关心下一代工作筹措了1千万元活动经费。市关工委与有关部门联合举办“文明与我同行、爱心伴我成长”等活动，资助义务教育阶段低保家庭学生5471人次金额267.86万元，开支20多万元，为2万多名困难儿童送上文具用品爱心包。全部镇区和160个村（社区）关工组织建立了助学帮困基金，筹得基金5894.1万元，2008年以来资助家庭贫困青少年和奖励品学兼优学生30853人次，资助和奖励金额2756万元，为青少年做了大量好事实事。

### （五）不断加强关工组织自身建设，为关心下一代工作参与社会治理夯实了力量保障

中山市委、市政府两办合发了《关于加强关工委工作的意见》，各级关工组织不断加强自身建设。一是健全学习制度，把建设学习型、服务型、创新型关工委，作为加强自身建设的首要任务，坚持学习，加强培训，提高思想素质和工作水平。二是在党委政府重视下，与组织部门协商配好关工组织领导班子，镇区关工委由党委组织委员任主任，老同志或退居二线领导同志任常务副主任；村（社区）关工委由党组织书记或副书记任主任，老同志任

常务副主任；机关事业单位关工委由政工副职领导任主任，政工（人事）或老干部科长、老同志任副主任；学校关工委由德育副校长任主任；企业由党组织副书记或行政主要领导任关工委主任。关工组织做到班子健全、结构合理、进出有序、保持充实。三是加强组织网络和队伍建设，实现市、镇区、村（社区）、市直机关、学校建立关工组织全覆盖，企事业单位建立关工组织有新拓展。关工队伍不断发展壮大，全市关工组织人员及“五老”志愿者有 1.5 万多人，他们忠诚敬业、关爱后代、务实创新、无私奉献，成为关心下一代工作不可替代的重要力量。四是各级关工组织工作条件不断改善，办公场所、人员配备、办公设施、活动经费等得到落实，做到有班子、有队伍、有场所、有经费、有活动。据调查评估，中山市基层关工组织 652 个，开展活动很好的 242 个，占总数 37.2%，比全省高 4.35%；较好的 402 个，占总数 61.7%，比全省高 7.3%。

## 三、中山市关心下一代工作参与社会治理发挥积极作用的对策措施

中山市关心下一代工作参与社会治理，必须以党的十八大精神为指导，以中山市《关于加强社会建设创新社会管理的实施意见》《关于加强关工委工作的意见》等工作部署为内容，以服务社会既充满活力又和谐稳定为目标，以加强青少年思想道德建设为抓手，为促进青少年健康成长、建设幸福和美中山作贡献。

中山市关心下一代工作参与社会治理，要融入党委、政府的中心工作去规划，纳入全局工作去定位，配合职能部门去协同，找准为全局服务的切入点和着力点，务求实效。应该遵循四项原则：坚持围绕中心、服务大局，主动配合、积极作为；坚持急党政所急、想青少年所需、尽关工委所能；坚持在涉及青少年健康成长的范围内开展工作；坚持以社会主义核心价值观引领下一代健康成长。

### （一）用社会主义核心价值观引领青少年健康成长，为筑牢中国特色社会主义事业共同思想基础发挥作用

1. 加强青少年社会主义核心价值观教育

在办好一年一主题、校外辅导站、“十帮”等关工系统常态项目的同时，加强青少年社会主义核心价值观教育，引导青少年树立正确的世界观、人生观、价值观。引导青少年加强学习，提高自身综合素质和工作技能，增强社会责任感和实践能力。引导家长自觉履行法定义务、社会责任、家庭责任，以家长和谐、长幼和谐的实际行动，服务社会和谐善治。加强对青少年的人文关怀和心理疏导，培育自尊自信、理性平和、积极向上的精神情操。

2. 开展“老少共筑中国梦，齐做中山文明人”教育活动

从青少年不同群体的思想需求出发，从贴心、贴身、贴题、贴近实际做起，引导青少年把自己的梦融入国家的梦，培养“与己立志，为国增光”的思想境界；引导青少年“做文明事、当文明人”，在学校尊重师长、好学上进，在家庭尊老爱幼、和睦勤俭，在社会遵纪守法、立志高远。主题教育要与青少年喜闻乐见活动结合，与“五老”同志言传身教结合，提高教育效果。

3. 探索做好青少年工作的新方法

围绕社会治理的新要求，认真研究青少年的成长规律和特点，探索做好青少年工作的新途径和新方法。重点掌握社会治理与关心下一代工作关联度高的内容，如集合社会组织合力、创新社会治理、建设法治中国等，围绕党委政府的新要求和青少年的新期盼，推进关心下一代工作在服务社会治理上做出新成绩。认真关注社会治理新形势可能对青少年思想带来的新变化，如市场经济、利益格局、外来文化等，更加重视解决好核心价值、道德滑坡、信仰危机、思想教育等问题，让青少年在创新社会治理的新形势下看得清、扎得稳、长得好。

4. 建立青少年实践教育基地

充分利用中山市的历史、文化、教育、产业等特色资源，大力发掘民风、乡风、村风、家风的朴实有效典型，建立一批青少年实践教育基地。在开拓

视野、增长见闻、寓教于乐、亲子共享、亲身体验中，丰富对青少年的爱国爱家、行孝向善、勤学上进等优良美德教育。

### （二）深入开展创建五好关工组织活动，为关心下一代工作参与社会治理固本强基发挥作用

关心下一代工作参与社会治理的服务对象和依靠力量在基层，工作的主阵地和生机活力在基层。创建五好关工组织，对于提高关工组织参与社会治理的水平能力具有重要意义。

1. 领导班子建设好

建设学习型、服务型、创新型关工组织，领导班子成员要政治坚定、为民务实、乐于奉献，热爱关心下一代工作。领导班子要在党委政府领导下，协同组织人事、老干、宣传、教育、共青团、妇联等部门，当好党委政府加强社会治理的参谋助手。

2. “五老”作用发挥好

组织更多老干部、老战士、老专家、老教师、老模范参加关心下一代工作，发挥“五老”独特优势作用，为青少年做好事解难事。对“五老”做到政治上尊重、思想上关心、生活上照顾、工作上支持，为“五老”参与社会治理提供条件。

3. 制度健全执行好

健全工作、学习、服务、培训、汇报、调研、会议等制度，制度要有可操作性，工作要有基础性档案。按照制度化、经常化、科学化要求，做到工作有计划、有布置、有检查、有总结，为关心下一代工作参与社会治理构建科学运行机制。

4. 积极探索创新好

围绕参与社会治理的新要求，积极探索做好青少年工作的新方法。注重调查研究，掌握新情况，解决新问题。注重培育推广特色品牌，大力宣传先进典型。注重资源共建共享，提高工作实效。注重创新思路和方法，丰富活

动载体和内容。

5. 活动常态效果好

坚持尽关工组织所能，协同有关部门开展有时代特征、有益于青少年成长的活动，使关心下一代工作参与社会治理的活动，做到紧贴中心大局、符合当地实际、体现关工特色、注重实际效果、青少年喜闻乐见，做到弘扬主旋律、传播正能量。

积极取得党委政府重视支持，建立党委政府统一领导、关工组织主动作为、相关部门和团体协同配合、社会广泛参与的机制，形成关心下一代工作参与社会治理的整体合力。

### （三）加强非公有制企业关心下一代工作，为促进企业与社会和谐稳定发展发挥作用

非公有制企业在中山市经济社会发展中占有重要地位，是青年职工相对集中、异地务工人员及其子女相对集聚的地方，是关心下一代工作不可或缺的组成部分。加强非公有制企业关心下一代工作，对于增强企业核心竞争力，服务企业健康发展，促进企业、家庭与社会的和谐稳定，具有重要意义。

要积极争取企业主支持，按照积极稳妥、分类指导、因地制宜、先易后难的原则，坚持成熟一个建立一个、巩固一个发展一个，有计划有步骤地推进非公有制企业组建关工组织。

非公企业关心下一代工作要以促进青年职工及职工子女健康成长为根本，以服务企业发展为中心，积极开展四方面活动。第一，思想教育。加强对青年职工的社会主义核心价值观教育，引导青年职工树立正确的世界观、人生观、价值观，爱岗敬业，成长成才。第二，技能培训。协助开展青年职工文化知识、生产安全和业务技能等培训，协助做好管理人才和技术骨干培养，为企业可持续发展提供智力支持。第三，关爱帮扶。为青年职工及职工子女解决困难给予帮助，开展文体、慰问等活动，关爱职工的流动留守儿童，做好情绪疏导、矛盾化解工作，增强企业凝聚力。第四，公益服务。协助企

业积极参与公益慈善活动，引导企业履行社会责任，提高企业社会美誉度。使非公企业关心下一代工作在服务社会和谐中发挥积极作用。

### （四）关爱新中山人儿童健康成长，为实现“同一蓝天下，花儿朵朵鲜”发挥作用

中山地处珠江三角洲，随着经济社会发展，大量异地务工人员成为城市建设的生力军，成为同一家园的新成员。据资料反映，全市 315 万总人口中有外来人口 163 万，超过总人口 50%。异地务工人员以家庭形式进入中山，新中山人儿童群体随之不断增加，全市 44.3 万儿童中有流动儿童 9.8 万人，约占总数 20%。关爱新中山人儿童是关心下一代工作参与社会治理的新任务，关工组织要倾注深情厚爱，让新中山人儿童在同一蓝天下健康成长。

1. 摆上“四个同一”重要位置

加强对新中山人儿童的管理服务，在思想上形成共识，在做法上一视同仁，在工作上“四个同一”，做到关爱户籍儿童与新中山人儿童同一部署、同一行动、同一落实、同一检查。全市镇区、村（社区）关工组织按照属地原则把新中山人儿童纳入服务范围，同时纳入学校关工组织教育管理。

2. 举办“四点半课堂”

中山市的小学大多在四点半放学，而家长通常要到五点半后才能下班。这期间如果孩子没人看管，极有可能发生安全事故。为此，可指导村（社区）和企业关工组织开设“四点半课堂”，学生放学后回村（社区）校外辅导站或企业专设课堂，集中温功课做作业，待家长下班后再回家。这样既能关心顾及儿童的课余教育，又解决家长后顾之忧。

3. 开展“小候鸟夏令营”活动

新中山人儿童有的是长期在家乡、假期来中山的留守儿童，有的是在中山与父母生活的外来流动儿童。许多异地务工人员无法每年回家与孩子团聚，而在中山生活的外来孩子寒暑假需要看护。关工组织开办面向流动留守儿童的“小候鸟夏令营”，使孩子们在夏令营得到关爱和进步。

### （五）开展助学帮困活动，为青少年特殊群体办好事、做实事、解难事发挥作用

为青少年办好事、做实事、解难事，是关心下一代工作参与社会治理的重要工作。关工组织要在党委政府支持下，联合社会各界力量，以捐资助学、建立基金、义工帮扶、专项活动、结对帮教等多种形式，开展助学帮困活动，让爱心洒满孩子们的心田。

1. 坚持做好“十帮”工作

对青少年特殊群体开展帮修德、帮心态、帮诚信、帮礼仪、帮就读、帮残疾、帮就业、帮戒毒、帮戒网瘾、帮后进的“十帮”活动，是行之有效的做法，要做好每年“十帮”对象摸底排队，组织“五老”结对耐心帮扶。

2. 建立镇区助学帮困基金

镇区关工委在党委政府支持下，发动镇村关工组织和“五老”筹集善款建立助学帮困基金，资助家庭贫困青少年和奖励品学兼优学生。

3. 发动企业解囊相助

关工组织注重发挥社会力量尤其是企业参与关心下一代工作的积极性，发动企业捐资助学帮困。如打造“资助成长计划”项目、成立关心下一代“爱心基金”等，对困难家庭青少年进行帮扶。

4. 组织机关事业单位人员献爱心

机关事业单位关工组织在抓好职工子女教育的同时，拓展农村儿童结对帮扶，发动职工捐款资助困难学生。通过机关事业单位工作人员带头作用，在全社会形成助学帮困的浓厚氛围。

### （六）推进关心下一代工作资源共建共享，为提升参与社会治理综合成效发挥作用

关心下一代工作参与社会治理，是具有全局性、基础性、协同性的系统工程。一方面，需要关工组织在涉及青少年健康成长的范畴内，积极参与社会管理服务；另一方面，需要社会力量支持协作，促进资源共建共享，共同

营造青少年健康成长的有利环境。

1. 完善“党工青妇关工四同步”机制

关工组织要积极取得党委政府支持，与党工青妇组织实现“组织同步设置、工作同步谋划、制度同步完善、活动同步结合”。要主动加强与相关部门沟通协调，做到思想联通、工作联动、阵地联建、资源联用，增强关工组织的影响力。

2. 推行“关工＋社工＋义工”模式

这一模式把三股力量拧成一条纽带，是开展青少年活动和参与社会治理做到优势互补、相互协调、壮大成效的好途径。中山市已实现社工机构镇区全覆盖，拥有近 15 万人志愿者队伍，要以关工“五老”为骨干，借助社工和青年志愿者力量，提高关工活动的广泛度。

3. 探索“关工＋社会慈善资源”模式

这种模式既有利于政府向慈善组织购买服务，又有利于充实关工资源，提高公共服务效率。中山市拥有大批热心关爱下一代的慈善人士，要在办好关工组织助学帮困基金的同时，用好热心人士慈善资源，扩大关工关爱的受惠度。

4. 推进关心下一代工作参与社会治理创新

如关心对象方面，从户籍人口子弟向异地务工人员子弟延伸，从在校学生向校外待业青年延伸；组织建设方面，从镇村组织向非公有制企业延伸，从公办学校向民办学校延伸；资源共享方面，从学校＋家庭＋社会“三结合”，向关工＋义工＋社工“三合力”延伸；阵地建设方面，从镇村机构向两新组织、居住小区延伸等，都需要加强研究探索，积极创新实践，不断提升关心下一代工作参与社会治理的综合成效。

# 中山进城务工人员随迁子女学校教师队伍发展状况分析与对策思考

李红梅[①]

【摘要】随着城市现代化进程的加快，外来务工人员子女的教育问题现实而敏感地摆在社会面前。进城务工人员随迁子女学校教师在提高教育质量、促进随迁子女健康成长方面起着重要作用，但与公办学校教师相比，他们缺乏有效的政策保障和对等的福利待遇，面临着工作时间长、工作压力大、发展空间受限等诸多问题。本文以随迁子女学校教师调研结果为基础，分析其队伍结构特点、基本状况及面临的困难和挑战，反映其期盼和诉求，最后提出推进随迁子女学校教师队伍健康发展的若干建议。

【关键词】随迁子女　学校教师　民办教育

随着城市现代化进程的加快，进城务工人员作为推动社会经济发展的建设者、参与者，逐渐成为一个数量庞大、颇具规模的群体。与此同时，进城务工人员随迁子女的教育问题越来越现实地摆在社会面前。进城务工人员随迁子女被称为“城市二代移民”，进城务工人员随迁子女学校（以下简称“随迁子女学校”）教育被称为“边缘化的基础教育”，随迁子女学校教师则因缺乏有效的政策保护和平等的福利待遇而被称为教师中的“弱势群体”。

为深入了解中山随迁子女学校教师队伍发展状况，国家统计局中山调查

① 李红梅，国家统计局中山调查队办公室副主任科员。研究方向：教育改革、教师发展等。

队于 2015—2016 年期间开展有关调研，并根据调研结果，分析随迁子女学校教师队伍结构特点、基本状况及面临的困难和挑战，反映教师的期盼和建议，为各方力量共同推进随迁子女学校教师队伍良性发展提供参考依据。

## 一、随迁子女学校教师队伍结构特点

国家统计局中山调查队走访中山市教育和体育局，了解现行相关政策与随迁子女学校教师队伍基本状况；并根据中山各镇区人口统计数据，从非户籍人口占常住人口比例较高（即流动人口占比较高）的 8 个镇区中各抽取 1 所随迁子女学校开展调研；同时与有关镇区工作人员，8 所学校主办方或行政管理人员、随机抽取的 244 名教师进行访谈。调研结果显示，与当前社会关于随迁子女学校教师“弱势”的既有认识相比，中山随迁子女学校教师结构呈现可喜的趋势和变化，但仍然存在不合理、不乐观的一面，存在多个方面的矛盾共同体。总体来看，教师队伍缺乏高学历、高职称的学科带头人，但有进步和成长空间的教师骨干、中坚力量正慢慢形成。

### （一）年富力强的中青年教师多，经验丰富的学科带头人少

受访教师中，28 岁及以下占 56.1%，29—40 岁占 32.4%，40 岁以上仅占 11.5%。可见，近九成为 40 岁以下的中青年教师。从工作年限来看，10 年以上教龄者占 22.1%，5—10 年以上教龄者占 25.0%，超过半数的教师教龄在 5 年以内。随迁子女学校教师队伍的年轻化，意味着经验丰富的名师和学科带头人不多，但年富力强的年轻人有更加充沛的时间、精力和热情，也有更大的成长和进步空间，有望逐渐成长为骨干教师和中坚力量。

### （二）本科和大专学历教师多，硕士以上高学历教师少

受访教师中，0.8% 为硕士研究生及以上学历；36.5% 为本科学历；57.4% 为大专学历，占比最高；另有 5.3% 为中专（高中、职高）及以下学历。本科和大专学历教师超过九成，是随迁子女学校教师主干力量。教师学历结构整体呈橄榄型，本科和大专学历人数多，硕士研究生及以上的高学历、中

会保障的后顾之忧等多方面因素，造成教师某种程度的工作困境，工作压力较大。

### （二）工作待遇一般，与工作负担不成正比

1. 工资收入不高，九成以上月均实收工资 5000 元以下

当问及当前每月平均实收工资所得（扣除个人缴纳的“五险一金”费用、个人所得税等）时，大多数受访教师表示在 2001—5000 元之间，每月实收 3001—4000 元的占 45.9%，4001—5000 元的占 29.5%，2001—3000 元的占 20.1%，2000 元以下和 5000 元以上的人数均很少（见图 1）。当问及对目前工资收入的满意度时，分别有 2.1% 和 21.3% 的受访教师表示很满意和比较满意，59.8% 表示一般，14.3% 表示不满意，2.5% 表示很不满意。

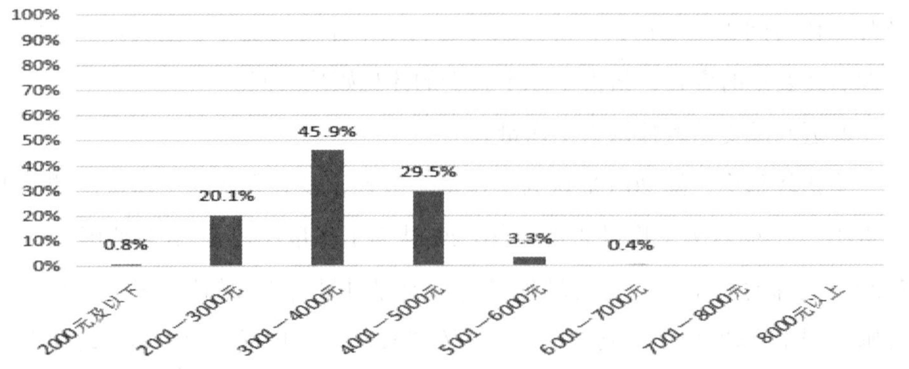


图1　受访教师每月平均实收工资

2. “五险一金”未完全落实，住房公积金覆盖率低

当问及所在学校是否为其办理“五险”（包括养老保险、医疗保险、失业保险、工伤保险、生育保险）时，仅有 28.7% 的受访教师表示已完整办理，42.6% 表示办理但不齐全，16.8% 表示未办理，另有 11.9% 表示不清楚。当问及医疗费支付方式时，45.1% 的受访教师表示有医疗报销支付，54.9% 表示由自己全额支付。可见，超过半数的教师并未真正享受到基本医疗保障。

当问及所在学校是否为其办理“一金”（住房公积金）时，仅有 2.0%

的受访教师表示已办理，84.4% 表示未办理，另有 13.6% 表示不清楚。可见，住房公积金的覆盖率非常低。值得欣慰的是，关于住房问题，53.3% 的受访教师反映“由学校提供住房”，18.4% 为“自有住房”，22.5% 为“自己租房”。可见，住房方面问题并没有成为重大困扰，这有利于随迁子女学校教师安心工作。

### （三）教育培训和职称评定存在困难，发展空间未被否定

1. 仅四成受访教师满意教师培训状况，工作任务重和培训机会少是主要困难

87.7% 的受访教师表示上一学年参加过由教育行政部门或学校组织的培训，培训次数多在 4 次以内，培训形式多为短期的在职岗位培训和到公办学校交流锻炼，培训费用多可以报销或部分报销。从对培训状况满意度来看，6.1% 的受访教师表示很满意，34.4% 表示比较满意，42.7% 表示一般，表示不太满意和很不满意的各占 13.5% 和 3.3%。就参加培训的主要困难来看，允许多选的情况下，受访教师选择培训经费、培训质量、培训师资、培训课程和培训激励机制等方面的均不多。排在首位的是“工作任务重，缺少培训时间”，70.1% 的受访教师选择此选项，远高于其他选项。可见随迁子女学校教师高负荷的工作量很大程度上挤占了教师用于学习、进修的时间和精力，不利于队伍的持续健康发展。其次是“培训安排少，缺少培训机会”，46.7% 的受访教师选择了该选项，也侧面反映出教师期盼有更多培训机会。

2. 过半数受访教师对教师资格认定和职称晋升渠道满意度“一般”，名额不足和流程繁琐是主要困难

从对教师资格认定和职称晋升渠道的满意度来看，多数受访教师表示一般，达 54.9%；表示很满意和比较满意的仅各占 2.9% 和 16.4%，而表示很不满意和不太满意的各占 4.9% 和 20.9%。可见教师资格认定和职称晋升满意度仍有较大提升空间。关于教师资格认定和职称评定方面存在的困难，可多选的情况下，排在前三位的是“指标分配不合理，民办教师机会较少”（59.4%）、“不了解相关政策文件、评定流程等要求”（49.6%）、“手续太烦琐，所

需材料太多”（40.6%）。受访教师反映的问题和困难比较集中，一方面是指标分配数量对于随迁子女学校教师依然不足，另一方面是有关政策方面的宣传普及和流程管理有待改进。

3. 多数受访教师不否定学校的积极影响和未来发展前景

如前文所述，近八成受访教师喜欢教师职业。但教书育人的理想放置于随迁子女学校的环境中，他们对于未来的发展前景是否依然看好？对于所在学校对自己职业发展和专业成长的积极影响，分别有 3.7% 和 32.0% 的受访教师认为很大和较大，54.1% 表示一般，仅有 8.2% 和 2.0% 分别表示较小和很小。对于未来发展前景，分别有 2.9% 和 32.0% 的受访教师对自己的发展前景表示很乐观和较乐观，54.1% 表示一般，仅有 9.4% 和 1.6% 分别表示较悲观和很悲观。可见，尽管现实生活并不尽人意，相当部分受访教师依然保持对教师事业的热爱和积极向上的良好心态。

### （四）劳动合同签订率近 100%，教师权益基本得到保障

受访教师中，98.8% 表示与所在学校签订了劳动合同，81.2 % 认为教师权益得到保障或基本保障。调研的 8 所学校，大多建立了党团、工会、妇女等组织，对教师权益的保障起到一定作用。

## 三、随迁子女学校教师的期盼和诉求

目前，随迁子女学校发展力量尚显薄弱，政府对随迁子女学校和教师的扶持和资助依然有限，保障民办学校教师合法权益的政策与制度也有待进一步完善。与公办学校教师对比，随迁子女学校教师在工作负担、工资待遇、社会保障等方面确实呈现“弱势”和不公平的一面。不少教师提出，同是教育主力军，民办学校教师与公办学校教师无法“同工同酬”，不能享有同等的福利待遇和社会保障，社会地位也不可相提并论。他们的期盼和诉求应当引起社会的理解、关注和支持。

关于目前工作中存在的困难和问题，可多选的情况下，受访教师表达了

工资待遇（76.6%）、工作负担（67.2%）、学生成绩（34.8%）、退休保障（34.0%）、培训进修（27.9%）、职称评定（26.6%）等多方面的困扰，与前文描述相互契合、相互印证（见图2）。

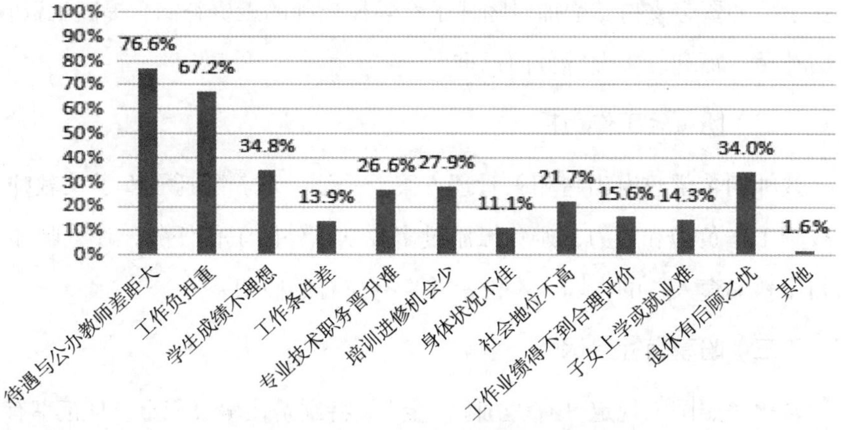


图2　受访教师目前工作与生活中存在的问题（多选）

同时，关于哪些因素对其激励最大，可多选的情况下，受访教师依次选择了工资待遇（85.7%）、发展前景（49.6%）、教师编制（44.3%）、退休保障（40.6%）等因素（见图3）。结合教师访谈结果，不难发现随迁子女学校教师内心的期望和诉求。

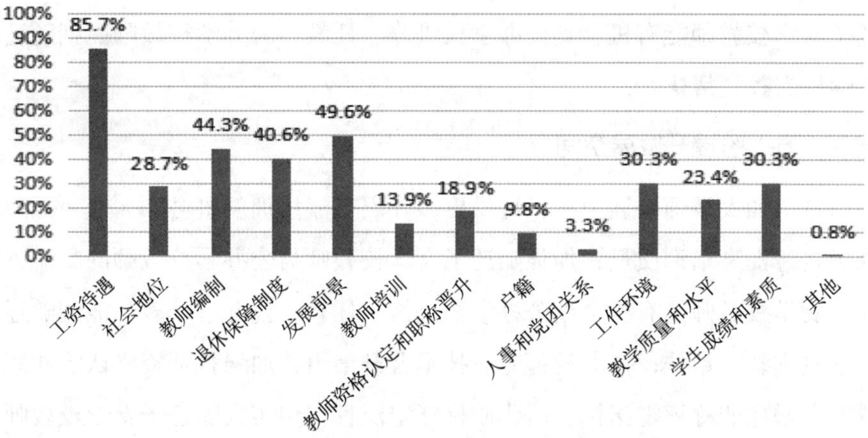


图3　受访教师认为对其激励最大的因素（多选）

### （一）盼提高工资待遇

受访教师普遍表示，希望享有与公办学校教师同等的工资待遇或缩小待遇差距，希望政府加强对随迁子女学校教师工资的调控和管理，加大对随迁子女学校的资金支持，增加对随迁子女学校教师的工资补贴，提高工资收入、津贴补贴、福利、奖金等方面标准。

### （二）盼减轻工作负担

教师们希望政府出台相关管理方案，关注、培养随迁子女学校教师，减轻教师工作负担和压力，避免摊派过多教学以外的工作任务，让教师能真正回归“教书育人”的本职、本位，并享有应有的假期。

### （三）盼享有社会保障

希望按照国家规定享有“五险一金”，特别是住房公积金，真正享有“病有所医，老有所养，住有所居”的社会保障制度，解决教师落户、退休保障等问题，进一步帮助其解决子女就学、就业等问题，强化生活保障，解决后顾之忧。

### （四）盼解决教师编制

希望政府制定相关制度，为优秀随迁子女学校教师提供教师编制，真正从各方面解决教师后顾之忧。加强随迁子女学校教师与公办教师的交流，随迁子女学校教师能有机会到公办学校进修、任教，公办学校教师能到随迁子女学校支教、帮扶。

### （五）盼提升发展空间

希望加大教师培训力度，提供更多外出交流培训的机会和名额，保障培训经费，提高培训质量；加强随迁子女学校教师与公办学校教师的交流，随迁子女学校教师能有机会到公办学校进修、任教，公办学校教师能到随迁子女学校支教、帮扶；拓宽教师专业技术晋升渠道，加强教师资格认定和职称晋升，增加职称评定指标，简化职称评定流程，切实为随迁子女学校教师未来发展提供更广阔的空间。

### （六）盼提高社会地位

希望社会能关注、尊重、平等对待随迁子女学校教师，真正关心随迁子女学校发展，关心随迁子女学校教师队伍的健康发展，不扣帽子、不忽视、不漠视，切实维护随迁子女学校教师权益，为随迁子女学校教师排忧解难。

### （七）盼改善工作环境

希望完善学校软、硬件设施，改善办学条件和教学环境，丰富教学资源，增加计算机、器乐等教学设施设备，增设阅读室、美术室、舞蹈室等教学活动场所，为提高教学质量和效率提供基础保障。

## 四、意见建议

对于随迁子女学校而言，教育教学质量是学校生存和发展的生命线。破解随迁子女学校教师队伍建设难题，推进随迁子女学校教师队伍的可持续发展则成为保障生命线的重中之重。这需要政府、社会、学校、教师等多方着力，共同推进，加快建设一支高素质、高水平、高稳定性的教师队伍。

### （一）政府：深化体制改革，强化制度保障，让随迁子女学校教师“愿意进”

近几年，中山市相继制定出台《中山市人民政府办公室关于促进民办教育规范特色发展的实施意见》和《中山市民办教育发展专项资金管理办法》。在此基础上，建议将随迁子女学校列为民办学校发展扶持重点，依法健全完善教师权益的保障机制，改善大环境，让优秀的教师人才愿意融入随迁子女学校。

1. 加大资金扶持力度

适当增加随迁子女学校师资队伍建设经费，对教师待遇、师资人才引进、科研项目申报、继续教育、评先评优等方面进行差异化扶持，给予适当倾斜。细化民办教育发展专项资金分配实施办法，确保相当比例的资金用于教师福利待遇、培训进修、课题研究等方面的补贴补助，相关补贴补助可直接发放到教师个人账户。

2. 加大社会保障力度

政府可加强对随迁子女学校教师工资的管理和监督，出台具体的随迁子女学校教师待遇指导意见，将教师工资、福利待遇、“五险一金”保障等列为学校评估验收的重要条件，加强监督调控，保障教师在住房、医疗、职称评定、进修评优等方面的权益。

3. 深化管理体制改革

切实加强随迁子女学校教育体制管理，尽可能将教师资格认定、职称评定、人事管理、教育培训等纳入教育部门统一管理，结合中山市积分入学、积分入户管理，适当给予政策优惠，解决随迁子女学校教师在人事关系、户籍、档案等方面的后顾之忧。

4. 解决教师编制问题

分阶段、分步骤解决教师编制问题，每年为民办学校特别是随迁子女学校教师提供适当的编制指标。可按照公办教师选调标准和程序，为随迁子女学校引进优秀学科带头人和骨干教师，教育主管部门、随迁子女学校、教师本人签订三方协议，教师依约在校履职一定年限后，可获公办编制。也可为随迁子女学校现任教师提供适当编制指标，通过统一考试进入在编教师队伍，鼓励教师继续在随迁子女学校任教，一定程度上缓解教师队伍流动性大的问题。

5. 健全教师交流制度

鼓励公办学校教师适时到民办学校任教，每年选派一定数量的公办教师和随迁子女学校教师进行交流。加大公办教师支教力度的同时，组织随迁子女学校教师跟班学习、任职锻炼，为随迁子女学校培养优秀教师。

**（二）学校：更新思想观念，推进管理转型，让随迁子女学校教师“想留下”**

目前，义务教育“以流入地为主、以公办学校为主”的“两为主”政策和公办学校的不断扩招给随迁子女学校带来生存和发展的巨大压力。多数随迁子女学校实行企业化管理模式，重视招生数量、教学成绩和家长评价，在教师管理上强调定量考核和刚性规定。同时，因其营利性质，为控制办学成本，学校往往将教学以外的多种工作任务强加教师身上，教师一般身兼数职，加班加点，工作负荷高，工作压力大。因此，学校管理要以人为本，树立尊重教师的思想，立足营造关心教师、重视教师、培养教师的良好氛围，强化人文关怀，建设教师工作和生活的美好“家园”。

1.“制度留人”，建立健全科学的教师考核评价体系

建立和完善管理制度，提倡“人性化”管理，把民主原则和激励机制引入教师管理工作，推行量化管理和情感支持相结合的管理模式，科学合理安排工作任务，发挥教师个人专长优势，减轻教师工作量，特别是教学任务以外的工作量，将教师教学工作作为主要考核内容，不额外增加考核负担和压力，营造良好的工作氛围。

2.“待遇留人”，尊重、保护教师的合法权益

做到依法办学，依法与教师签订劳动合同，依法为教师办理“五险一金”；克服困难，开源节流，努力提升教师工资收入、津贴补贴、福利、奖金等方面标准；探索设立教育年金和长期从教津补贴，对特殊人才、优秀人才、对学校有突出贡献和工作年限长的教师在工资待遇方面给予倾斜。严格落实教师带薪休假制度，组织教师体检和探访慰问，改善教师住房、教工食堂、教学资源和设备等工作、生活条件，关心教师生活，提高教师待遇。

3.“事业留人”，关注、支持教师的成长与进步

为教师进修学习和职称评定提供服务和方便，设置培训教育专项经费，对外出参加教育学习、学历进修的教师给予适当的经济补助和假期，积极开展师德教育和业务培训工作；实施中青年教师成长计划，为中青年教师成长提供“绿色通道”，立足以老带新、一帮一，鼓励交流学习，举办名师公开课、精品课堂、科学研讨、集体备课等活动；通过“三级培训”途径（校本培训、

地市培训和国内外短期培训），鼓励和支持教师参加继续教育，提高学历层次，不断提高教师队伍整体素质。

4.“文化留人”，加强校园校风教风建设

开展学校核心价值观及教师职业道德文化活动，开展诸如教师沙龙、教师讲坛、优秀教师事迹报告会等专题活动；健全党团组织、工会组织、妇女组织和教代会，推进民主建设；组织登山、摄影、书法、球类等文体活动，丰富教师业余生活，强健体魄，放松身心，创造轻松、健康、和谐的工作生活环境，增强教师归属感，共同推进学校发展。

### （三）教师：找准职业定位，拓展成长空间，实现自身“有发展”

不论是从教书育人的理想来看，还是从未来成长和发展的空间来看，随迁子女学校教师都要更新观念，准确定位，主动转变，从自身努力，从当下奋斗，融入随迁子女学校教育。

1. 树立家园意识

转变观念，调整心态，强化“主人翁”意识，视学校为“家园”，视学校工作为自己事业的根基，自觉将个人发展与学校发展融为一体，以立足当前、放眼未来的心态，保持旺盛的精力、愉悦的心情、平和的心态，努力推动学校发展。

2. 树立竞争意识

正视当前工作环境和事业发展的挑战，化忧虑为动力，化压力为动力，增强竞争意识、学习意识、进取意识，增强自身竞争力，为个人的未来发展打好基础。

3. 树立发展意识

做好个人发展规划，明确未来发展方向，由流动转向稳定，由“生存型”转向“发展型”，把握各类学习培训、继续教育、职称晋升、交流、锻炼的机会，取长补短，与时俱进，并充分发挥自身优势和专长，着力提升自身教学能力和个人专业发展素质，在推动学校发展的同时，实现自我价值，为下一代的健康成长作出贡献。

# 智慧管理

# 全民共建共享社会治理格局构建要素的应然分析

匡和平[①]

【摘要】党的十八届五中全会把共建共享与共治明确为同一过程，提出“构建共建共享社会治理格局”，使社会治理回归本质。格局的构建首先要明确构建要素的应然内涵。在现实情况下，党和政府的角色定位、人民性原则的遵循、公共精神的培养、社会组织的成长、法治思维和法治方式养成等都成为全民共建共享社会治理格局构建要素的应然内涵。

【关键词】全民共建共享　社会治理格局　要素　分析

社会治理本质上应该是全民共建共享，但囿于历史和现实等各方面原因，在我国长期以来对社会治理本质的认识存在偏差。加上片面追求经济增长，出于维护所谓的发展秩序的需要，政府大多从政治高度动用国家机器来消解所谓不稳定因素，往往在问题得到解决的同时，导致更大的矛盾和风险的积累。社会治理也因此进入“要么是制度问题，要么是执行制度的人的问题”这种非此即彼的“两难”选择的死胡同。党的十八届三中全会开始了破冰之举，提出要“创新社会治理体制”，十八届五中全会则进一步提出要“构建共建

① 匡和平，博士，中山职业技术学院教授。研究方向：现代化与人的发展、马克思主义理论与中国社会建设等。

共享社会治理格局”，把共建共享作为社会治理格局的重要特征彰显出来，视共建共享与共治为同一过程，使社会治理回归本质。构建全民共建共享社会治理格局实质上要求的是各个治理主体首先能够较充分地参与，并且还能较充分地协商，以形成尽可能大的共识，使之在治理行动中能相互配合。显然，相关各方角色归位、主体间互动的规则遵循、能力和资源的倚重以及行动方式等都是构建格局的必然要素，厘析各要素中主要方面的边界和应有内涵成为全民共建共享社会治理格局构建的基本要求。

## 一、在社会治理相关各方角色定位中党和政府的职责边界必须明确归位

社会治理格局，就其概念而言，是社会治理领域中相关主体各方所形成的比较稳定的基础性关系，包括社会治理主体之间的权利、义务和制约关系。这种关系通常有依从和平等两种，表现在社会治理上有集权、合作、协同等治理类型。格局的不同，标志着相关各方可以怎样去实现治理，以解决他们之间的利益不一致、权责不平衡问题的结果和特点的不同。

现代社会是一个分层的多元化社会。在西方国家，人们所从事的社会职业与他们所持有的政治观点、利益所在和价值追求等之间的联系日益疏远，政治上所表现出来的冷淡主义情绪正在逐步蔓延。“有资料表明，在西欧，大约有 3/4 的人表示对政党政治不感兴趣。”[①] 与政治冷淡主义直接联系着的是公众党派意识的淡薄。西方国家的民众对党派的信念和忠诚逐渐淡化，对政党的依赖性大减。由于物质生活水平的提高鼓励了人们对物质享受的追求，人们的自我意识强化，社会生活越来越个性化，随之而来的是追求自由、民主的呼声越来越高。公众与政府之间的沟通在民主政治的很长一段时间内主要是由政党来履行，而当今在公众参与要求日益高涨的形势面前，越来越多新的沟通渠道和途径被逐一开发出来。在西方国家，政党在纯粹意识形态领

① 王长江：《政党现代化论》，南京：江苏人民出版社，2004 年，第 119—127 页。

域里越来越失去优势，被迫把关注点越来越放在和民众的利益有关的各种政治经济社会问题上，也即“越来越明显的意识形态淡化（或中间化）的趋势，反映了冷战结束后选民心理的一个重大变化”[①]。这客观上对西方国家执政党提出了新要求，即执政的理念必须更加务实，制定的政策必须更加灵活，构建的组织机构必须更具适应能力。多年来，西方国家的有限政府制及权力制衡制度等在一定程度上规范了国家与社会关系的互动，形成了西方国家独特的政党与国家、国家与社会、政府与市场的互动范式。不可否认，西方国家治理路径确实取得了一些成就，以致其治理路径的有效性被人为夸大，一度造成部分人对西方文明的所谓“迷思”。但是，两种失败的反例促使人们不得不对“迷思”进行反省，进而“除魅”：一是在所谓第二、三波民主化浪潮中兴起的新型“民主国家”在国家治理上的低效和迟钝；二是老牌西方民主国家在国家治理问题上陷入困局。

社会治理没有现成的可资复制的模式。事实上，西方国家从马基雅维利到黑格尔再到马克斯·韦伯都认为国家在社会治理中处于绝对中心地位。黑格尔认为“国家高于市民社会”，他把市民社会看成是自私自利的领域，而把国家看成是代表普遍利益(公共利益)的领域。洛克、潘恩、杰弗逊则认为国家与社会本质上不是同质的存在，社会必须自治。如洛克认为，“市民社会先于国家或外在于国家”，“市民社会透过其自身‘先于国家’或‘外在于国家’的身份规定，抵御国家对自身的侵吞”；孟德斯鸠、托克维尔、普特南、吉登斯则提出“市民社会与国家平衡”理论，主张通过国家与市民社会的平衡来防止政治生活中的专制主义，而不是一种积极意义上的合作。对于国家与社会的关系，三方观点均以共建共享为路径寻求突破。

中国的社会治理必须在吸收人类文明成果和优秀传统文化精髓的基础上，从实际出发找问题，从中国特色社会主义理论体系中找依据，从改革开放的实践中找办法，坚持走中国特色社会主义道路。中国共产党是为救亡图

① 王长江：《政党现代化论》，南京：江苏人民出版社，2004 年，第 119—127 页。

存，为领导革命，为改造和创新社会，为实现人民群众的福祉而创建起来的新型政党。在取得政权后，中国共产党必然面临着由“革命党”向“执政党”转变的重大问题。如果说执政党行使“统治”职能得心应手，那么在行使“管理”职能时，就不得不想方设法体现和协调尽可能多的人的利益。在计划体制下，所有的资源都被集中起来由公共权力机关统一分配，公权力的触角遍及社会生活各个领域。这种管理方式被期望用来克服资本主义社会的无政府状态和贫富两极分化现象。其结果，目的达到的同时也导致发展的动力丧失。改革开放后，党在为整个社会提供安全、秩序、效率、民生等公共品方面表现出强大的适应力、灵活度、坚韧性、可适调性和可持续性，充分彰显其强大的治理能力和水平。

诚然，随着市场经济体制的建立和不断完善，利益不再主要由政府来提供，而是由人民群众在遵守宪法法律的前提下自己去争取。受利益的驱使，人民群众的政治参与意识日益强烈，对党和政府提出的要求也日益明确，并且对党和政府的执政行为的评价也越来越多地体现人民群众“自己的东西”。人民群众对党和政府的要求越来越高的同时，也对直接行使本属于自己的权力有更多的期望。公权力不再是无所不包，无所不能。随着治理的推广，党和政府与大量的非政府组织一样只是社会治理中的一员，而且是其中权重很大、非同小可的一员。很明显，在政党和其他类型的组织之间实际上形成了这样一种关系，即“如果一件事情用政党和政府这种工具来做比较困难，不怎么好用，提供的服务不怎么令人满意，人们就会转而求助于其他工具”。[①]这时，社会治理就赋予了党和政府更多的责任，要求党和政府必须更新理念，重新审视国家与社会的关系，理清自身的角色边界，构建一种新的社会治理格局以推进社会建设。

十八届五中全会创新的共享理念提出要使全体人民在共建共享发展中有

① 王长江：《中国政治文明视野下的党的执政能力建设》，上海：上海人民出版社，2005 年，第 181 页。

更多获得感和幸福感。共建与共享是内在的有机统一体，共建是为了共享，要共享必须先有共建。共建不仅是一种责任，与共享一样也是一种权利，而且这种权利不能有名无实，否则，就不值得人民群众珍惜，事实上也不会被珍惜。从动态上看，共享又是共建的内在动力，人民群众在共建中共享、在共享中共建，才能形成良性互动的社会治理格局。如果缺少全民共建，仅由少数所谓的“精英”或“能人”参与其中，社会改革与发展的目标设定、方案设计、措施出台就必然越来越小圈子化、精英化、经院化，党和政府与广大人民群众的关系就会越来越恶化，危及执政基础。

## 二、在社会治理主体间互动过程中必须始终遵循人民性原则

习近平同志指出，“人心是最大的政治”，并多次强调，“人民对美好生活的向往，就是我们的奋斗目标”。民之所望，施政所向。坚持党的领导与顺应民心从来就是完全一致的。党的宗旨是全心全意为人民服务，党和政府工作的最终目的就是为人民谋福祉。在创新社会治理过程中必须始终坚持人民性，把实现好、维护好、发展好最广大人民群众的根本利益作为党和政府工作的出发点和落脚点。在实践中坚持民本意识，以人为本，始终关注民生、重视民生、保障和改善民生。

长期以来，封建主义思想在中国民众心理上积淀成了“权威崇拜”“清官思想”和“与世无争”等复杂的政治意识。[①] 这些如今依然具有严重影响，扼杀了公民的社会责任感，也遏制了公民主体意识的生成。由于普遍缺乏公民意识，许多制度变迁都遭遇到路径依赖，“新瓶装旧酒”现象严重存在。也由于群众意识的缺失和社会心理的扭曲，民众一方面希望享受公共设施带来的福利，一方面又拒绝承担因此产生的成本，当个人利益受到影响时，更诉诸对抗来表达利益诉求。自利心理还驱使部分人利用群体的名义，实现个

① 邓伟志主编：《变革社会中的政治稳定》，上海：上海人民出版社，1998 年，第 137 页。

人利益的最大化，利用从众心理影响其他人，导致对抗情绪加重。[①] 事实表明，缺乏公民意识和公共精神的社会大众，即便国内生产总值数字再高，也只能造就一批批无道德的“暴发户”。

中国先后出现过以政治方式统治社会和管理社会，尽管在一定意义上有其必然逻辑，但事实上造成的社会大众对政治的恐惧难以在短期内消除，对政治的抵触情绪仍然在相当程度和范围存在。改革开放后，社会大众被认为缺少理性思考能力，且缺乏专业素养，也没有闲暇时间，即便参与社会治理，不仅没有助益，反而加重决策和执行成本，还使决策效率和总体水平遭受不利影响，即被认为是所谓的“多数愚政”，以至“技术治国”“精英治国”和“专家治国”的理念盛行一时。面对强大的公务机关的话语权，社会大众无法参与社会治理，更不可能影响政府的决策和执行，实质上最终沦为被统治或管理的对象。

当今社会，各个主体之间存在相当大的差异性，但又无时无刻不存在于一个“生活共同体”，显露出最大的问题是主体间相互承认的基础弱化，“生活共同体”中关系高度紧张，甚至存在断裂的风险。寻找主体间相互承认的正当性基础便显得非常重要。社会问题催生了社会治理，而问题又是由人造成的，所以社会治理归根到底还是对人的治理。社会治理创新的实质在一定意义上就是公务机关与社会大众之间相互沟通，获得最大公约数，并致力于不断取得一致。社会转型期，各种矛盾交织，政府不能也不可以单方面承担风险，必须通过公民意识的培育和彰显，使人民群众自觉参与社会治理，并且通过参与使各种复杂的利益群体在过程中把私利转换并提升为公利。在这个过程中，个人愿望得以重塑，集体反思得以强化，政府决策得以科学化，最终增强人民群众对共同体和决策的参与感与实践能力。

党的十八届三中全会以后，中国实现了从社会管理向社会治理的大跨越。

---

① 佟林杰、孟卫东：《城市发展中“邻避冲突”风险及应对策略》，《城市》，2013 年第 3 期，第 46–49 页。

人民群众参与社会治理已成为党和国家在社会治理顶层设计中的重要内容，党和政府的职责也已转到为保证人民追求幸福、追求正当利益的权利的实现上。公务机关的首要任务是必须在思想上促使自身实现从“为民作主”到“让民作主”再到“由民作主”的转变，形成以群众需求为导向的社会治理新思维、新模式，从而保障社会成员能够共享社会治理成果，并牢固把检验社会治理成效的标准确定为社会大众是否放心、是否受益、是否满意。在实际工作中要积极探索并创设各种有利条件让社会大众积极参与社会治理，“积极的公民参与能够促进政府管理效能的提升，其根本原因在于公民参与，提升了单个公民的属于他们自己的社会归属感，更重要的是参与过程本身的经历，以及参与过程所导致的复杂结果，不管是对于个人还是对于整个政治体系，这种参与经历使个人和他所在的社会连接起来，使得社会成为一个真正的共同体。”① 即使是对于社会大众的“非难”，甚至是某些离经叛道的极端主张，也应辩证理解和充分把握，因为这样的主张或许极有可能成为改革决策层不失时机推出重大改革举措的助推器。对于这种情况，鲁迅先生极其幽默地揭示道：“中国人的性情总喜欢调和和折中，譬如你说，这屋子太暗，须在这里开个窗，大家一定不允许的。但如果你主张拆掉屋顶，他们就来调和，愿意开窗了。”② 开窗就成了人们能够接受的最大公约数。公务机关在不断探寻最大公约数的基础上，还必须创新与社会大众之间的多元化双向沟通机制。通过这种类似政治话语上的“协商民主”，不仅可以避免偏见和极端行为，还有助于消弭动员式的被动参与，使法律法规、制度、政策的合法性得到巩固，提升社会治理质量的同时降低治理成本。

## 三、在社会治理过程中必须培育人民群众的公共精神，催发社会组织健康成长

① 〔美〕卡罗尔·佩特曼著，陈尧译：《参与和民主理论》，上海：上海人民出版社，2006年，第6页。

② 鲁迅：《无声的中国》，《鲁迅全集》第4卷，北京：人民文学出版社，1981年，第13-14页。

治理本质上“是关于政府与其他社会组织的互动以及他们如何连接市民”[①]的问题。人民群众参与社会治理主要有个体和通过组织参与两种形式。在现代社会，当单个个体面对日益庞大的公共管理部门时，其乏力感越来越强。如果想影响社会公共事务，他只有借助甚至依靠组织的力量才能实现。社会组织就逻辑地成为人民群众参与的重要平台。

囿于“革命党”思维，传统意义上的国家的权力逻辑与社会的自治逻辑一直混淆不清：一方面国家的权力作用范围无限扩大，另一方面国家的治理绩效日益降低。自治能力孱弱的人民群众除了依赖国家面面俱到的“关爱”别无选择，国家活脱脱成为父爱主义的集权建制，以致国家难以有序，社会更无法自治。与许多国家机制相比较，中国公民网络参与和现实参与的热度反差最大，原因之一就是社会不健全，公民参与渠道匮乏。由于对社会及其发展规律的认识不及对市场经济体制深刻，完全有必要重新审视社会的细胞——家庭，更有必要深刻认识社区和社会组织的特点，把重建人类共同体作为社会治理创新的重要内容。“要使公民在政治参与中不断保持较高的政治效能感，必须允许公民自发地组织起来进行政治参与，否则就将挫伤大多数公民的参与热情”。[②]之所以还不能迅速改变人民群众参与的低度组织化问题，民间组织还不能完全成为政府所信任和依赖的社会力量，人民群众参与还面临巨大障碍，一定程度上与一些地方党委和政府还没有从革命党思维转到执政党思维上来有内在的关联。一些地方仍然在“国家本位”惯性的驱使下过度依赖行政手段大包大揽社会事务，将社会组织和社会成员视为社会治理的对象而不是合作伙伴，一有风吹草动，动辄政治动员，甚至动用警力来解决人民内部矛盾，并且还习惯于凡事都要挖政治动机，找幕后黑手。这种“泛政治化”思维往往打着“维稳”旗号，使老百姓被误读和误解，甚至

① TimePlumptre&JohnGfaham，Governance and Good GovernancerInternational and Aboriginal Perspectives，*Institute On Govemance*, Canada, December 3,1999.

② 林尚立主编：《上海政治文明发展战略研究》，上海：上海人民出版社，2004 年，第 262 页。

被当作假想敌。他们总是处于自身难保的境地，何谈什么社会责任感？最终越维越不稳的结果就不难想象了。

按照“政策治国”的新思路，公务机关应该具备执政党思维，在理念和措施上把社会矛盾，乃至政治问题作技术化处理，使社会、政治问题转换为管理技术层面的问题，再根据法律法规以常规方式处理，也即“通过将政治利益博弈转变为政策演进与更新的形式来实现的”[①]。当然，社会大众的公民意识和公共品质养成非常重要，但凭借行政手段、说教和简单灌输只可能导致社会大众越来越“儿童化”，使其对政府的依附性被强化。只有把理性思考、求同存异、包容谅解、民主协商、参与奉献等公共精神内化于心，并且具备获取和掌控信息、价值判断、组织结盟、协商沟通、公关营销、资源筹集、民主治理、反映自身诉求等方面的能力，社会大众具备正确的职责权利等公民意识，才不会使人民群众参与实践演变成为人民群众“起哄”，背离群众参与的应有目标。

“国家、社会、市场各归其位的简约治理原则包括三个指向：其一，以‘规范权利’确立国家系统的简练组织及其运转的基本原理；其二，以‘保护权利’确立公民个人与社会自治的首要原理；其三，以‘价格机制’确立公民自由地运用自己的知识、智慧和财富的原初守则。当三个指向同时规范作用的时候，现代国家治理最值得期待的‘三分天下’的国家结构才能浮现出来：国家、社会、市场各自发挥着它们在国家治理的运行过程中的作用，三者的作用井然有序，既互不相扰，又积极互动，国家治理的绩效必然达到较为理想的状态。”[②]目前，社会自主空间的扩展正在成为人民群众参与社会治理的一个“生长点”，公务机关要遵循社会发展规律和特点进行顶层设计，以避免管理社会的各部门以追求自己的利益最大化为目标而导致社会政策碎片化。在社会治理过程中，公务机关还应该认真对待民意，及时回应群众的呼声，因为政

①② 喻可平主编：《推进国家治理与社会治理现代化》，北京：当代中国出版社，2014 年，第 96、48 页。

府公共价值是社会公德的基础，也是社会治理的基础，必须取信于民。最为关键的是，要高度重视社会组织治理现代化的问题。

党的十八大报告要求，重点培育和优先发展行业协会商会类、科技类、公益慈善类、城乡社区服务类社会组织，规范社会组织在成立时依法申请登记，坚决取消和防止社会组织行政化倾向。为改变社区建设中重服务设施，轻社区价值和人际关系建设的现象，必须逐步把社区建设的重心转到营造社会共同体上来。

## 四、在社会治理中必须养成并运用法治思维，以法治化方式精细推进

人民群众参与社会治理包括提供公共服务和参与政府公共决策两方面。其中，参与政府公共决策又可区分为制度性和非制度性两种。通过法律法规和政策设定的途径参与公共决策为制度性参与，而凭借特殊社会关系和社会舆论等途径影响、参与公共决策的为非制度性参与。亨廷顿说：“制度化是组织和程序获取价值观和稳定性的一种进程。”[①] 只有人民群众参与制度化，才能为人民群众参与常规化、可持续性提供有力保障。

中国正处于社会转型期，显著特征就是问题多多，堪称“问题社会”。一方面人民群众面对日益增多的财富，其需求也越来越复杂，特别是对安全性、公平公正性、幸福感等方面的标准越来越高。另一方面，政府在社会治理中的种种不当而导致人民群众合法权益受到损害和侵害的事件频发，人民群众的社会不公平感和相对被剥夺感日益加剧，并衍生出社会泄愤和社会抗争等“负能量”，社会矛盾和社会风险日益加剧。究其原因，应该可以从四方面得到解释：一是目前的制度供给无法满足人民群众需求，可操作性的程序支持乏力，政府依法行政能力不足等，致使非制度性参与激增，并衍生大

① 〔美〕塞缪尔·P·亨廷顿著，张岱云等译：《变化社会的政治秩序》，北京：生活·读书·新知三联书店，1989 年，第 11 页。

量的“寻租空间”和“灰色交易”。二是部分社会组织和社会成员依法维权意识不强，当权利受到侵害、利益表达受到挫折时，不愿意寻求制度化的行政救济或司法救济，而是以违法上访、聚众闹事等这样一系列非理性方式来扩大影响，迫使政府满足其要求。这种情况所导致的结果往往是不仅矛盾不能解决，反而使其激化、秩序受损，出现纠纷解决中的社会失范。三是部分执法人员和干部运用法治思维和法治方式化解社会矛盾、应对社会冲突的能力有待提升，在分配社会资源、协调社会关系、化解社会矛盾等方面仍然存在有法不依、执法不严、违法不究等现象，少数甚至出现“以言代法”“以权压法”“徇私枉法”等严重违法行为。四是“司法政治化”现象严重消解法治国家建设所应有的矛盾和纠纷终结机制。如果说从战略高度保持高度政治敏感性是必需的话，那么将日常性的治安和维稳工作夸大为政治问题就是重大误区。政府必须转变意识，从运动式治理走向常规化治理，从政治化治理走向法治化治理，既讲即时成本，更谋长远效益，治根治本。政治体制改革，允许适当滞后，但底线是党的公信力不受影响。

社会治理“归根结底，就是要解决社会公平这一基本问题……如果你把成功者的收入过多地配置给其他人，则会打击他们力争上游、取得成功的积极性……如果底层的人觉得自己被忽略了，那么社会将会出现分裂、动荡，社会凝聚力也将丧失”。[①] 唯有法治才是实现国家长治久安的必由之路。17世纪中叶以前，德国境内农民骚乱、武装叛乱和起义此起彼伏，但自从1648年日耳曼帝国法庭成立后，“农民反对封建主，他不用反抗，而是找法庭”。自此，“德意志帝国已经具有一个法治国家的法律基础，一个农民可以起诉封建主，这就是说法律高于一切。这样的制度的建立对社会起了安定作用，从此德国再没有农民起义。农民、封建主都必须接受这种法律国家。”[②] 当

---

① 〔新加坡〕李光耀口述，〔美〕格雷厄姆·艾里森等编，蒋宗强译：《李光耀论中国与世界》，北京：中信出版社，2013年，第148页。

② 陈乐民、史傅德、晨枫编译：《对话欧洲：公民社会与启蒙精神》，北京：生活·读书·新知三联书店，2009年，第8–9、21页。

今中国，既非政府不让人民群众参与，更非人民群众不想参与，而是不完善的制度和淡漠的制度意识不能为人民群众提供积极参与的有效支撑。群众即使想对政府决策施加影响，也缺乏法律和程序支持，参与社会治理的规制和引导等更是付诸阙如。人民群众由于参与目的不能达到而消解了积极性，参与技能得不到训练，参与习惯无法养成。

传统社会也有参与，但基本属于“自发性参与”和“强制性参与”。现代意义上的“参与”更多存在于“计划性参与”和“引导性参与”之间。历史上，中国长期实行专制统治，民众作为“臣民”，只有义务，没有权利，与政府的关系冷漠隔离，或者揭竿而起。新中国成立后，民众被尊为“人民群众”，在与国家动员和运动的高度互动中被裹挟进一波一波的政治运动中，体现出强烈的动员参与特点。改革开放后，国家政治转向权威型。民众由于还是尚不成熟的“公民”，在与政府互动中既带有前两个阶段民众政治行为的成分，又体现着向现代政治转型的成分，较少涉及“对政策的形成发挥影响”。[①] 要使人民群众有效参与政府公共决策，必须不断建立和完善政府信息公开制度、人民群众参与程序制度与人民群众意见反馈制度。政府信息公开制度不能把人民群众当作被动的“信息”接受者，更不能随意以“国家秘密”拒绝信息公开；人民群众参与程序制度要明确参与主体，健全参与代表产生机制，确立人民群众参与公共决策的启动权，丰富人民群众参与方式；人民群众意见反馈制度对人民群众意见是否采纳要按照有关规定说明理由等。只有这样，才会对人民群众参与社会治理产生实质性的作用，成为“看得见的治理”。

---

① 〔德〕托马斯·海贝勒著，鲁路译：《中国的社会政治参与：以社区为例》，《马克思主义与现实》，2005 年第 3 期。

# 政府指导、协助、监督业主委员会工作刍议

徐 兵[①]

【摘要】法律法规赋予政府主管部门对于小区业主委员会指导、协助、监督的职能。但在实际工作中，业主和政府两方常常在这个问题上产生分歧，甚至引发行政诉讼。本文结合一宗具体案例，详细分析现行法律法规的有关规定，并进一步阐述政府应该如何履行上述职责才是合法的。

【关键词】行政机关　业主大会　业主委员会　指导　协助　监督

## 一、案例介绍：业主自发组织选举业主委员会，政府主管部门不赞同

中山市T镇某小区第五届业委会任期届满日期是2015年6月19日，部分业主于2015年5月26日成立了小区业主委员会换届选举组织工作组。稍后，小区1200多名业主（超过山庄业主总数的25%）签名表示支持该工作组组织换届选举。5月26日，组织工作组发布公告征集第六届业主委员会委员候选人推荐或者自荐报名。翌日，该工作组将有关换届选举一事报告了中山市住建局、中山市物业管理行业协会和所属居委会。

但是，这次换届选举并没有得到相关政府部门尤其是T镇住建局的赞同，

① 徐兵，北京大学哲学硕士，任职于《中山日报》，著有《话说政府与公民》。

更不用说支持。

2015 年 6 月 3 日和 7 月 9 日，中山市住建局和市物业协会两次联合在镇住建局会议室召开座谈会，约邀小区业主代表参会。两次会议，实际上就一个内容：市、镇住建局工作人员和市物业管理协会负责人告知参会业主代表，小区换届选举组织工作组组织的这次换届选举没有按照《中山市住宅小区成立业主大会及选举业主委员会程序指引》(以下简称《指引》)进行，程序不对。

参会的业主代表坚决反对按照《指引》进行换届选举，而要求完全按照国务院《物业管理条例》、住建部《业主大会和业主委员会指导规则》《广东省物业管理条例》三大法规组织换届选举。

业主方面没有理会政府方面的意见，按照既定安排于 2015 年 7 月 11 日在小区内中心广场举行了业主委员会换届选举工作。

2016 年 5 月 22 日开票。计票结果是：共收回选票 2690 张，其中：无效票（包括了废票、重票）290 张，有效票 2400 张，有效票专有部分建筑物总面积 236897.96 平方米。工作组宣布，此次选举符合双过半要求，选举有效。19 名参选人以得票数由多到少排序，前 11 人为本届业主委员会委员，顺序第十二、十三的 2 位当选为山庄第六届业主委员会候补委员。第六届业主委员会工作期间，出现委员和（或）候补委员空缺时依上述得票顺序递补。

虽然部分业主认为小区第六届业主委员会已经正式成立，但是，当他们向上一届业主委员会提出移交业主委员会公章、物业管理用房及相关材料等要求时却遭到了拒绝。对方的理由是：“不能你让我交给你我就交给你。需要政府部门的通知。”

于是，一份以小区“第七次业主大会会议”名义作出的报告，分别于 2016 年 5 月 29 日到 6 月 1 日递交给中山市住建局、镇政府及所属居委会等单位。报告内容是：小区第六届业主委员会已经按照国务院《物业管理条例》第十一、十二条成立，同时也向市住建局和镇政府提出了申请，请他们履行法定职责，按照国务院《物业管理条例》第二十九条和第三十九条、《广东省物业管理条例》第三十二条的规定，依法指导和协助完成向小区第六届业主委员会移交印章、物业管理用房和相关资料的工作。

6 月 21 日，小区第七次业主大会会议又按照国务院《物业管理条例》第十四、二十、二十七条的规定，依法告知相关政府单位小区换届选举全程详细情况并送交所涉文件和会议记录。但是，其后虽经小区业主多次催促，市住建局和镇政府对于 5 月 29 日的请求一直没有给予答复。

2016 年 8 月 1 日，小区 5 位业主代表向市第一人民法院提起行政诉讼，请求法院对市住建局和镇政府 2016 年 6 月 1 日以来对小区公民保护其合法权益的申请不予答复、不履行法定职责，违反了国家法规，侵犯了小区公民的合法权益；判决市住建局和镇政府履行法定职责，在 15 天内依法指导和协助完成向小区第六届业主委员会移交印章、物业管理用房和相关资料的工作；判决市住建局和镇政府直接责任人员到小区中心广场就 2016 年 6 月 1 日以来的不履行法定职责行政行为向小区公民赔礼道歉。

在诉讼正在进行过程的 2019 年 10 月 30 日，小区物业企业发布公告称，将于 2017 年 3 月 1 日 0 时终止在小区的物业服务，撤出小区。

为了尽快解决小区物业企业选聘问题，2017 年 1 月 9 日，T 镇住建局开始在小区组建 “第七次业主大会筹备组”，详细规定了“筹备组业主代表的任职条件”“筹备组有效期及职责”“筹备组的组成及组建形式”，并安排发放“报名表和承诺书”，并排期“2017 年 1 月 21 日上午 9 点至 10 点止”报名、在“报名截止后”由“住建局代表现场组织审查报名资格”、进行“筹备组业主代表推选”，进而“组织召开业主大会选举第六届业主委员会”。

此一决定又遭到部分业主反对，再次向市第一法院提起行政诉讼。3 月 21 日，法院公开开庭审理此案。

## 二、分歧原因：有法律法规的冲突，也有对法律法规理解的差异

笔者认真研究了上述案例的材料，并结合其他有关案子，发现这些争执产生的具体原因各有不同，但相关法律法规之间的差异和各方对相关法条的不同理解，是争执产生乃至难以解决的决定性原因。

《物权法》第七十五条规定："业主可以设立业主大会，选举业主委员会。地方人民政府有关部门应当对设立业主大会和选举业主委员会给予指导和协助。"注意这里的表述：业主是"可以"，行政机关是"应当"。在法律规范中，"可以"是设定权利，"应当"是设定义务。可见，行政机关对业主大会的"指导和协助"，主要是它的义务而不是权利；而对业主来说，"应当"是一种可供选择的资源，权利人有权要求，义务人必须提供；如果权利人不需要，义务人不能强迫别人接受。

但《物业管理条例》第十条的规定则是："同一个物业管理区域内的业主，应当在物业所在地的区、县人民政府房地产行政主管部门或者街道办事处、乡镇人民政府的指导下成立业主大会，并选举产生业主委员会。"这里把接受行政机关的指导变成了业主的义务（应当）。

如果按照《物权法》的规定，业主想要设立业主大会并选举业主委员会，只需要业主自己投票选举就可以了。在这个过程中，业主如果认为有需要，可以要求政府有关部门就相关事宜予以指导和协助。而且，一旦业主提出这个要求，政府有关部门必须给予指导和协助。但是，如果业主认为没有必要，也就是没有提出要求，则政府有关部门不能主动地给予指导和协助。

而按照《物业管理条例》的规定：业主想要设立业主大会并选举业主委员会，则必须请求物业所在地的区、县人民政府房地产行政主管部门或者街道办事处、乡镇人民政府的指导，只有在这种指导下成立业主大会，并选举产生业主委员会，才能说是"程序正确"。

住建部《业主大会和业主委员会指导规则》（以下简称《指导规则》）第九条还有这样的表述："符合成立业主大会条件的，区、县房地产行政主管部门或者街道办事处、乡镇人民政府应当在收到业主提出筹备业主大会书面申请后 60 日内，负责组织、指导成立首次业主大会会议筹备组。"这就意味着，成立业主大会还必须具备一定的条件。但查阅整个《指导规则》，并没有对这个条件予以明确的表述。或许，《指导规则》第八条的"已交付的专有部分面积超过建筑物总面积 50%"就是"条件"？

“备案”到底是什么意思？

《物业管理条例》第十六条规定：“业主委员会应当自选举产生之日起30日内，向物业所在地的区、县人民政府房地产行政主管部门和街道办事处、乡镇人民政府备案”。

“备案”是一个法律概念，其含义在没有特别说明的情况下，都应当是同一的。例如，按《立法法》规定，国务院制定行政法规、地方人大制定地方性法规、地方政府制定规章，依法都要在公布后的30日内向上级人大或者上级政府备案。由此看出，备案是在公布之后进行，备案不影响生效。上级机关收到备案的法规规章后，有权加以审查，但即使发现违法或不当，也只是依法撤销或者纠正的问题，而不能“不予备案”。

发生在北京的一宗关于业主委员会备案的纠纷很能体现公权力在备案问题上的思路和一贯做法。

综合《南方周末》《新京报》等媒体的报道，北京市海淀区当代城市家园的一些业主自发组织起来，征集了1242户业主的签名，要求成立业主委员会。清河街道办事处要求由社区居委会主任担任工作组组长、派出所的片警任工作组成员。业主表示不能接受。2009年3月，业主召开业主大会，选举产生业主委员会和监事会。但当业主委员会将材料上报街道办事处备案时，街道办事处却 “不予备案”，理由是业主委员会没有按照街道办事处的指导意见进行。此后，业主委员会及业主代表多次向街道办、区政府等部门递交材料，争取备案，但一直无果。

值得注意的是，此案中“不予备案”的主要“法律依据”，是《北京市住宅区业主大会和业主委员会指导规则（试行）》。这是北京市人民政府办公厅2008年12月12日转发的市建委等部门制定的规范性文件。按照《北京市行政规范性文件备案监督办法》的规定，这类文件需要在公布之日起15日内，向上一级行政机关报送备案。但从北京市政府法制办公室公布的《北京市各区、县人民政府和市政府各委办局及所属部门报送行政规范性文件目录》来看，截至2009年5月25日，都没有上述《指导规则》的报送备案记录。

也就是说，这个《指导规则》没有按规定备案。

这是一个颇有特色的普遍现象。同是法规要求的“备案”，在不同的场合居然有不同的含义：义务人为公权力部门时，备案就是名副其实的备案，仅仅是告知备查，不需要备案机关回复，甚至不备案也没有问题；义务人为公民时，备案就成了生效的要件，必须等待行政机关的批准认可。后一种“备案”事实上已经变质为一种“行政许可”。

## 三、问题讨论：如何理解行政机关的指导与监督

相关法规确实赋予了行政机关对于业主委员会成立过程中和成立之后的指导、协助、监督职责。但在实务中，应该怎样理解并具体实施这些职责呢？

首先要明白一个基本的法理：对于行政机关来说，它的行为是有限的，即除非有法律明确的授权，它的任何行为都是非法的；而对于包括业主、业主委员会在内的非公个人和组织，其行为却是无限的，即除非法律明确禁止，他们的任何行为都是可以的。

具体到与业主委员会有关的问题中，既然《物权法》赋予行政机关的是一种“应当”的义务，那它就不能以包括行政法规在内的任何形式将其转换为一种权力。也就是说，在业主成立业主大会并选举业主委员会的过程中，如果业主方面提出需要行政机关予以指导和协助，行政机关则不能以任何理由予以拒绝，而是应该充分运用自己对法律法规的理解，在大量实际操作所积累的经验基础上，给予业主切实有效、合法合规的指导和协助。切忌越俎代庖，撸起袖子亲自上阵。相反，如果业主方面没有提出要求，行政机关就没有权力主动上前干预，无论这种干预是以“指导”“协助”或其他任何名义，都是违法的。这就好比一个教师，当学生遇到难题时，教师应该做的是耐心讲解、尽力辅导，而不能说“你到一边去，我来替你做”。

另一方面，我们从汉语的字义本身也能够理解。在日常生活中，除非是在面临紧急救援的特殊情况下，对他人的指导和协助也是以他人的请求为前

提的。我们看见某个人遇到了困难，文明的、通行的做法也是上前问一句："有什么需要帮助的吗？"然后才能按照对方的要求提供帮助。对于那些没有得到别人的要求就指导的人，汉语有一个贬义至少是带有调侃性质的词，叫作"好为人师"。在对方明确拒绝时，你还要强行提供所谓的"指导""协助"，即使你是完全善意的（如父母对儿女婚姻的劝告），对方也是不会接受的，严重的甚至引发冲突。

前述《物业管理条例》与《物权法》的不一致，从法律位阶上是很好处理的：当然以《物权法》的规定为准。因为，《物权法》是基本法律，《物业管理条例》只是一个行政法规，后者必须服从于前者。

备案，按照《现代汉语词典》（第7版）的解释，是指"把情况用书面形式报告给主管部门，供存档备查"。备案不存在审查、批准、回复的问题。需要审查、批准、回复的，法律上有一个专门的术语，叫作"行政许可"。

《行政许可法》规定："除本法第十四条、第十五条规定的外，其他规范性文件一律不得设定行政许可。"而第十四条、第十五条的规定里，并没有"备案"这种情形。将"备案"变为一种行政许可，显然是错误的。

对此，《物权法》也有明确规定。该法第七十六条：选举业主委员会或者更换业主委员会成员"由业主共同决定"。所谓"决定"，从字面意义上说，是一种排他性的确定。准此，只要业主"共同决定"了，这件事情就这么定了。在这个问题上，《物业管理条例》与《物权法》和住建部的《指导规则》是一致的："业主委员会由业主大会依法选举产生。"即只要业主大会依法选举出来，业主委员会就算成立了。

所以，备案与否，不影响业主委员会已经依法成立的事实。所谓"不予备案"，只能证明是行政机关的不作为，于业主委员会本身没有任何损失。行政机关如果在"备案"中设置某种门槛，可能造成"决定"名不副实。这是与《物权法》和相关法规的规定相违背的。

行政机关对业主大会和业主委员会也有监督权。《物业管理条例》第十九条规定，"业主大会、业主委员会应当依法履行职责，不得作出与物业管理无关的决定，不得从事与物业管理无关的活动。业主大会、业主委员会作出的决定违反法律、法规的，物业所在地的区、县人民政府房地产行政主管部门或者街道办事处、乡镇人民政府，应当责令限期改正或者撤销其决定，并通告全体业主。”该法条对行政机关的监督权做了两方面的限定。其一，监督的范围：只有在业主大会和业主委员会中出现违反法律、损害业主或者社会利益的情形时，行政机关有权加以纠正。而不是说，行政机关对业主大会和业主委员会的任何事务都可以插一手。其二，监督的方式，即事后“责令限期改正或者撤销其决定”，而不是事前的干预和审批，也不是不予理睬地无限期搁置，而且不是直接否定其效力，而是要求改正或宣布撤销。

试想，如果把“监督”理解为事前的干预甚至审批，那我国《宪法》规定：“一切国家机关和国家工作人员必须接受人民的监督”，又当作何理解？

## 四、其他问题：一些地方政府的文件作出的规定更不合理

在政府主管部门、业主、业主委员会的关系中，还需要注意的一种情况就是地方性规定的效力问题。

比如，某市住建局的房地产开发科与市房地产行业协会联合颁布了一个《成立业主大会及选举业主委员会程序指引》。这样的指引，严格说来连规范性文件都称不上，对业主、业主大会和业主委员会没有任何强制力。因为，一个政府部门的内设科室和民间行业协会，根本无权颁布具有强制性的文件。这一点，下级政府的相关工作人员应当明白，不要试图用这样的文件来约束业主、业主大会或业主委员会的行为，否则，纠纷难以避免。

这样的文件的价值在于，如果它的“指引”都是合法合规合理的，并且也确实具有很强的实操指南的作用，那么，可供业主、业主大会及业主委员会参考，也只能是参考。但是，如果这样的文件本身存在某些不正确的规定，比如，让业主委员会到“市房地产行业协会”备案，则这一文件就只能成为惹祸的根源。

因为，法律法规规定的业主委员会的备案单位是“物业所在地的区、县人民政府房地产行政主管部门和街道办事处、乡镇人民政府”。备案单位只能是政府、政府部门或政府的派出机构，而不能是一个民间协会。政府方面也无权将这样的事项委托给一个民间协会。

更大的问题还在于，这样的规定违背基本的回避原则。房地产行业协会，按通常的理解，就是由开发商组成的一个民间组织。小区物业服务企业，大多是开发商设立的（全资）企业，而业主委员会又有选聘物业服务企业的大权，因此，开发商就成为一个紧密的利益攸关方。如此，将业主委员会的备案授予房地产行业协会，尤其是，当备案事实上成为一种行政许可之后，这无异于将决定业主委员会能否成立的权力交给了房地产开发商。这是显失公正的。一个合理的推断是：你让我的物业服务企业在你小区干，我就认为你合法，给予备案；否则，我就认为你不合法，不予备案。

## 五、结语：严格以法律作为处理相关问题的准绳

房子，是每个中国人都绕不开的处所。“居者有其屋”，是孙中山先生的民生理想，也是其革命的一个具体目标。对于许多中国人来说，买房，可能是他一生中最大的一笔开销。所以，对房子的看重，是怎么强调都不过分的。

伴随着私有房产的出现，一系列的新词和新的关系也逐渐涌入大众的生活。比如物业、物权，还有业主、业主大会、业主委员会等。既然是新，就应该允许探索、允许尝试，也允许犯错误，当然，也更应该允许讨论或争论。但这一切都要基于这样两个前提：从方式来说，一定是讲道理，首要的就是法律法规的道理，其次也要考虑情理常识的道理；从目标来说，是为了构建和谐社会，让老百姓切切实实地安居，然后才能努力工作，实现中国梦的宏伟蓝图。

笔者的这篇短文，至少主观上是力求遵循这两个前提。若有任何疏漏或者错误之处，敬请读者君予以最严格的批评。

# 大型群众性活动安保工作的实践与思考
## ——以中山市孙中山诞辰150周年系列纪念活动为例

徐国伟[①]

【摘要】随着经济社会的高速发展，人民群众对精神层面需求激增，各种庆典、晚会和体育赛事等大型群众性活动日益增多，活动安全问题也异常突出。公安机关作为活动安全监管部门，履行着安全许可、培训检查和危机处置等职责。加强公安机关安全监督管理工作，保证活动安全、顺利举办意义重大。本文对近年来我国大型群众性活动安保工作特点、经验研究进行分析，结合中山市“孙中山诞辰150周年系列纪念活动”安保工作做法，提出了加强和改进活动安保工作的对策建议。

【关键词】大型群众性活动　安保　思考

随着经济社会的高速发展，人民群众对精神层面的需求激增，各种庆典、晚会和体育赛事等大型群众性活动日益增多，活动安全问题也日益突出。近几年来，全国每年举办各类大型群众性活动1.4万余场，近3亿人次参加，其间安全事故、治安和刑事案件时有发生，有的甚至酿成群体性事件，给人民群众生命、财产安全以及社会治安秩序和公共安全带来严重危害。2014年，上海外滩踩踏事件造成36人死亡，49人受伤，黄浦区党政主要领导、公安分局长等11名厅处级领导被问责。公安机关作为大型群众性活动的安全监

① 徐国伟，中山市公安局指挥中心调研科科员、中山公安特约研究员。研究方向：公安理论研究等。

管部门，履行着安全许可、培训检查和危机处置等职责。加强公安机关在大型群众性活动中的安全监督管理工作，对保证大型群众性活动安全、顺利举办意义重大。本文以中山市孙中山诞辰150周年系列纪念活动（以下简称“系列纪念活动”）安保工作为例，对大型群众性活动安全工作进行有益探索。

## 一、大型群众性活动安保工作的概念

2010年10月1日国务院颁布施行的《大型群众性活动安全管理条例》（以下简称《条例》）规定：大型群众性活动是指法人或者其他组织面向社会公众举办的每场次预计参加人数达到1000人以上的活动，包括体育比赛、演唱会、音乐会、展览、展销、游园、灯会、庙会、花会、焰火晚会以及人才招聘会、现场开奖的彩票销售等活动。大型群众性活动安保是指公安机关对国家规定的大型群众性活动的审核许可、安全检查、培训指导和突发事件处置等一系列安全监管活动的总称。公安机关应当履行的主要职责是：审查并实施安全许可；制定安全监督方案和突发事件处置预案；对活动场所及安全工作的落实情况进行监督、检查，责令整改安全隐患；根据大型群众性活动安全需要组织警力，维持现场周边的治安、交通秩序，预防和处置突发治安事件，查处违法犯罪活动。

## 二、大型群众性活动安保工作的特点

当前，面对日益严峻复杂的反恐维稳形势和激增的大型群众性活动，公安机关承担的安保任务越来越重，压力越来越大。活动极易被不法分子利用，稍有不慎就有可能酿成群体性事件，引发国内外关注，影响社会稳定。笔者根据多年工作经验，总结大型群众性活动安保工作的特点如下。

### （一）政治敏感性强

各级党委政府历来高度重视大型群众性活动，通过积极争取国际、全国和全省性体育赛事、纪念活动和展览等举办权来展现地区改革开放成就，推介城市品牌，树立国际形象，提升国际影响力和城市竞争力。特别是国际性和全国性活动，由于涉及参加人员级别高、外宾和港澳台人士多，往往具有很强的政治敏感性，事关国家形象，事关中国实力、中国人民精神风貌和政府领导能力的的展示，稍有不慎就极易造成国际影响，甚至引发政治事件。如广州亚运会、深圳大运会分别涉及 45 个、180 个国家和地区，运动员、工作人员均达万人以上；杭州 G20 峰会外宾警卫对象超过 100 人，贵宾及随员达 4800 人，B20 峰会嘉宾及代表 1600 余人，境内外媒体记者代表 4700 余人；中山市每年举行海峡两岸论坛涉及两岸三地知名人士，2016 年中山“逸仙杯”马拉松赛有 18 名外国选手、279 名港澳台选手参赛。

### （二）社会关注度高

大型群众性活动多与民生问题密切相关，不少涉及民间民俗的活动和大型展销活动，更与民众生产、生活和生命财产直接相关。如中山市每年举行的春节花灯会、小榄菊花展、黄圃飘色巡游等大型传统民间民俗活动已经成为中山市的“规定动作”和 “保留”项目，全年吸引国内外游客、选手、嘉宾等逾 100 万人次。此类活动已然成为全市公安机关安保工作的重点。随着深中通道和粤港澳大桥的开工建设，地处粤港澳大湾区中心的中山迅速抢占区位发展优势，经济发展迅速，每年在中山举办的各类商业展销活动也逐年递增，且规模不断扩大，规格不断提升，层次不断提高。其中，由中山日报社主导的各类车展、南国书香节中山分会场、家博会、食博会、婚博会和美食节等已成为每年必办的展销项目。

近年来，中山市文化演出市场也异常繁荣，中山毗邻港澳，为文化活动的发展提供了得天独厚的条件。每年的群星演唱会、张学友、谭咏麟等大型明星演唱会已经成为中山的常态演出，如“2016 BIGBANG MADE[V.I.P] TOUR 中山站”演唱会现场观看粉丝达 2 万人，公安机关投入安保力量达 785 人。

### （三）人员规模大

为扩大城市影响，打造城市“名片”，全国参加人数逾万人的马拉松赛遍地开花。以全国性的马拉松赛事为例，2016年在中国田协注册的赛事已突破300场，而2017年将达500场。据统计，2013–2016年，中山市公安机关完成各类大型群众性活动安保工作共612起，呈现人员参与多、组织规模大等特点。如“慈善万人行”活动持续举办30年，是中山最具特色的城市精神文化品牌，是广东乃至全国红十字会的一面旗帜，每年汇聚市民、华侨和新老中山人达6万人；受纽约时代广场持续110年的新年倒数活动影响，国内各地都会举行类似倒数活动，2014–2016年中山市兴中广场新年倒数人数均逾万人，2016年一度突破3万人，当晚全市8个大型活动点共部署警力2528人；一年一度的小榄菊花大会、沙岗墟迎春花卉展销会日均人流量超10万人，展期游客逾100万人。近三年数据显示，中山市南朗镇蒂峰山重阳节登高单日人流量峰值均逾2万人。

### （四）安全监管难

当前，大型群众性活动互动性、参与性、娱乐性大大增强，部分活动持续时间长、活动内容丰富、种类多样，为安保活动的有序进行提出了挑战。从举办场地看，由于目前各地可容纳万人以上的活动场地有限，且多为临时租借、搭建，公安机关在审核、隐患整改方面困难重重。主办单位为谋取利益最大化，不能认真履行安全管理责任，擅自组织大型活动，不按时审批，不如实申报等情况时有发生。部分商业活动冠以政府之名，“捆绑”“绑架”地方政府，借助部分地方政府通过大型活动展示地方形象的心理，引导政府出面介入，导致许多大型活动性质模糊，“商业活动政府化”现象屡见不鲜，原本的商业活动变成了公安机关的“政治任务”，也给依法监管工作带来了难度和阻力。据统计，2017年元旦期间，全国万人以上大型活动达57场，广东省2016年全年举行大型活动达71场，其中广州、深圳、肇庆三地活动聚集群众达20万人，部署警力达1.1万名，安全监管难度越来越大。近几年，中山市举办的大型群众性活动几乎含括《条例》规定的全部种类，形式多样复杂，举办场地不固定。如台湾艺人林志颖为南区悦盈新城楼盘开盘站台，湖南卫视主持人杜海涛为大信购物节主持开幕等。

## 三、中山“系列纪念活动”安保工作的主要做法

2016 年 10—11 月，中山市举办系列活动（包括“六大纪念活动”“十项文化活动”）纪念孙中山先生诞辰 150 周年。出席系列活动的领导嘉宾、参赛选手达 5.18 余万人次，共投入警力 1.36 万人次。中山市公安机关在严格落实安保措施的前提下，兼顾举办方、参与者的利益，找准安全和热烈气氛的结合点，积极引导举办方树立强烈的安全意识，切实落实安全主体责任，确保活动安全、有序开展，圆满完成了中山市有史以来跨度最长、活动最多、要求最严、影响最大的安保任务。

### （一）高位统筹、超前谋划，强力度推动安保工作

中山市公安局在 2016 年初主动与有关部门沟通协调，提早筹划部署安保工作。严格落实省市有关要求，将安保工作作为年内头等大事来抓，成立了主要领导挂帅的安保领导机构，制定各类安保方案共 83 种，编印手册 24 种。中山市公安局领导先后召开专题会议 30 余次，并部署、督导检查安保工作。中山市公安局从 6 月就启动筹备工作，先后 60 余次主动与市政协、市台办和市教体局等部门沟通、勘察和论证；对马拉松赛线路 358 个路口和 15460 米距离设置警戒隔离防护；多渠道对外发布交通管制情况，发布报道 28 篇次，微博阅读量达 2.6 万次；指定专人负责、专人落实安保工作的统筹协调，治安、国保、特警等警种和各分局充分发挥职能作用，责任分局科学设置警戒区域，全力确保系列活动安保有序推进。

### （二）整治隐患、以面保点，精心筑牢安全屏障

中山市公安局刑侦部门围绕系列活动开展破案攻坚战役，2016 年 11 月单月侦破刑事案件 1662 起，同比上升 35.78%。治安部门在系列纪念活动前

集中开展社会面大清查行动，累计投入警力3986人次，清查各类场所5366间次，盘查可疑人员3352人次、车辆1622辆，抓获犯罪嫌疑人309人。系列活动期间，组织国保、治安、情报、网警、反恐等部门每日开展综合研判，会商研判各重点利益群体、涉稳涉恐重点人员、网络舆情态势、公共安全以及社会面治安形势等，全方位评估风险，确保情报预警预知到位，安保维稳工作组共核查16947人，政审17419人次；交警部门大力推进城市畅通工程，强势推进“反酒驾行动”，组织专门力量对现场及周边道路开展交通综合整治和统一行动；消防部门对全市系列活动现场、入住酒店及周边环境进行逐一检查，全面排查消防安全隐患。

### （三）创新战术、精准发力，确保活动万无一失

中山市公安局将安保现场划分为核心圈、控制圈和外围防控圈，形成三层立体防控网，通过严格控制证件发放、设置防攀爬设施、便衣民警执勤和远端预警等措施，确保活动安全；在马拉松赛安保中首创动态安保新模式，组织安排200余名爱好马拉松运动的警察穿插于参赛队伍，与外围便衣民警反扒、武装巡逻、机动备勤等安保警力内外呼应、动静结合；公安分局、消防和特警部门对活动现场逐一进行治安、消防和排爆安检工作，通过人眼辨别、探测器甄别和警犬嗅识相结合的方式，先后完成对69个活动点和15325人次的安检工作；消防部门出动消防监督员142人次对重大活动场所进行严格检查，对巡查发现的36处消防安全隐患，全部现场整改落实到位。

## 四、大型群众性活动安保工作的几点启示

近年来，各地举办国际性、全国性活动需求日益增加，公安机关作为大型群众性活动安全监管部门，必须把握新形势，研究新特点，主动适应新常态，不断创新思路，完善机制，科学谋划，才能在安保工作中立于不败之地。

### （一）强化安全首位责任，确保活动万无一失

大型群众性活动因其影响力而引起社会广泛关注，公安机关要强化安全

首位责任，以警卫安全为核心、反恐防暴为重点、社会稳定为基础，全力构筑整体防控、立体防卫、层圈过滤的安保防线，确保活动绝对安全。

1. 强化组织领导

大型群众性活动现场开放性强、人群密集、核心区相对封闭、参与主体成分复杂、不确定因素多，恐怖事件、个人极端暴力犯罪防不胜防，安全监管难度大，稍有不慎就有可能酿成国内外有影响的事件。各级地方党委、政府、公安机关要牢固树立“安全第一”的理念，居安思危，警钟长鸣，要强化底线思维，突出问题导向，克服活动“在梦幻中设计，在理想中筹备，在侥幸中工作，在危机中完成”的通病，深刻吸取北京密云灯会、柬埔寨踩踏事故、上海跨年夜踩踏事件教训，认真研究风险防控对策和切实可行的措施，确保大型活动绝对安全。要把举办大型活动作为“一把手”工程，抓好“党政领导、一把手负责、属地管理”，按照“工作零起点、领导零距离、目标零差错”要求，从严落实大型活动安保维稳工作属地管理责任。要强化活动安保组织领导，要召开专题会议部署，层层建立计划、任务、责任和目标清单，建立专项协调、现场指挥、专项打击等机制。

2. 把握关键环节

要确保大型群众性活动绝对安全，必须把好人员政审关、场地安保关、道路畅顺关、社会平安关“四关”。要盯住人员政审关，对进入核心区的人员建立分层分级人员政审制度，由民警、社区工作人员和主办方分层次开展政审工作，实行分色划级管理；严把场地安保关，严格落实核心区值守、外围封控巡逻措施，实现全方位治安监控覆盖，落实安检专门力量，突出公安掌控、主办方检票，守住内场，管好核心区等重点区域，提升反恐抽检效能；提升道路畅顺关，活动期间组织交警专门力量对现场及周边道路开展交通综合整治和统一行动，全面排查道路通行情况，通过优化交通方案、调整信号灯、实施交通管制和高峰期全警出勤等措施，提高周边道路通行能力，加大媒体宣传引导力度，引导市民合理选择出行路线；确保社会平安关，提前进行风险评估，切实掌握活动场地、规模、人员等最新动态，完善安保工作方案和应急处置预案，对发现的问题有针对性地提出规避、处置、化解对策。

3. 坚持严格审批

《条例》规定，大型群众性活动预计参加人数在1000—5000人、5000人以上和跨省、自治区、直辖市举办的，分别由活动所在地县、市级和国务院公安部门实施安全许可。各级公安机关要充分认识大型活动安保面临的严峻形势，以对人民群众生命财产负责的态度，按照《行政许可法》《条例》规定，严格审批大型活动。对承办主体、活动内容、场所设施、安全方案不符合安全管理规定的，安全责任、措施不明确的和审批手续不完备的活动一律不予许可。如今年党的十九大防护期、金砖国家领导人会晤、《财富》全球论坛等系列重大活动集中期间，建军90周年、南京大屠杀80周年、“卢沟桥事变”80周年等重大敏感时期原则上控制审批大型群众性活动。如三亚市公安局3次对活动现场检查责令整改仍不达标情况下，取缔了计划举办的“全国名优特年货精品特卖会”活动。2016年中山南朗镇在系列纪念活动集中的情况下，果断对某中学建校82周年大型活动审批“亮红灯”。

## （二）落实安全主体责任，贯彻“预防为主”方针

《条例》规定，在大型活动安保工作应遵循“安全第一、预防为主”方针，坚持承办者负责、政府监管，突出“党政领导、公安主力、全警参与、责任到人”，明确层级安保责任。

1. 严格活动监管

各级公安机关要切实转变观念，改变过去大包大揽大型活动安全工作、承担无限安全责任的做法，依法履行好安全许可、监督检查、秩序维持、突发治安事件预防处置等职责。对批准举办的活动，公安机关要督促主办方落实安全主体责任，制定周密细致的安全工作方案，全面加强安保措施落实；要指导并协助承办方制定安全工作方案应急预案，严把安全工作责任关，落实安全责任制，坚决防止“带病作业”问题发生；对擅自变更活动时间、地点、内容或扩大举办规模的，立即责令整改或停止举办；对未经安全许可，擅自举办的大型活动，坚决予以取缔，并依法追究相关人员责任；对未纳入审批

的群众自发聚集或大型商场规模性促销活动，要维护好活动现场及周边治安和交通秩序，严防拥挤踩踏事故发生。

2. 严格隐患排查

各级公安机关要严格落实现场勘查和隐患排查制度，采取日常排查、重点排查和滚动排查相结合，全面掌握重点区域安保情况，发现问题督促主办方迅速整改、消除隐患。要扎实开展辖区内大型群众性活动调查摸底工作，特别是对未纳入审批的群众自发聚集节庆活动、大型商场规模性促销活动，要做到底数清、情况明。对经审批的大型活动，要在活动举办前按规定备案。督促体育场馆和会议中心负责人全面摸排掌握拟办大型性活动的内容、人数，及时掌握活动举办的场次、规模、时间等情况，严格落实安全管理责任。要保障活动场所、设施符合国家安全标准和安全规定，活动期间要安排工作人员到场，加强安全监管和各类突发情况的应急处置，维护好活动现场及周边秩序，坚决杜绝拥挤踩踏等治安灾害事故的发生。辖区派出所要与举办方和场馆方签订安全管理责任书，督促其积极配合公安机关安全管理工作。

3. 强化安全培训

《条例》规定，县级以上人民政府其他有关主管部门按照各自的职责，负责大型群众性活动的有关安全工作。要定期组织市县党政层面的安保工作培训会，切实加强保安公司监管和保安员培训、资质考核工作，针对活动类型、场地、规格等不同情况，组织开展专题培训和应急演练，切实提高安保人员综合能力水平，有效提升辖区主要场馆、大型商场、会议中心和公安机关危机处置、安全防范能力。定期开展普法工作，使大型活动主、承办方深刻意识到法律之内皆可为，法律之外不能为。公安机关要指导大型活动现场安全工作人员熟练使用应急广播和指挥系统，熟练使用消防器材，熟知安全出口和疏散通道位置，掌握应急救援措施。

4. 落实安全责任

要明确各主办单位安保第一责任和公安机关安保主要责任，夯实警种、场馆安保直接责任，落实情报搜集、摸底对接、区域协作、技术防范等安全责任。在活动现场设立由各级公安机关主要领导、参勤力量负责人坐镇指挥的联勤指挥部，指挥协调各方安保力量。要在《条例》和《中华人民共和国治安管理处罚法》基础上，出台相应的安全管理制度，规范活动流程，建立健全责任追究机制。对违反规定发生重大伤亡等案事件构成犯罪的，依法追究相关人员责任。各级公安机关领导在履行安全管理职责中，有滥用职权、玩忽职守、徇私舞弊行为的，依法给予处分，构成犯罪的，依法追究刑事责任。

### （三）创新安保工作战法，维护社会治安大局稳定

各地公安机关要根据活动规模科学确定安全风险等级，实施分级管理，创新决策、指挥和处置手段，坚决防止发生暴力恐怖、群体性事件，确保活动安全、有序、可控。

1. 规范安保

大型活动安保涉及部门多，工作交叉重叠，要建立高效的组织指挥体系，规范活动安保组织流程，强化组织领导，完善工作方案，严明工作纪律，实施归口指挥，科学调度警力，健全沟通协作和人防、物防、技防责任制度。建立情报会商机制，最大限度地搜集涉及活动安全的情报线索，对各重点利益群体、涉稳涉恐重点人员、网络舆情态势、公共安全以及社会治安形势等开展会商研判，全方位评估风险，确保情报预警预知到位。要切实加强机动应急队伍建设，做到科学使用和统一调度，以整建制警力为单位，既要在活动重要区域、核心环节安排充足机动警力，又要做到有效预警、及时介入和任务转换情况下警力二次安排，确保机动警力关键时刻始终拉得出、用得上、打得赢。要加大警力投入，强化人员密集场所、重点路段和重点单位周边的治安巡逻，有效震慑犯罪，确保活动期间群众出行安全。

2. 联合安保

大型群众性活动是一个系统工程，涉及主办方、承办方、监管方、场地（馆）方等多部门，不确定因素多，活动日程安排变化快，多部门、多警种联合作战与异地用警现象愈加频繁。要将大型活动安全置于城市运行安全大环境中统筹谋划，探索建立政府大型活动安全管理常态长效统筹协调工作机制，充

分借鉴杭州G20、B20峰会将全市30个部委办局纳入峰会安保工作大格局、“一办十七组”安保组织架构经验，定期召开联席会议协调谋划，建立完善由综治、公安、工商等部门参与的安保情况会商机制，坚持定期、联动、重查、滚动排查和“回头看”，健全活动场所隐患排查机制。除公安治安部门外，消防、禁毒、反恐、特警、120急救中心、运输、市政等部门要在现场随时应付紧急情况。各级公安机关要积极争取党政支持，统筹各方力量实行联合安保，建立各级公安机关牵头的联合指挥部，规范异地用警流程，明确指挥、决策和处置权，调动和依靠各方力量，提升整体联合作战效能。采取民警、保安和工作人员相结合的方法，根据安保级别科学设置投放比例，坚持少用警力，多用保安力量，把警力投放在监督检查、案件与突发事件处置等重点工作上。

3. 动态安保

传统的安保主要为武装执勤、现场屯警、动中备勤等模式，通过外围便衣民警反扒、周边武装巡逻、卡口安检等形式突出武装震慑作用。随着近年来大型活动规模、规格的不断升级，呈现出线长、面广和场地变化多等特点，要加强对新型活动安保工作研究，实现安全管理精细化、规范化。中山市公安机关在2016年的中山市国际马拉松赛中首创动态安保新模式，组织安排200余名爱好马拉松运动的警察采取“参赛＋执勤”模式圆满完成多批次武装巡逻和警卫任务。各地公安机关要结合安保工作实际，强化应急处突力量建设，通过建立便衣处突队、动态安保队和志愿服务队，坚持静态与动态警力部署相结合，实现安保力量的全方位、立体化、多维度覆盖。

4. 科技安保

大型群众性活动人员密集、涉及部门多、沟通协调和组织指挥难度大，安保力量很难覆盖整个活动现场。受传统大型群众性活动安保观念影响，“过度用警”“人海战术”等情况仍然客观存在。各级公安机关要善于运用无人机、视频监控、数字集群对讲、卫星车和3G传输设备等科技信息化手段，有效解放安保警力，提高安保效率。要发挥各级公安机关视频侦查中心作用，充分利用治安、交警和活动场馆内部视频监控资源，建立大型活动安全管理数据库，建立综合性、自动化大型活动现场情况数据收集系统，有力支撑大型群众性活动安保工作。建立完善活动现场“小、低”飞行物管控制度，加强无人机监管，推动在全国、省市层面出台大型群众性活动无人机管理规定，推动无人机或车载视频联网共享，进一步提升指挥的机动性、准确性，多渠道、多层面、多维度实时掌握现场动态情况。

5. 分级安保

针对活动的规模、规格等相关因素，参照复旦大学卢春霞博士在《公共场所中拥挤人群的研究》中对人群拥挤的定义和人群密度标准，对大型群众性活动安保工作实行“分区”“分级”“分类”监督管理：“分区”是指公安机关实行分区域属地管理，借鉴纽约警方在时代广场新年狂欢活动安保中的“方块”控制人流方法，分割附近街道为不同方块，分片控制人流，预留紧急通道，严防踩踏事故；“分级”是指按照风险评估和预计人数科学划分等级，并由公安机关逐级备案登记，借鉴英国在大型赛事、集会等公共活动中设置金、银、铜三级指挥官，负责战略、战术和执行环节工作经验；“分类”是指按承办主体、规模规格、性质频率和场所设施等因素分类区别管理，充分发挥社会组织、保安公司等在安保工作中的作用，把有限的警力资源从不需行政许可的大型活动中解放出来，提高安保活动效率。

6. 人性安保

要把握活动开展和安保措施的结合点，既要确保活动安全、顺利开展，也要营造相应的活动氛围。采取一系列行之有效的人性化手段，引导群众依法、合理参加活动，通过报纸、广播、电视、微信、微博及时发布交通管制、“小、低”飞行物管控等信息。参照德国在大型活动现场为残障人士设置“人造通道”、日本使用巧妙语言的“心理诱导部队”等人性化措施，引导群众遵守规则，避免出现拥挤和踩踏。

活动期间，一旦发生拥挤踩踏、聚众斗殴、设施倒塌等伤亡事故、治安案（事）件，要依法妥善处置。完善大型群众性活动安保善后一体化机制，加强与宣传、卫生、民政等部门的协作，扎实做好医疗救援、交通管制、信息发布等工作，努力把影响和危害降到最低程度。公安机关要做好现场秩序恢复、交通秩序恢复、依法查处违法犯罪行为等工作，第一时间澄清事件真相，减少负面谣言的传播和伤害。

# 创新经济

# 构建全域中山大数据应用体系研究

课题组[①]

【摘要】本课题报告分为五个部分。第一部分在界定大数据概念基础上，对国内外大数据产业及政务大数据应用作综述；同时，从政治法律环境、经济环境、社会环境、技术环境等视角分析了我国大数据产业发展现状。第二部分先分析贵阳大数据产业发展对加快推进供给侧结构改革的现状，再从理论上分析大数据应用有利于政府精准政策决策、有效引导市场预期、引导企业转型升级、降低企业成本及创造新型供给的作用。第三部分分析中山市大数据的资源利用与开发现状，介绍中山市大数据应用案例的成功经验。第四部分论述中山市各部门“信息孤岛”成因、中山政务大数据及部分行业大数据可能应用的场景，并提出了构建全域中山大数据应用体系的路径及架构。第五部分从组织领导、统筹规划、推动数据共享、加大资金投入及完善相关政策制度等角度，提出构建全域中山市大数据应用体系的保障措施。

【关键词】大数据　政务大数据　大数据产业　供给侧结构改革　应用体系

## 一、大数据发展及应用综述

### （一）大数据的概念、技术与应用综述

① 课题组单位为中山职业技术学院。课题组负责人：胡长和。课题组成员：游美琴、冷小冰、罗锋、牛犇、梁健屏。本文为2016年度中山市社科规划“优等次”课题“供给侧结构改革下，构建全域中山大数据应用体系研究”核心内容。

与传统数据相比，大数据具有新的特点，可概括为“5V”，即 Volume（数据规模大）、Velocity（处理速度快）、Variety（数据类型多）、Value（价值密度低）、Veracity（数据准确性低）。

从概念外延来看，大数据具有如下三个层面的含义：一是指一种新型的研究方法或发现新知识的分析技术，二是指由数据驱动的新型决策机制，三是指数字时代下的新型治理模式。

大数据产业链包括与大数据的产生与集聚（数据源）、组织与管理（存储）、分析与发现（技术）、交易、应用、衍生等产业相关的所有活动。按照数据价值实现流程，大数据产业链分为数据源、硬件支撑层、技术层、交易层、应用层与衍生层等六大层级，每一层都包含相应的 IT 硬件设施、软件技术与信息服务等。

1. 数据源

数据源是大数据产业链的第一个环节，是大数据产业发展的基础。由于国内大数据流通还未形成规模，目前数据源区块主要集中于政府管理部门、互联网巨头、移动通信企业等。具体有政府数据源提供商、行业数据源提供商、企业数据源提供商、第三方数据服务企业等。

2. 大数据硬件支撑层

大数据硬件是指数据产生、采集、传输、存储、计算等一系列与大数据产业链相关的硬件设备，包含传感器、移动智能终端、传输设备、存储设备、服务器、网络 / 安全设备等。

3. 大数据技术层

大数据技术层指实现大数据采集与预处理、存储管理、分析挖掘、安全和可视化的技术手段，是大数据价值实现的重要条件。

4. 大数据交易层

大数据交易可以打破信息孤岛及行业信息壁垒，汇聚海量高价值数据，对接数据市场的多样化需求，完善产业生态环境，实现数据价值的最大化，对推进大数据产业创新发展具有深远意义。细分之下的大数据交易层，主要包括大数据资产评估、大数据指数、大数据交易、大数据基金、大数据期货、大数据融资、大数据全生命周期管理、大数据交易标准等。

5. 大数据应用层

大数据应用一般界定为："利用分布式并行计算、人工智能等技术对海量异构数据进行计算、分析和挖掘，并将由此产生的信息和知识应用于实际的生产、管理、经营和研究中。"

大数据应用是大数据价值最大化的环节。大数据生态圈里，产业下游的大量公司扮演着数据提供者、特色服务运营者和产品分销商的角色。它们基本通过开放平台和搜索引擎获取用户，处于产业的下游和边缘地带。任何数据不经过分析这一环节，都无法落实到实际应用。在同样的数据面前，谁分析出的结果最有效，谁就是真正的大数据智能产业领跑者。

6. 大数据衍生层

大数据衍生层是基于大数据分析和应用而衍生出来的新业态。目前主要包含互联网理财、互联网基金、大数据金融、大数据咨询、大数据标准、大数据知识库、大数据双创平台等。

### （二）我国大数据产业发展现状分析

我国大数据产业发展还处于起步阶段，目前就大数据单独立法条件尚不成熟，政府部门应在推进规划引导、标准制定、优化完善大数据发展环境等方面发力。

数据管理方面，应健全数据管理体制，设立专门的管理机构；组织结构方面，应分别设立数据的管理和保护部门，主管数据开放、使用和保护工作。隐私保护方面，现有的法律体系仍面临两大挑战：一是法律保护的个人隐私主要体现为"个人可识别信息"（Personal I Information，简称为 PII），但随着技术的推进，以往并非 PII 的数据也可能会成为 PII，造成保护范围模糊；二是以往建立在"目的明确、事先同意、使用限制"等原则下的个人信息保护制度面临困境。

从 2006 年开始，国家开始正式发布一系列相关政策，不断扶持和引导大数据及相关产业的发展。《中共中央关于制定国民经济和社会发展第十三个五年规划的建议》提出实施“国家大数据战略”，推进数据资源开放共享。这是“大数据”写入党的全会决议，标志着大数据战略正式上升为国家战略。近年来，大数据与制造业、文化创意等传统产业深度融合，衍生出材料数据服务业、医药数据服务业、生物数据服务业等一系列战略性新兴产业。开发应用好大数据这一基础性战略资源，有利于推动大众创业、万众创新，改造升级传统产业，培育经济发展新引擎和国际竞争新优势。据统计，我国有 32.5% 的规模以上公司正在搭建大数据平台；预计未来我国智慧经济年均增速约为 14%，而智慧城市在其中的贡献占比将达到 50%。以中国 GDP 年均增长率 6% 计算，截至 2025 年，智慧城市的贡献有望达到 3.9 万亿。

从大数据产业的环境看，国家在为大数据企业创业提供最好的土壤与环境。我国拥有全世界最多的人口、全世界最多的智能设备、全世界最多的产生数据的 IT 系统，这意味着全世界最多数据的可能。

## 二、大数据应用对加快推进供给侧结构改革的分析

### （一）从大数据看供给侧改革空间

在大量传统产业去库存、去产能压力不减的背景下，影视娱乐、旅游文化、教育医疗等代表的新消费需求逆势井喷。来自中国银联、阿里巴巴、乐视等公司的大数据显示，供给侧改革空间广阔，以“软产业”带动“硬产业”，加速互联网科技融合，正有效改造提升传统产业，成为转型升级的有益探索。

### （二）大数据应用有利于政府精准政策决策，有效引导市场预期，引导企业转型升级

发展新经济、培育新动能，是当前推进供给侧结构性改革的重要内容。我国“十三五”的中心任务是提高经济增长的质量和效益，而推动供给侧改革、构建高精尖经济结构也是为了更好地服务这个中心任务。可以说，宏观经济的质量和效益源于中观产业，中观产业又源于微观的市场主体即企业，

企业质量会给经济带来直接影响。从 2014 年到 2015 年，我国新增市场主体超过 400 万，相当于每分钟新增 8 家企业。这样庞大的微观群体集中的数据将能反映海量的信息。运用大数据对企业信息进行监测，不仅能为政府提供宏观经济数据，在中观上还能反映一个产业的发展动态，在微观上也能反映企业的相关信息，有助于精准助力供给侧改革，构建高精尖经济结构。所以，大数据应用有利于深化供给侧结构改革，引领供给侧的有效供给，促进产业转型。

### （三）大数据应用加快政府职能转变，降低企业成本

李克强总理在政府工作报告中非常形象地提出：大力推行“互联网＋政务服务”，实现部门间数据共享，让居民和企业少跑腿、好办事、不添堵。这从一个侧面，形象地描述了政府大数据和政务云在未来机制体制改革中发挥的不可替代的重要作用。

推进供给侧结构性改革，需要全面关注供给体系，提高供给体系的质量和效率，以激发市场活力和社会创造力。这意味着不仅要着眼于作为经济主体的企业，还要关注体制和政务环境，供给侧改革这一体系化的工程才能做好。依托“互联网＋”，促进办事部门相互衔接，加快破除体制机制障碍，才能进一步激发市场活力和社会创造力，最终落实供给侧结构性改革的目标。

### （四）大数据是产业升级的决胜要素，是创造新型供给的基因

以制造业为例，运用了大数据和云计算为代表的高科技信息技术，产品设计能够进一步贴合市场需求。同时，运用了云计算和大数据，企业对市场把握更加精准，决策水平和管理效率可望大幅度提升。因此，只有为产业升级植入数据基因，通过云计算技术实现数据资源的深度参与，传统产业的生产经营结构调整才能更加完善，产业升级才能够顺利完成。

无论是备受关注的“德国工业 4.0”还是“中国制造 2025”，本质都是将过去的传统产业打造成为基于“互联数据信息”的“智造工厂”。大数据应用要做的不仅是利用云计算和大数据帮助企业建设这样的“智造工厂”，

而且要利用智能化平台实现“智能生产”，使人与人、人与机器、机器与机器以及服务与服务之间能够互联，将网络空间的数据资源和云计算能力有效运用于现实世界中，从而形成一个高度灵活、个性化、数字化的产品与服务的生产模式。

创造新型供给需要企业深入思考并投入实际工作的重要方向是，审视自身所处的信息产业，在谋发展、调结构、增动能的指导下，如何切实利用云计算和大数据促进产业结构升级、完善政策体制机制从而提升供给体系的质量和效率。

## 三、中山市大数据的资源利用现状

### （一）中山市有关部门大数据基础建设及应用

目前，中山市光纤覆盖能力达到 330 万户，光纤接入用户数达到 110 万户，光缆线路长度 8.2 万公里，3G 基站累计 8161 座，4G 基站累计 23000 座，WLAN 热点累计 3800 个，无线访问接入点 AP 累计 2.1 万个，投入应用的云计算平台 2 个以上。可以说，中山市的大数据服务基础设施基本完善。

2012 年，中山市开始在广东率先启动电子政务云平台，经过近 4 年的筹备和建设，目前已经构建出一个功能强大的政府公开系统。如今，具有 512 核、2048GB 内存、2000TB 存储容量的中山电子政务云平台第一阶段工程已完成。从进度来看，全市 40 多个部门提供云平台资源服务的信息系统超过 100 个，初步具备了云计算能力，其中公安部门的信息化水平在近三年内提高得最快。中山市经济和信息化局的统计数据显示，整体资源使用量已超过 80%。而这个过程实现的最直接的便利，就是在保障信息安全的基础上，为中山市各部门信息化项目节约了硬件及运营生产投资。

### （二）当前中山各部门“信息孤岛”成因分析

中山市“信息孤岛”的具体表现为，网络建设上的独立建网、联网，应用系统建设上的独立开发，开发软件和信息资源建设上的信息割据及分散管理，其结果是电子政务建设不能实现应有的效益，影响了政府整体效能的提高，并造成了大量资源的浪费。各部门“信息孤岛”成因主要有以下几点。

1. 建设初期的技术驱动因素

各个部门开展信息化的时间不同，预算也不同，在大数据基础技术不断发展的大背景下，导致各部门数据底层的技术架构也不尽一致。没有建立统一的数据中心，各部门只运维建设各自的应用系统。

2. 政府部门条块分割的体制因素

各镇（区）和部门经过多年的信息化建设，虽然拥有了大量的信息化资源，但往往只适用于局部范围的信息化应用，信息在部门之间的交流比较困难，政府部门条块分割的管理体制与电子政务的统一性、开放性和交互性特征存在严重的冲突。

3. 标准和立法的缺失因素

标准化是支撑电子政务的重要基础。由于电子政务建设是在各级政府、不同部门中零散进行的，各自起步的条件、时间不同，以至各自为政，缺乏统一规划，更谈不上组织统一的建设标准，所进行的都是“独立的建网联网”。

## 四、中山发展大数据应用路径及构建应用体系研究

### （一）解决信息孤岛问题的对策建议

针对信息孤岛产生的根本原因，力求从创新的角度在源头上解决问题。

1. 指导思想上，转换管理理念，解决“不愿共享、不敢共享、不会共享”的思想问题

信息孤岛问题的解决首先就是思想的创新。在制度上，明确部门信息资源的所有权、管理权和使用权以及信息共享的责任主体等，树立“以共享为原则、不共享为例外”的原则，界定信息共享的范围和责任，明晰信息共享的权利和义务，有效解决由于制度缺位带来的不敢共享的问题。

其次，解决认识不足，不愿共享问题。需要从制度上强化对信息共享工

作的管理、协调、评价和监督，一方面加强绩效评价，对于信息共享工作突出的部门，采取激励措施，正向引导各部门共享数据；另一方面强化监督问责，对于未按要求开展信息共享工作的部门，采取项目稽查、审计监督等措施，建立问责机制，解决不愿共享的问题。

再次，解决环境滞后，不会共享问题。中山市政府要建立信息资源目录制度，各部门按照统一的标准制定信息资源目录，明确可以共享的信息资源，并通过数据共享交换平台进行跨部门共享数据，有效解决环境滞后带来的不会共享的问题。

2. 应用规划上，统一标准，加强顶层设计，使信息孤岛没有存在空间

顶层设计思想内涵主要是指用系统论的方法对信息系统建设的各个方面、各个层次、各种参与力量、各种正面的促进因素和负面的限定因素进行统筹考虑，理解和分析影响建设的各种关系，从全局的视角出发，进行整体技术结构的设计，并做出各种管理和技术决策，提出体制和业务的改进建议。

3. 具体操作上，加强政企联系，立足技术创新，从根本上消除信息孤岛存在的可能性

发展电子政务，重在实践操作。消除信息孤岛问题，需要在具体实践中不断创新并总结经验，深化认识。

在电子政务建设过程中，政府要让企业知道其遇到的问题，有什么样的要求；同时，企业也应让政府了解企业的情况，以实现电子政务建设在政府与企业之间的良性互动中稳步前进。

### （二）中山发展大数据应用路径探究

中山市要抢占机遇，增强创新能力，深化行业应用，繁荣产业生态，促进大数据产业健康、快速发展，应从以下几个方面着力，开展中山大数据应用工作。

1. 认真贯彻落实推进国家、广东省提出的大数据发展行动纲要，建立大数据应用联席会议制度，以经济和信息化局为依托，会同发改局、网信办、统计局等部门统筹推进。

2. 做好大数据顶层发展的统筹设计。

3. 支持大数据关键技术产品研发和产业化，形成一批具有自主知识产权的技术和产品。

4. 结合广东省“十三五”规划对中山发展的“四个定位”，大力发展工业大数据，认真贯彻落实国务院《关于深化制造业与物联网融合发展的指导意见的任务要求》。

5. 产业扶持政策重点支持大数据产业发展和应用试点，选择有条件的镇（区）开展大数据的建设，并积极探索推进产业集聚区的建设。

6. 积极参与大数据标准体系建设，推进关键急需标准的研制和验证。

7. 加强大数据安全保障体系建设，推进大数据安全技术、产品研发，完善相关法律法规和制度体系。

8. 建设符合新生态队伍，创新人才培养模式，建立健全多层次、多类型的大数据人才培养体系。

### （三）构建全域中山大数据应用体系研究

1. 市级大数据平台顶层设计理念

中山市级大数据平台应当树立服务民生、服务治理、服务发展、数据统筹、业务统筹、体制改革社会创新等顶层设计价值理念。

① 服务民生：合理配置教育、医疗、文化等资源，提高公共服务水平，增强市民幸福感。② 服务治理：提高政府科学决策能力、城市精细化管理能力、风险防范处理能力，提高市场监管水平。③ 服务发展：提升经济运行监测能力，强化产业政策的制定和实施能力。④ 数据统筹：走以资源数据目录为抓手，建设主题数据库和跨部门平台实现市直部门、镇街的数据共享应用，实现业务协同和品质服务，支持决策。⑤业务统筹：以数据统筹为引领，倒逼政府部门转变思维，推动机构职能调整和业务流程再造，促进业务统筹与优化，实现依法行政，推进政府治理能力和治理体系的现代化。⑥体制改革社会创新：以政务大数据促进行政管理体制改革，同时以数据开放推动政产学民的互动，促进社会创新和商业创新。

2. 市级大数据平台的功能目标

市级大数据平台的功能目标是：提供各类数据的融合与共享服务；提供空间、法人、人口基础融合数据资源；提供大数据目录的注册、发布、查询、获取、应用等服务。向各委办局大数据应用平台提供大数据服务支撑，通过政府网站等办公门户向政府部门和社会公共提供数据使用服务。为需求单位提供大数据处理通用接口及工具，并统一实现与外部数据的接入服务。通过物联网平台、互联网平台、共享交换平台等信息化基础设施和系统汇集、存储、分析相关数据资源。强调对各类数据的处理能力，包括对结构化的、非结构化的、音频、视频、包括各种结构的数据处理能力，特别是来自于物联网的实时数据和互联网的日志数据等。

3. 与其他系统关系及构架

与委、办、局大数据应用系统关系：首先，各委、办、局或镇（区）可以按照自身业务需要建设大数据系统，为市级大数据平台提供部分数据，也可以从市级政务大数据平台获取各类大数据资源。其次，各专项大数据应用是在各委、办、局自己大数据应用系统中完成。

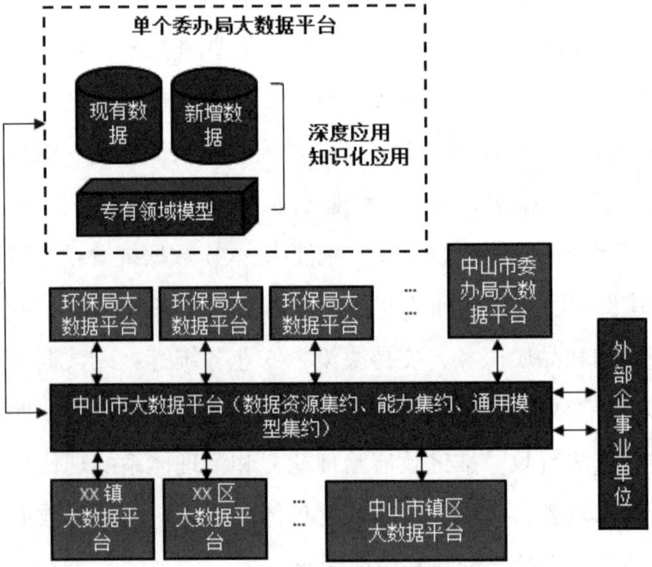

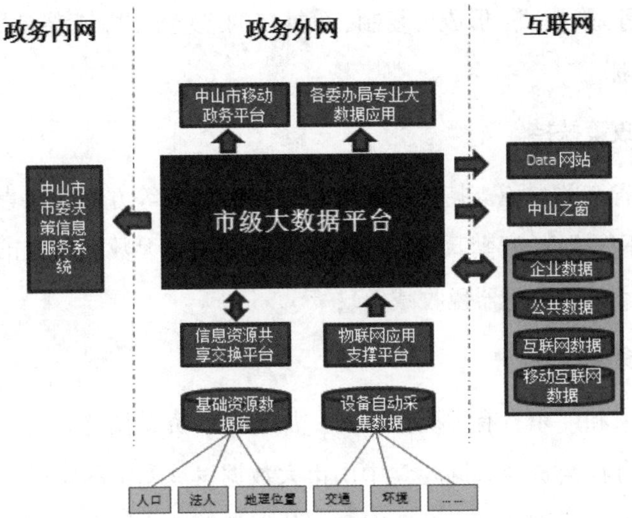


## 五、构建全域中山大数据应用体系的保障措施

### （一）加强组织领导

中山市经济和信息化局牵头组织成立中山市推进互联网和大数据应用领导小组。领导小组负责制定中山市推进互联网和大数据发展的各项政策，统筹协调各镇区、各部门推进基于大数据的“互联网+”行动。

### （二）制定“互联网+”行动专项实施方案

各部门根据工作实际，采取单部门负责或多部门联合模式制定各专项“互联网+”实施方案；各镇区要将“互联网+”行动列入工作重点，制定切实可行的工作措施。实施方案须细化分解目标任务，明确职责分工，确保各项任务落实到位。

### （三）加强宣传指导

加强“互联网+”发展的宣传引领，多渠道、多方位地开展舆论宣传，报道互联网创业创新的文化理念、先进事迹和典型企业，引导各类市场主体增强互联网创业创新意识。及时总结各领域实施“互联网+”行动成效突出的新技术、新应用、新模式，形成可复制、可推广的经验成果，营造良好的“互联网＋”发展氛围。

### （四）加强政策扶持

落实国家和省有关财税支持、土地使用、招商引资等方面的优惠政策，制定支持“互联网＋”的配套政策，大力推动互联网、大数据与我市产业深度融合。落实国家科技孵化器税收减免政策。

### （五）加大资金投入

积极争取国家和广东省有关资金扶持。加大财政资金扶持力度，探索以产业扶持资金结合社会资金共同建立中山市大数据发展基金的路径。主要支持大数据产业的发展、支持基于互联网和大数据的创新模式在我市经济社会各领域的广泛应用。鼓励社会资本创立创新投资基金，加大大数据创业创新的投资。支持信用担保机构对互联网企业提供贷款担保，支持大数据产业企业上市融资。

### （六）加大人才培养力度

积极引进大数据高层次人才，将大数据才纳入中山市有关人才引进的工作范畴，对接市有关政策做好大数据相关人才的引进工作。拓宽本地大数据人才的培训渠道，着力培养一批大数据产业研发、应用和营运人才，并建立大数据领军人才库，选拔一批大数据人才到国内外知名大数据企业学习和交流。争取在3年时间内，建成一支扎根中山市大数据产业、经验丰富的高端人才队伍，并带动初、中级大数据从业人员队伍梯次发展，构建与经济社会发展相适应的大数据人才梯队。

### （七）开展示范带动

在支柱产业、政务民生等领域积极开展“互联网＋”与大数据试点和示范工作，推进大数据新技术、新应用、新模式发展，促进大数据在经济社会各领域深入应用。

### （八）加强网络信息安全保障

加强网络基础设施、信息系统和网站的信息系统安全等级保护，对重点项目建立上线严格测评、运行中定期检测的长效机制。推进大数据信息安全保障设施建设，深入应用和研发互联网、物联网、移动互联网、云计算、大数据等安全防护技术，落实国家和广东省有关网络和信息安全标准体系，加大依法管理网络和信息的力度，完善网络安全监测预警和应急处置机制，确保互联网信息安全。

**【参考文献】**

[1] 贵阳大数据交易所：《2016年中国大数据交易产业白皮书》，2016年5月。

[2] 李宇：《“互联网+政务”解决社会治理问题》，中国党政干部论坛，2015年6月。

[3] 吴余龙：《被低估的政务大数据》，《中国建设信息》，2015年第5期。

[4] 王晋、舒宝淇：《刍议大数据时代的电子政务》，《新世纪图书馆》，2013年第7期。

[5] 黄华焕、薛丽芳：《大数据，大政务，新网络》，《电子政务》，2013年第5期。

[6] 张璁：《大数据，倒逼政务公开升级》，《人民日报》，2015年11月18日第17版。

[7] 许欢：《大数据，完善电子政务建设的有力推手》，《电子政务》，2014年第3期。

[8] 陈守森、邵燕、许强等：《大数据背景下电子政务数据中心构建探索》，《中国管理信息化》，2016年第8期。

[9] 熊宇航：《大数据时代的电子政务信息资源的采集》，《经营管理者》，2015年第29期。

[10] 吕小刚：《大数据时代服务型政府电子政务构建研究》，《中国管理信息化》，2015年第2期。

[11] 黎良浩：《大数据时代构建多层次的电子政务网络立体防护体系探析》，《科技创新与应用》，2014年第1期。

[12] 张引、陈敏、廖小飞：《大数据应用的现状与展望》，《计算机研究与发展》，2013年11月。

[13] 武薇、石虹：《大数据应用于质量技术监督电子政务发展》，《信息安全与技术》，2015年12期。

[14] 彭倩茜、李思源：《大数据在中国政务工作的运用探究》，《管理观察》，2016年8期。

[15]吴秋兰、梁勇、孙永香、佟彩：《大数据助推村镇电子政务发展》，《测绘科学》，2014年5期。

[16]刘浩宇：《地市级政务大数据的构建与研究》，《黑龙江科技信息》，2016年13期。

[17]于施洋、王建冬、童楠楠：《国内外政务大数据应用发展述评：方向与问题》，《电子政务》，2016年1期。

[18]罗莉、陈晓隽、陈勇、王怀祖：《基于大数据平台的电子政务信息孤岛治理对策研究》，《中国药业》，2016年4期。

[19]王晶：《基于大数据思维的统计政务服务平台建设及应用研究》，《统计与管理》，2015年11期。

[20]刘彩云、沈春会：《浅析大数据时代的电子政务信息资源采集》，《档案管理》，2015年3期。

[21]周慧：《十部委发文鼓励政务数据开发 大数据“十三五”规划下半年发布》，《21世纪经济报道》，2016年4月28日，第6版。

[22]石菲：《政务大数据进入DT时代》，《中国信息化》，2016年1期。

# 电商快速发展趋势下高校物流末端配送问题的研究

唐 伶①

【摘要】随着高校网购的普及，高校校园配送业务发展迅猛。然而，不少高校陷入配送末端管理难局面。行业同质化竞争激烈、社会负面影响上升、服务质量参差不齐等问题越演越烈，既影响了校内外环境，也成为制约电商和物流在高校发展的重要障碍。国务院对此予以高度重视，在《关于大力发展电子商务加快培育经济新动力的意见》（国发[2015]24号）中明确提出促进"快递进校园"工作要求。随后，中国教育后勤协会又正式成立了快递工作委员会，为推进高校快递服务科学开展做出各种努力。在此背景下，本文依近年对高校快递服务的持续考察，针对"快递进校园"中的重要环节——末端配送展开了相关探讨，为进一步科学规范校园物流末端配送提供思路。

【关键词】高校 电商 物流配送服务

## 一、引言

随着信息技术的迅猛发展和基于互联网的各类应用的普及，我国以网上商品购销为核心的电子商务迅速发展起来，近年电子商务交易额增长率一直

---

① 唐伶，博士，电子科技大学中山学院副教授。研究方向：经济管理等。本文是广东省教育厅高校后勤协会重点项目"规范高校校园快递服务管理模式的研究"及中山市科技计划项目"建物流智能服务大平台，突破我市最后一公里配送瓶颈的研究"核心内容。

保持快速增长势头（见图 1）。2015 年上半年交易规模已经达到 1.614 万亿元，同比增长 48.7%。电子商务的发展必然带动以快递业务为基础的物流业的快速发展。2014 年我国快递业务量已突破 140 亿件，位居世界第一（见图 2）。如此庞大的电商业务量十分需要健全的绿色物流体系来支持。其中配送是该体系中合理高效的社会流通方式。发达国家在生产资料经营中通过配送实现的份额，美国已达到 31%，英国 59%，德国 61%，日本 69%，且为社会生产节约成本 10%—20%。在我国配送环节还十分薄弱，电商客户聚集的典型区——高校，物流末端配送问题显得尤为突出。上下课高峰期，高校门口成了各家快递公司赶集的“集散区”，学生在散落满地的快件中扒翻的场景已成为常态。逢“双十一”购物大军收货高峰期，校门口包裹一路铺开，三轮车横七竖八地停靠在路上，既影响学校形象又影响道路通行，给师生、

图1 2010-2015年中国电子商务市场交易规模[①]

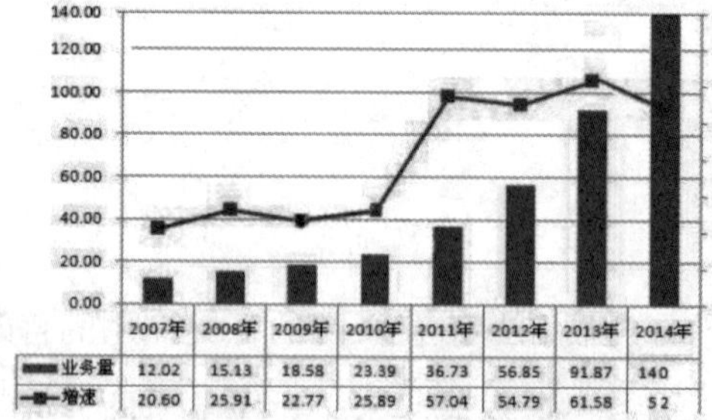


图2 2007-2014年中国快递业务量[②]

① 数据来源：中国电子商务研究中心（http://www.100ec.cn）。

② 数据来源：中国报告大厅（http://www.chinabgao.com）。

周边人群带来极大不便。因此，通过对具有代表性的高校展开试点研究，探索如何科学开展高校物流末端配送工作，对指引我国物流末端配送的科学开展具有重要的意义。

## 二、高校物流末端配送的主要模式

随着高校快递业务量的快速增长，高校快递业发展也走上快车道。电商、物流、末端配送企业均做了一些有益尝试。通过文献、实地考察及高校后勤工作人员访谈的结果来看，目前我国各大高校物流末端配送模式大致分为以下六种。

1. 摆地摊模式——普遍模式

北京大学是采用该模式的典型代表。即允许各类物流公司快递员进入学校指定区域进行快递分发配送，类似“校内摆地摊”，学生利用午休或课间收取快递包裹。另有部分高校为保障学生在校安全，控制外来车辆人员入校，快递员只能在“校门口摆摊”，造成配送时间延长、成本增加并影响快递收取业务的正常开展。校门口人流量大，快件随意摆放，安全隐患严重。快递公司通知取件时间不均等，取件位置不固定，再加之取件方个人原因（如上课、外出），形成了配取件双方难以很好对接，进而影响一次性配送成功率，也造成了收件人的困扰。

2. 自营店模式——京东

2014 年中国在校大学生达 2468.1 万人，其中大部分学生已成为电商的重要客户力量，由此引发了电商公司对高校配送末端的高度关注。电商基于校园配送末端模式的尝试，始于 2010 年 8 月京东商城校园营业厅的建立。京东依托其物流体系及专职配送人员优势，在 43 个城市实现当日送达，256 个城市实现次日安全送达，并推出货到付款、免运费及校园特色商品优惠等举措。为师生提供众多特色服务的同时，物流也成为京东一项巨大的成本支出。2013 年，京东物流成本占营业收入比重达 5.8%，占总体运营费用的比重超过 50%。该模式服务对象仅锁定在京东会员，未能实现对高校末端物流的资源整合，需要一种更为开放的服务于校园的终端配送平台。

3. 自助快递柜模式——递易

该模式在国外十分常见，但在我国高校还是新出现的一种末端配送方式，是一种类似超市寄存物品的储物柜自助取件模式，配送时间灵活、信息准确性高并大力减少人力成本。最早引入的高校是人民大学，于 2012 年 8 月由“校园 100”第三方快递运营公司承接了该工作。自助快递柜配有小型液晶显示屏，快递员只需在液晶屏上扫描包裹的条形码，输入收件人手机号码，将快件放入自助快递柜，系统通过短信或微信二维码方式将取件密码发送至收件人，收件人在显示屏上输入提取码或扫描二维码后，柜子会自动打开，即可拿到快递。但该模式在初期阶段存在故障发生率高、成本较高、短期内难盈利的局限，单依赖该模式来展开末端配送也就难以为续。人民大学运营半年后作了很大调整，转为以传统方式为主体的末端配送模式。目前，全方位推行该模式的是递易。

4. 超市模式——小麦公社

小麦公社以租赁或与物流服务商合作方式在校园内开设了以物流服务、产品优选为主的营业厅，采用自提为主、配送为辅的配送模式，为高校师生提供便捷的物联生活信息服务平台与专业实践环节。截至 2014 年，小麦公社在 400 家高校建立了物流营业厅，开展了多项创业教育合作项目，是目前校园垂直 O2O 领域覆盖范围最广、实体服务门店最多的企业。超市模式快递业务和传统超市功能结合起来，扩展了便利店的盈利空间，使新价值的出现成为可能。但此模式也面临着智能化程度不高、管理滞后等弊端，过快进入高校，难以科学整合高校末端配送的各方资源，也很难解决学校面临的诸多实质性问题。

5. 物业公司模式——丹田

近年来，部分高校将物业管理外包给物业公司。物业公司对学校后勤服务系统进行了相应整合与开发。这样一来，师生们可以通过新系统进行网络报修、场馆申请、物资申购、公寓管理、快递信息和校园卡信息查询等。当前，少数电商、物流企业与物业公司展开合作，充分利用物业公司现有人力和场地，提供物流末端配送服务。丹田物业旗下的优里服务站就是该模式的代表。除了快递业务，用户还可在优里服务站体验电商购物、云打印等服务。其系统在线模式已与阿里巴巴系统对接，而离线模式是独立于阿里巴巴系统的运营模式。在高校电商业务量巨增的形势下，配送数量与日俱增，快件所占空间也随之增大，物业人员的工作量逐日增加。以货架形式为主，2—3 台自助快递柜为辅，职员代收发快递的该运营模式难以很好地满足顾客需求。

6. 智能化精益管理模式——聚宝屋

"聚宝屋"率先在广东高校建立共同配送门店，利用货架存放大件的同时，引入"智能快递柜"，对进校快件随机分拣、智能自取、集中派送进行统一规范的管理。该模式简单方便，只需工作人员将不同快递公司的快件集中分拣后放到相应快递柜中，并通过短信或微信二维码方式将取件密码发送至收件人，收取人只需输入服务平台发来的密码或扫描二维码即可拿到快递。因柜子成本较高规格有限，"智能快递柜"主要用来存放非大件快递，大件物品则采用专业货架存放的方式。针对不同高校，聚宝屋提供了差异化送货上门服务。该模式目前以统一开放式门店为平台，大力改善了投诉率居高不下问题，并提高了末端配送承载力量级，为满足师生日益增长的个性消费需求，助力高品质校园建设迈出了关键性步伐。

**表1　校园末端配送模式对比①**

| 模式 | 优势 | 劣势 |
| --- | --- | --- |
| 摆地摊模式 | 低成本，各自为政 | 校园管理难度大，存在安全隐患，用户体验差 |
| 自营店模式 | 直接服务于顾客 | 成本高，难以解决高校末端配送的诸多问题 |

① 资料来源：笔者依据文献及调研访谈、实地考察内容制作而成。

（续上表）

| 模式 | 优势 | 劣势 |
| --- | --- | --- |
| 自助快递柜模式 | 自动化程度高，安全性强 | 成本高，场地要求高，快递柜空间有限，难以存放大件物品，无法货到付款，快递柜周转率低，难满足物流公司需求，难以整合快递公司 |
| 超市模式 | 自由取件，成本低 | 现场管理混乱，难以解决快递安全问题，服务质量不高 |
| 物业公司模式 | 便于学生生活区的统一管理，能缓解快递安全和现场混乱问题 | 运作负荷大，末端配送效率不高，学生排队取件时间长，用户体验不佳 |
| 智能化精益管理模式 | 较好解决了快递安全管理和现场管理问题，用户体验良好 | 对人才素质的要求高，人力成本投入大 |

## 三、高校末端配送的问题

从以上分析不难看出，摆地摊模式缺陷甚多，而电商、物流公司自建网点成本高，难以实现科学、高效的末端配送。其他无论是依赖物业还是第三方配送企业模式，共同特点是通过“智能快递柜”自助提货或专用货架摆放后的人工发放。从运营情况来看，这些模式均处于摸索阶段（见表 1），末端配送正面临着如下主要问题亟待改善。

1. 同质化竞争引致低赢利率

在校园电商及物流业务量近年呈现几何级增长驱使下，电商、物流企业意识到高校商机，便纷纷建立起各自的校园代理店，也有少部分以加盟的形式投身此行业，致使目前校园末端配送企业数量大规模小、竞争激烈。在高校租金、人力成本偏高的条件下，以独家代理店为主的现有运营模式引发了快递资源过剩、配送行业陷入微利的窘局。部分企业为了吸引顾客，依靠降低价格进行竞争。各自为阵的分散经营产生较高成本，快递网点每发一件快递的提成约是 1 元，快递网点多则两千件，少则一两百件，除去昂贵的店面租金和人工等成本，网点利润有限。从表 2 笔者对某高校的调研结果来看，各大快递公司盈利状况不乐观，与整合形式出现的校园服务站形式相比相距甚远。

表2　各快递公司末端配送的盈利状况[①]

（单位：元/日）

| 快递公司 | 收入 | | 成本 | | | | | | 毛利 |
|---|---|---|---|---|---|---|---|---|---|
| | 派件收入 | 收件收入 | 租金 | 人工 | 短信费 | 电话费 | 能耗 | 折旧维护 | |
| 申通快递 | 350.0 | 75.0 | 40.0 | 300.0 | 21.0 | 13.4 | 5.0 | 34.2 | 11.4 |
| 圆通快递 | 420.0 | 90.0 | 50.0 | 450.0 | 24.0 | 20.1 | 10.0 | 34.2 | –78.3 |
| 中通快递 | 450.0 | 90.0 | 50.0 | 450.0 | 19.2 | 13.4 | 10.0 | 34.2 | –36.8 |
| 韵达快递 | 300.0 | 75.0 | 40.0 | 300.0 | 16.8 | 13.4 | 5.0 | 34.2 | –34.4 |
| 顺丰快递 | 400.0 | 30.0 | 40.0 | 300.0 | 8.0 | 20.1 | 5.0 | 34.2 | 22.7 |
| 天天快递 | 150.0 | 30.0 | 30.0 | 150.0 | 9.0 | 6.7 | 1.5 | 6.8 | –24.0 |
| 汇通快递 | 150.0 | 40.0 | 20.0 | 150.0 | 9.0 | 6.7 | 1.5 | 6.8 | –4.0 |
| 快捷快递 | 30.0 | 5.0 | 10.0 | 150.0 | 1.8 | 5.0 | 1.5 | 6.8 | –140.1 |
| 校园服务站 | 1128.0 | 660.0 | 100.0 | 1166.0 | 88.0 | 10.0 | 15.0 | 132.0 | 277.0 |

2. 影响社会环境

运输是物流过程中碳排放的主要发生源，配送车辆重复、交错、无效等不合理运输，或者运输及物流标准化程度较低，均将造成碳排放量超标。早在 20 世纪末，日本原运输省就做了相关调查，是否开展共同配送将直接影响运输车辆行程 47%—83%，并能体现在单车日均配送增量 1.31—9.6 倍。当前我国电商、物流企业经营过程中往往多以自身经济效益为重，忽视了资源节约的社会效益，缺乏有效合作，取货点甚多，造成了运力和土地资源的严重浪费。配送员或配送车辆进出高校，占用休闲区或马路，不仅影响学生生活，还存在安全隐患。取寄件高峰期，校门口容易出现大面积交通堵塞，部分学

① 数据来源：笔者依据调研访谈、实地考察某高校的具体情况获得。

校还发生因找件而出现快递员与学生打架流血事件。高校物流终端由行业问题已经上升到社会公共环境层面，不得不引起关注。

3. 服务质量良莠不齐

经济增长、消费结构变化以及电子商务快速发展，均对物流行业提出了很高要求，而我国物流系统滞后于电子商务发展需求，特别是配送末端问题比较明显。当前消费者十分重视有品质的快递服务消费体验。但我国物流发展水平远落后于发达国家，相应的物流理论研究和人才培养也较为滞后，高校末端配送大多由非专业人员展开、服务质量难以进行有效管理。快件散乱堆放在校门口或快递车上，快递员不仅没有对快件进行科学合理分拣、区分作业，反而野蛮抛扔、踩踏快件，快件错领、冒领等现象屡见不鲜。快递终端延误、丢失、损坏、野蛮分拣、服务态度差一直为消费者所诟病，申诉率居高不下。2015 年 4 月，快递业务有效申诉 18161 件，同比增长 58%，其中延误 20.6%、快递丢失 23.4%、损坏占 9.1%，收投服务质量占 41.1%（见图 3）。目前配送末端的服务困惑已经成为一个制约电商、物流行业快速发展的重要因素，并直接影响校园生活品质。

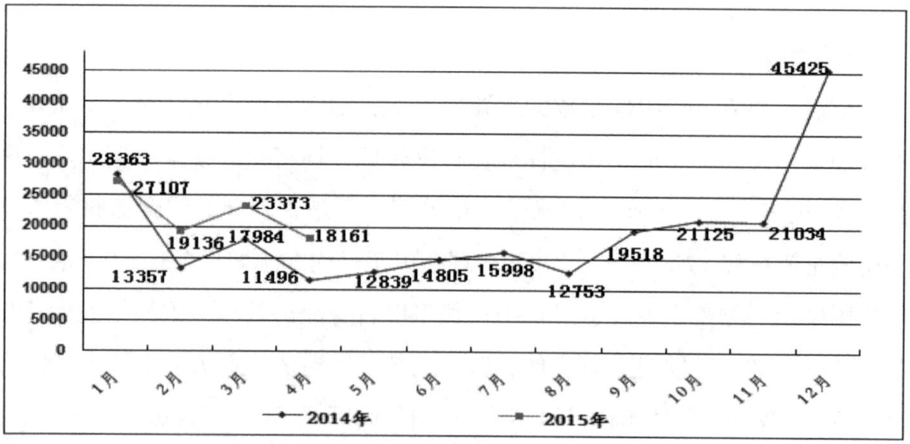


图3 2014与2015年各月快递有效申诉数量[①]

① 数据来源：国家邮政局关于 2015 年 4 月邮政业消费者申诉情况的通告。

## 四、科学开展高校物流配送的探讨

我国物流行业起步晚，末端配送缺乏贯通整个物流网络，实现资源有效整合的配送模式。从发达国家经验来看，共同配送和第三方物流专业配送服务模式在实现规模化运营的同时，能以较小的单位环境代价满足协作经营的需求，是城市物流配送发展方向。中国高校末端配送发展情况也有力说明了该方向的可行性。委托第三方企业开展配送的模式既帮助解决学校投入不足难题，又可完善硬件设施并有效提升服务质量。在高校实现电商、物流、末端配送企业大整合的情况还不为多见，大型电商特别是大规模物流公司如中通、申通、圆通由于配送量大非常抵制与第三方合作。因此，十分需要从各层面来引导末端配送科学展开。

1. 创建末端配送工作协同展开的环境

首先，政府可制定物流末端发展的综合性扶持政策，推动行业科学发展。从物流业系统的视角出发，制定合理的产业规划和产业扶持政策，着力促进物流业与其它产业的协调发展。依照“政府引导、市场主导、科学规划，统筹兼顾、资源整合、提高效率”原则，发挥政府在末端配送系统构建中的引导作用，推进物流配送社会化、专业化、信息化、智能化的高效发展。其次，将快递末端纳入城市规划，引导城市物流朝着第三方物流基础上的共同配送方向发展。在公共物流配送设施的合理规划、城市道路资源的合理安排使用、物流车辆的规范化，以及更多地鼓励清洁能源使用等方面进行积极的政策引导和规划。充分发挥城市空间规划作用，拓宽城市公共空间的服务功能。尝试在高校公共空间中，增设固定功能的配送区，完善便民服务。最后在资金、税收优惠、经济补偿等方面对已经取得一定成绩的第三方末端配送公司给予支持，鼓励他们取得进一步成绩。

2. 引导企业间合作，搭建高校共同配送平台

首先，高校后勤协会牵头加强行业协作，引导电商、物流、物业及配送末端企业共建共同配送平台。这样既可使零星、分散资源整合在一起，又能

够有效解决物流环节中末端配送的瓶颈问题，提升终端配送效益。同时，该配送模式能推进配送的信息标准化、运作区域化和服务集中化，是物流和电子商务末端配送系统发展的重要方向。其次，推进信息化大平台形成。信息化程度的高低是衡量物流业发展的重要指标，也是将电子商务与物流业紧密联系的纽带，更是实现高校末端配送科学开展的基础。当前部分物流、电商与配送公司展开了局部网络对接，但尚未实现全面对接。运营方式、操作流程、末端配送各具特色，由此造成末端共同配送低效率和资源浪费。在业务高速发展态势下，需借鉴国际经验，推进电商与物流企业协同构建物流信息系统，最终实现配送资源和消费需求的无缝对接、提高配送效率、提升服务水平的同时创造更大社会价值。具体可以采用如下的几种方式：其一，多元方式构建信息网络。其二，通过行业协会构建信息平台，实现行业间数据共享、客户资源共享。其三，鼓励电商物流业兼并重组，逐步形成具有国际影响力的电商物流集团。在信息化大平台上，创新高校物流末端智能化管理模式。这是推动物流业创新发展，降低配送末端成本，缓解交通压力，构建平安、高效、绿色、便捷物流配送服务体系的重要实践。

3. 加强行业引导，规范物流末端配送管理

首先，探索由行业协会牵头规范末端配送工作思路。末端配送管理混乱是导致服务质量低下的直接原因。仅靠企业之间自发合作建立并推广配送管理体系，在目前行业竞争激烈、单个企业实力有限的现状下存在一定困难。而采取专业公司来做，由于投资量大也难以成行。充分发挥行业协会宣传、组织、服务、监管职能，规范末端配送操作流程，加强观念宣传及技术指导，推动高校末端共同配送管理体系的建立是提升服务的重要方式。同时，一方面行业协会引导企业加强管理者和职工队伍建设；另一方面鼓励企业多与学校合作，培养与市场对接的物流人才。高素质物流人才是高水平物流服务的保证，科学物流管理更需要高素质物流人才的参与。但国内忽视对物流人才实践能力的培养，而社会职业教育对于物流领域投入较少、质量不高，难满足物流行业逐渐膨胀的需求。作为民营快递企业巨头之一的申通也不例外，

由从业人员的素质、经营管理方式所引起的快递服务质量投诉比例超过总投诉量的40%。人才培养是需要多方的配合与支持。各级政府部门与相关机构需大力支持物流学科发展，鼓励物流专业领域研究，建立一个多层次、多样化物流教育体系，进而实现物流服务质量的提升。

## 五、结语

从物流业发达国家经验来看，末端配送作为一种专业化、社会化服务模式，体现了现代经济社会发展需要，是物流的一大进步。而科学的共同配送，则是体现配送优势的重点。我国高校末端共同配送模式从一定程度上体现了人、财、物、信息、服务的科学整合，起到一定的示范作用。从整体和长远来看，物流末端共同配送所带来的经济效益是显而易见，但对当前或短期影响却不一定是正面的，推广应用仍存在诸多困难，需展开不同层面的深入探讨。

**【参考文献】**


[1] Brunod D,Jesus G. *Impacts of Proximity Deliveries on E-Grocery Trips*[J]. *Supply Chain Forum: An International Journal*，2012,13（1）:10-19.

[2] 严建援:《电子商务运作模式及其战略的比较》,《南开管理评论》,2003年第2期。

[3] 于成学：《基于和谐社会的企业绿色物流管理实证研究》，《中国软科学》，2008年第3期。

[4] 张昕：《末端物流共同配送模式及决策路径——基于电商物流和社区服务的供需分析》，《财经问题研究》，2013年第3期。

[5] 杨聚平、杨长春、姚宣霞：《电商物流中“最后一公里”问题研究》，《商业经济与管理》，2014年第4期，第16-22页。

[6]〔日本〕田中德忠：《日本の物流》，第三企画出版，2014年。

[7]〔日本〕丹下博文：《企業経営の物流戦略研究》，北京：中央经济社，2014年。

[8]〔日本〕林克彦、根本敏則：《ネット通販時代の宅配便》，成山堂书店，2015年。

[9]日本ロジスティクスシステム協会:《物流コスト调查报告书》,2014、2015年。

# 融合与创新：论自贸区金融消费者权益保护机制构建之路

## ——以域外金融法相关规定与实例为视角

李世寅[①]

【摘要】完善的金融消费者权益保护机制是促进金融业健康快速发展的重要前提。为维护金融消费者合法权益，英国、美国、澳大利亚等国家在立法体系、维权部门设置、纠纷处理程序等方面具有独特的经验与做法。目前，我国自贸区金融创新速度不断提升，但由于消费者权益保护机制不足、立法缺失及监管不足，导致金融消费者权益难以得到及时有效全面保障。有鉴于此，借鉴域外金融消费者权益保护机制相关经验，构建我国自贸区金融消费者权益保护体系，加强立法、司法、金融机构内部机制的完善，有助于达到促进金融创新发展与保护消费者合法权益的双重目的。

【关键词】金融消费者　自贸区　保护机制

随着我国自贸区的发展，金融创新的层出不穷，发展互联网金融服务、跨境金融服务在内的金融发展已成为自贸区重要业务之一。与此同时，由于法律缺失，监管机构力量不足，监管机制设计不合理，导致侵犯金融消费者权益的事件时有发生，由此引发对消费者权益保护问题的关注。美国及澳大利亚作为发达资本主义国家，其对于金融消费者权益的保护有较为成熟的制

① 作者简介见第 45 页。

度规定及操作经验。有鉴于此，面对我国自贸区金融消费者面临的法律适用困境，适当借鉴域外金融消费者立法与实务经验，从中找寻促进金融创新与完善消费者权益保护制度的双优方案，不失为一条可行路径。

## 一、前言

创新是金融业永恒的主题，截至2016年3月，深圳前海蛇口、广州南沙、珠海横琴新区三个片区已分别集聚各类金融机构和创新型金融企业39197家、1090家及2557家，总计42844家。[①]广东自贸区入驻金融企业数量在全国所有自贸区中位居第一。随着互联网技术发展、金融创新速度与方式明显加快，支付宝指纹支付、二维码支付、微信支付快速推出并迅速发展，线上支付方式的变革使信用卡账户趋向后台支撑账户；基于手机APP等移动互联网的发展革新，银行卡的发卡模式、营销宣传、增值服务提供等都发生较大变化，电商平台也纷纷试水虚拟信用卡业务，如京东推出京东白条，支付宝推出“花呗”“借呗”服务，使银行卡产业的参与主体更加多样化，后台业务流程更为复杂，随着网银用户的不断增多，自贸区消费者权益保护面临更大的挑战。[②]

## 二、现状观察：自贸区消费者权益保护面临的困境表现

随着网络支付的发展及网银的流行，金融消费者权益保护所面临的困境也越来越多。据统计，2014年至今，仅人民银行全系统金融消费权益保护部门受理的网络支付类投诉占互联网金融类投诉的95.06%。2015年1月，某支付机构泄露了上千万张银行卡信息，涉及全国16家银行，截至7月31日由于伪卡形成的损失已达3900多万元。[③]

---

① 唐柳雯：《广东自贸区金融创新开启“2.0”时代》，载《南方日报》，2016年6月16日。

② 中国银行业协会银行卡专业委员会编：《中国信用卡产业发展蓝皮书（2014）》，北京：中国金融出版社，2015年，第103页。

③ 吴雨：《央行：互联网金融投诉九成以上来自网络支付》，新华网，http://news.xinhuanet.com/tech/2015-08/08/c_128106221.htm，2016年6月17日访问。

由于金融创新力度加大，产品更新速度加快，自贸区金融消费者权益保护面临的风险不断加大，其法律困境主要表现在：

### （一）法律体系不完备

《消费者权益保护法》第 2 条规定，“消费者为生活消费需要购买、使用商品或接受服务，其权益受本法保护。”由该条款可以看出，金融消费并未被纳入《消费者权益保护法》范围，目前规范我国网上支付的法律制度主要呈现层级低、规定分散、操作性不强、不适应最新形势发展上。如主要为 2001 年中国人民银行发布的《网上银行业务管理暂行办法》及 2005 年 4 月 1 日实施的《电子签名法》，2005 年 10 月 26 日实施的《电子支付指引》第一号，2006 年中国银行业监督管理委员会发布的《电子银行业务管理办法》等，上述规定效力级别较低，权威性不够，而且对支付机构并无约束力。一些新推出的法规，如 2015 年 7 月中国人民银行等十部门联合印发了《关于促进互联网金融健康发展的指导意见》（银发 [2015] 221 号），2016 年 7 月 1 日实施的《银行支付机构网络支付业务管理办法》，上述规定虽然在客户资金安全、信息安全、自主选择权、知情权等方面提出了一系列管理规定，但对于金融消费者权益概念、责任承担、先行赔付方面仍存在规定不明确之处，不利于实务操作。由于金融消费者权益保护立法滞后，导致消费者与金融及支付机构产生的网上支付纠纷如果诉至法院，其合法权益很难得到有效保障。

### （二）金融创新导致责任主体复杂化

第三方支付机构出现，导致网银支付模式下，银行与支付机构的责任无法明晰。如消费者在网上消费并使用快捷支付，只要通过手机获取第三方支付发送到手机上的动态口令，无须银行卡的任何信息，即可完成支付功能。如何接受支付指令，对客户身份进行验证，及时识别及防控风险，合理划分责任，在法律规定缺失的情形下，容易造成金融机构与支付机构及其他延伸服务方的相互推脱责任，造成消费者权益难以得到有效救济。

### （三）格式合同条款免责现象更突出

由于金融产品的复杂性、专业性强，金融机构及支付机构出台的格式合同条款严密，免除自己责任现象增多，导致消费者难以在短时间内对选择的金融消费方式或产品进行全面了解，进一步削弱了消费者与机构之间的不对等关系，导致消费者合法权益受侵害后无法通过金融机构或支付机构得到相应的赔偿。

### （四）金融消费者知情权保护制度的缺失

消费者的知情权是其权益保护中最重要的权利。消费者对于网银服务功能模式、服务内容、产生费用、相关风险、防范措施，尤其是线上支付及快捷支付的支付时间、安全保障措施、支付交易条件、救济途径等内容均了解不多，造成很大的安全隐患。

### （五）消费者个人信息权保护制度的缺失

保护个人信息权是我国 2013 年《消费者权益保护法》修订中新增加的制度内容，而司法实践中，由于消费者个人信息泄露导致其合法权益被侵犯的事件屡屡发生，却缺乏有效的法律规制与保护。此外，在大数据时代，金融机构及支付机构还会对消费者个人交易信息进行收集、筛查、商业化分析、储存，由于缺乏法律规定及监管措施，既危及消费者名誉、隐私及财产权益安全，又危及金融管理秩序甚至国家金融安全。

### （六）风险控制机制不完善

当前，部分金融机构及支付机构风险意识薄弱，客户资金和信息保护机制缺失，存在较多安全漏洞，使消费者财产安全更容易受到威胁。大量诉讼案例显示，自贸区金融消费者在使用网银业务时，由于技术的便捷性与安全保障义务的不足，其账户或密码、个人身份信息因被盗等原因出现的未授权支付的情况，导致财产权益的受损，且消费者缺乏有效的投诉途径与维权机构，通过诉讼维权，又缺乏举证能力。

## 三、金融消费者权益保护机制的域外经验介绍

### （一）美国金融消费者权益保护机制

美国在金融消费者权益保护机制方面起步较早。在社会需求与政府推动下，美国出台了一系列金融消费者保护法律，并授权美联储、货币监理署、联邦存款保险公司等机构具体落实。与其他国家相比，美国金融消费者权益保护法律体系比较完备。主要有《贷款诚实法》（1968）、《公平信贷报告法》（1970）、《公平信贷结账法》（1974）、《公平债务催收法》（1977）、《财务隐私法》（1978）、《房屋贷款人保护法》（1988）、《储蓄诚实法》（1991）、《金融服务现代化法案》（1999）、《公平和准确信用交易法》（2003），并将执行这些法律的职责指派给相应的监管机构来履行。①

### （二）澳大利亚金融消费者权益保护机制

澳大利亚的FOS(Financial Ombudsman Service,金融督察员)是受到“双峰”理论和英国FOS的影响下建立起来的。双峰理论是由英国经济学家TAYLOR在20世纪90年代提出的，TAYLOR认为，金融监管的主要目标就是防范金融行业的系统性风险与金融机构的投机行为。在“双峰”理论的影响下，在20世纪末的澳大利亚金融改革中，将消费者权益保护这一块事务交由证券和投资委员会处理，后来相继成立了银行和金融服务督察机构（Banking Financial Services Ombudsman，以下简称BFSO）、金融行业投诉服务机构（Financial Industry Complaints Service，以下简称FICS）和保险督察服务机构（Insurance Ombudsman Service，以下简称IOS）等。受到英国整合金融行业督察服务机构的影响，澳大利亚政府在2008年将BFSO、FICS和IOS合并成为澳大利亚的FOS。②

---

① 尹继志著：《美国与澳大利亚金融消费者保护机制及对我国的启示》，《金融发展与研究》，2012年第7期。

② 邢会强：《澳大利亚金融服务督察机制及其对消费者的保护》，载《金融论坛》，2009年第7期。

全球金融危机爆发后，澳大利亚对金融消费者保护有了进一步加强。2008 年 7 月，澳大利亚成立全同金融督察服务机构（FOS），独立运行争议解决程序，其工作范围涵盖存款、贷款、理财、投资、股票、基金、信托等金融服务领域里的消费者投诉如果金融消费者和金融机构之间发生纠纷，金融消费者可以使用金融督察服务机构提供的免费、独立的解决纠纷服务，而无需诉诸法庭来解决争议。[①] 此外澳大利亚还制定《交易行为法》《价格监督法》等一系列保护金融消费者权益的法律。

可见，澳大利亚在维护金融消费者权益方面，具有法律完备、公开透明、监管有效、机制合理、覆盖周全、对消费者进行倾斜保护、可操作性强等诸多特点，值得我们学习借鉴。

## 四、路径探究：自贸区金融消费者权益特别保护机制构建思路

我国金融发展时间较短，但发展速度及创新速度却远远领先于许多发达资本主义国家。从世界金融发展趋势来看，美国金融危机后，对于金融消费者权益保护已经提升为金融监管的重要内容，而金融消费者权益保护力度已成为金融市场创新与繁荣的前提。域外国家对金融消费者权益保护工作的立法设计、监管流程于实务做法，对于我们目前强化金融机构社会责任，强化对金融创新产品的监管，注重加强对金融消费者权益的保护，具有一定的启示和借鉴作用。“他山之石，可以攻玉”，目前，我国亟需建立一套符合中国国情的自贸区金融消费者权益保护法律体系，可从立法、监管、纠纷解决等层面加以完善。

### （一）立法方面，应当尽快建立金融消费者权益保护法制体系

根据我国金融业务创新发展速度，可以考虑修订《消费者权益保护法》

---

① 尹继志著：《美国与澳大利亚金融消费者保护机制及对我国的启示》，《金融发展与研究》2012 年第 7 期。

及修改完善新增相关法律法规，达到逐步健全金融消费者权益保护法律制度体系。

1. 适时修改《消费者权益保护法》

目前，我国《消费者权益保护法》主要规范生活消费行为，对于金融消费尚未能进行调整。应当进行立法修改，建立以自贸区金融消费者为核心及遵循倾斜性保护原则，增加金融消费者保护的专门规定，对金融消费者概念、范围及保护原则、权利义务、救济途径进行专门规定。如详细规定金融消费者的知情权、受教育权、自由选择权、隐私权、受服务权、受益权、财产安全权、投诉权、获得赔偿权等八大权益。此外，鉴于金融消费者的弱势诉讼地位，须建立区别于一般民事诉讼程序的自贸区金融消费者特别诉讼制度：建立金融消费者公益诉讼制度，赋予消费者保护组织起诉资格，确立金融消费者诉讼对同类产品的普遍约束力等规定。

2. 修改现行的金融监管法规

如整合修改中国人民银行、中国银监会等发布的监管法规、行政规章等。修改《中国人民银行法》《银行业监督管理法》等法律法规，明确金融机构及支付机构在网银金融消费者在内的金融消费者权益保护责任，确立快捷支付模式下消费者资金被盗取先行赔付、主动举证原则。加强对金融机构及支付机构创新业务的监管。要求对创新产品项目予以事前报备，建立风险评估及风险防控机制。出台单独的《金融消费权益保护条例》及《金融消费者权益保护实施细则》，明确金融机构及支付机构关于诚信、保密、风险揭示和信息披露等义务，将物理卡与虚拟卡、线上支付线下支付的各种支付模式统一纳入监管体系，以弥补我国对网上支付及第三方支付规制的立法缺位。

3. 健全网上支付服务信息披露制度

虽然《消费者权益保护法》第 28 条规定已明确指出，提供证券、保险、银行等金融服务的经营者，应当向消费者提供经营地址、联系方式、商品或者服务的质量、价款或者费用、履行期限和方式、安全注意事项和风险警示、售后服务、民事责任等信息，但上述条款规定过于原则简单。建议出台《金融机构网银支付服务信息披露管理办法》，通过建立网上支付信息定期披露制度，规范披露方法，要求金融机构及支付机构对于涉及金融消费者网上支付的账户信息、相关风险、操作流程、服务设施及收费、投诉路径、救济形式进行清晰全面的告知，使消费者对于网上支付的利弊风险能全面了解，并进行理性选择，从而减少损失，降低纠纷发生比率。

4. 完善网上支付消费者信息权保护制度

应专门出台自贸区金融消费者信息安全保护法：明确金融消费者个人信息的保护范围。建立金融消费风险发布平台，及时发布金融消费风险信息，提示公众注意购买、后续服务、投诉及争议解决等各环节的注意事项，引导金融消费者合理预期，将合适的金融产品和服务提供给适当的金融消费者。同时，金融管理部门要督促金融机构在官方网站显著位置公布金融产品条款和服务承诺信息，以清晰和通俗的语言，向金融消费者说明金融产品和服务，并对免责条款作出足以引起金融消费者注意的提示和明确说明。明确规定金融机构及支付机构包括其股东、高级管理人员、内部工作人员不得泄露客户的电话号码、家庭住址和银行卡号、健康信息、理财倾向等信息，要求上述机构在技术层面建立规范的网络认证标准体系，加快数据安全保障关键技术的推广及定期升级，以降低信息泄露的潜在风险。

### （二）监管方面，应当尽快建立健全金融机构及支付平台对消费者权益的保护机制

金融机构及支付平台作为网银交易重要平台，应当依据消费者权益保护法及金融监管法规要求，建立健全网银消费者权益保护的内部工作机制：

1. 构建网银客户权益特别保护机制

金融创新业务的发展，有赖于消费者积极选择，保障消费者的权益不被侵犯是首要任务。因此，排除消费者的故意或者恶意行为，我国应当设定由金融机构承担客户账户被盗案件资金损失机制，银行承担责任后可通过一定途径来转移或分散风险；在证明客户存在过失的情况下，可设定客户分摊有

限责任机制以提高客户的谨慎注意义务。通过对客户权益给予特别保护，促进网银安全技术的进步，也同时促进更多客户放心使用网银服务。

2. 以技术手段确保消费者权益得到保障

自贸区监管部门应建议金融机构和支付机构尽量使用安全性与便捷性有机统一的网银产品，如中国银行联合多家商业银行推出的“云闪付”，虹膜技术、掌纹技术等，以高科技防范金融风险发生。

3. 设立专门的金融消费者保护机构，畅通金融维权渠道

金融消费者权益保护程度是金融业稳定的核心环节，目前，我国“一行三会”下已各自增设新的金融消费者保护机构，但仍缺乏统一强有力的协调核心。我国应参照美国消费者金融保护局、澳大利亚 FOS 等独立机构设置，在自贸区等地试点建立专门独立、高级别的金融消费者保护机构（如自贸区金融消费者保护局），以整合监管资源，并贯通各金融服务领域监管平台，共享数据与信息。可授予其相对独立的监管权，负责监督各行业的金融消费者权益保护问题；代表金融消费者权益参与相关政策制定；构筑政府、金融机构和金融消费者间的沟通交流；受理金融消费者投诉，以行政处理方式中立地解决纠纷；在诉讼程序中，协助金融消费者进行诉讼，为其提供相关信息和公益支持。

### （三）纠纷解决方面，应当尽快建立健全金融机构及支付平台对消费者权益的保护机制

1. 完善多元化、多层次金融消费纠纷处理机制，强化消费者争议处理机制

针对自贸区网银业务具有快捷、广域、发生频度高、数据化、处理相对复杂的特点，要着力构建在线争议解决、现场接待受理、监管部门受理投诉、第三方调解以与及仲裁、诉讼无缝对接的立体化、全方位、多元化纠纷解决机制；在多元机制打造上，充分运用互联网思维，鼓励建设线上仲裁、线上调解等机构，可仿效澳大利亚 FOS 机制，该机制吸收了调解与仲裁的优点，

可以在网上做出快速高效解决，并赋予了FOS效力的非对称性，即在当场督察员作出裁定之后，金融机构必须接受，而且消费者可以再起诉。[①]我国的线上纠纷解决机制应充分运用现代传媒手段及互联网技术，把面对面与网络对话、及时化解等方式有机结合，并采取电视调解、视频调解等方式，通过接受相关申请、远程审查和确认、快捷专业服务渠道、电子督促、电子送达等方式方便消费者参与多元化解工作。加大对多元化解机制的监管支持力度。消费者申请采用多元化解机制解决纠纷的，金融机构及支付机构应当积极配合进行调解，对于无正当理由拒不进行调解或拒绝履行调解、和解协议内容的金融机构及支付机构，金融监管部门应对其行为进行核查登记，发现违法违规行为应当及时查处，并计入金融机构诚信数据库，累积到一定分值，应对其经营行为予以限制或禁止。

2. 建立健全金融审判机构体系

鉴于金融交易、服务的高度复杂性和专业性，组建高素质专门化的金融审判庭甚至金融审判法院都是必然选项。以上海市为例，上海市已成为全国唯一设立三级金融审判庭的省级行政单位，涵盖高、中院及浦东、黄浦等法院，其余14家基层法院也已建立专门的金融审判合议庭，上海市部分法院金融纠纷已占经济案件的近80%比例。一些法院建立了集团案件快审机制、金融专项审判机制和审判延伸交流机制，实现了案件及时准确地审理判决。[②]考虑到网银等新类型金融纠纷具有专业性强、社会关注度高的特点，法院系统可以在自贸区设立金融审判法庭或金融审判法院，结合涉自贸区金融案件的类型和特点，建立金融审判等专业化的审判团队和专业法官会议；选拔和培育精通国内外法律、熟悉国际金融规则和惯例，具有国际视野、具有丰富审判经验和较强审判能力的专家型、复合型法官，辅之以金融专家陪审员参审、金融专家咨询库等机制，提升纠纷化解的快捷性、专业性；建立“自贸区金

① 李勇坚：《互联网金融视野下的金融消费者权益保护》，《银行家》，2015年第11期。

② 《动态与声音》，《人民法院报》，2011年5月19日第05版。

融审判研究中心”等法律智库，学习借鉴和吸引国际先进的司法理念和审判经验，全面提升金融法官的理论水平和审判能力，确保满足自贸区金融案件审判的专业化要求。

3. 完善金融消费者权益司法解释

统一各类案件裁判标准，构建公平保护各方当事人的裁判机制。自贸区法院应尽快出台金融消费者权益类纠纷案件审判的指导意见，明确侵犯金融消费者权益案件的举证责任分配规则，适当增加支付机构监管、信息报告等规定，并规定消费者重大过失情形的证据认定规则。

## 五、结语

有观点认为，未来自贸区金融改革创新的风险主要体现在跨境、跨业、跨市场风险，影子银行和主要满足投机套利需求的金融产品。[①] 完善的金融消费者权益保护机制是促进金融业健康快速发展的重要前提。在自贸区先行先试，尽快建立起与国际接轨的现代化金融监管及消费者权益保护机制，通过对金融消费者权益的特别保护，建立稳定的责任承担机制，可以大量减少诉讼，节约社会成本，提升金融创新速度。

① 人民银行党校 27 班上海调研组《中国（上海）自由贸易区金融改革创新调查报告》，载中国金融新闻网，http://www.financialnews.com.cn/zt/2014dxcg/201501/t20150109_68945.html，2016 年 6 月 17 日访问。

# 社会安全

# 关于建设公安特色新型智库的思考

邓祥展[①]

【摘要】党的十八届三中全会后，党和国家高度重视新型智库建设，把智库作为国家治理体系和治理能力现代化的重要内容，作为科学民主依法决策的重要支撑和国家软实力的重要组成部分。本文结合新形势、新要求和公安工作实际，就如何建设具有时代特征、公安特色、地方特点的新型公安智库，从缘起、目标、路径等方面提出自己的一些见解。

【关键词】公安特色　新型智库　思考

党的十八届三中全会《关于全面深化改革若干重大问题的决定》（以下简称《决定》）提出“加强中国特色新型智库建设，建立健全决策咨询制度”。今年初，中共中央办公厅、国务院办公厅印发的《关于加强中国特色新型智库建设的意见》（以下简称《意见》）指出：中国特色新型智库是党和政府科学民主依法决策的重要支撑，是国家治理体系和治理能力现代化的重要内容，是国家软实力的重要组成部分。公安机关是中国共产党领导下人民民主专政的重要工具，在经济社会发展新常态下，贯彻落实习近平总书记“发挥法治的引领和保障作用，提高平安建设现代化水平”的重要指示，必须高度重视智库建设，以先进理念、智慧力量、科技支撑深化公安改革、克服警力

① 邓祥展，广东省中山市公安局指挥中心调研科副科长、中山市警察协会秘书长。研究方向：公安理论研究等。

困缺和治安困境、破解社会治理难题。公安部根据国家部署，发出《公安部关于加强公安机关新型智库建设的意见》，对加强公安智库建设提出了明确要求。为此，笔者结合中山市公安机关实际，就新时期如何建设公安特色新型智库浅谈几点看法。

## 一、智库建构缘起

### （一）发达国家的经验启示

六十多年前，美国的兰德公司由于准确预测“一旦美国参与朝鲜战争，中国必将出兵朝鲜”而确立了世界第一智库的显赫地位；兰德公司在 1955 年还提出辐射武器的理念，并预测过苏联人造卫星的发射；1960 年代初，公司加快研究中子弹的建议得到美国政府的重视而获得成功，使美国在核战略武器竞赛中增加重要优势。此后，兰德公司成为美国政府离不开的“智囊”和“外脑”。越南战争、海湾战争、伊拉克战争、核战略、“冷战”思维、“星球大战计划”等，举凡政治军事、内政外交无不深深印上兰德“把握”的痕迹。

智库被称为“智囊团”“思想库”“智囊机构”“外脑”等，在国外甚至被称为继立法、行政、司法、媒体之后的“第五权力中心”。据《全球智库报告 2014》统计，全球共有智库 6681 家，其中美国 1830 家、中国 429 家、

英国 287 家、德国 194 家、印度 192 家，美国和中国是世界智库最多的两个国家，但是中国的智库量少质弱，仅占全球的 6.4%、美国的 23.4%，仅有 7 家入围“全球顶级智库前 150 位”。建设中国特色的新型智库已经摆上日益迫切的重要位置。

### （二）历史发展的实践体会

中华文化源远流长，在历史上的谋略文化中，我们总能看到智库的雏形、智库的萌芽、智库的影子。历史上以毛遂为代表的食客，以孙膑、诸葛亮为代表的军师，以范增、荀彧为代表的谋士等，以及唐朝的翰林院、明清的幕府组织等，都曾发挥过智库的作用。

建立智库或者思想库，早已为中国共产党的执政团队所认识。2004 年，《中共中央关于进一步繁荣发展哲学社会科学的意见》提出“要使哲学社会科学界成为党和政府工作的‘思想库’和‘智囊团’”；党的十七大报告明确提出“繁荣发展哲学社会科学，推进科学体系、学术观点、科研方法创新，鼓励哲学社会科学界发挥思想库作用”；党的十七届六中全会提出“建设一批具有专业知识的思想库”；党的十八届三中全会《决定》和中共中央办公厅、国务院办公厅《意见》均对智库建设提出新的明确要求，智库建设已经摆上执政治国的重要位置，成为一个重大任务和一个重要目标。

### （三）治安形势的现实需求

当前，国内经济发展爬坡过坎处于结构调整阵痛期、增长速度换挡期，全面深化改革处于攻坚闯关克难期，社会建设处于深层次矛盾凸显期，决策需要考虑的因素越来越多。随着改革的全面深入、利益格局的调整和社会结构的变化，影响经济社会稳定的新旧矛盾并存叠加，突发事件频繁，风险点日益增多，对决策的前瞻性、预见性、及时性提出了更高的要求，亟须从理论上破解难题和预测警务发展方向。从社会治安的现实情况和发展态势看，涉暴恐犯罪不断出现，“两抢一盗”等侵财型犯罪居高不下，电信诈骗等新型智能化犯罪层出不穷，涉众型经济案件日益增多，而案多复杂难破又成为困扰公安机关的难题。诸如这些，亟需建立公安机关的新型智库去潜心研究、去破解难题，建立智库已日益成为公安工作特别是建立现代警务机制的迫切需要。

### （四）公安工作的有益尝试

多年来，中山市公安局高度重视智库建设，通过与广东省情调查研究中心、广东省警察协会、中山大学、广东警官学院、电子科技大学中山学院等科研机构和高等院校建立产学研机制，以及成立警察协会、建立特约研究员队伍、建立人才培养机制等途径，打造一个符合时代特征、适宜公安特点、颇具中山特色的中山公安“兰德智库”。智库为“平安中山”“平安警队”

建设及长远斗争提供了高效的决策咨询服务。2012 年，智库人员深入调研形成的报告《实施“全民治安”工程，深化平安中山建设》，经中山市委市政府研究论证后上升为党政工程。随后全市深入开展“全民治安”工程，初步形成“党政领导、部门联动、公安主力、全民参与”的平安建设新格局，并衍生出“全民禁毒”“全民治闹”“全民防骗”“全民治火”“全民除害”“全民清非”等系列社会治理警务新模式，对成功破解系列社会治理难题起到重要作用。又如智库人员通过深入调研形成的调研报告《中山市创建文化娱乐服务场所“无三害”城市的思考》，经中山市公安局党委研究后上升为全市公安机关实施的“全民除‘三害’”工程。经过明查暗访、异地用警、举报重奖等举措，中山市基本实现创建“无三害”城市的目标。

## 二、智库建构现状及目标

中山市公安机关智库建设起步较早：2003 年，制订了《中山市公安理论调研工作奖励办法》；2006 年以后，与中山大学、广东警官学院、电子科技大学中山学院等高等院校建立了理论研究战略联盟关系，联手开展了新生代农民工、非户籍人口、“一圈五区九线”立体化治安防控体系等课题的研究；2008 年，获得“全国公安机关调研工作先进集体”称号；2013 年，建立了特约研究员制度；2014 年成立了中山市警察协会。目前全市公安机关具有博士学位的有 2 人，硕士学位的有 276 人，学士学位的有 1028 人，累计约占民警总数的 30%。

但是，在智库建设中也存在一些不适应问题：一是全局受热不均。从市局党委到机关部门、业务警种和基层分局，对智库建设的思想认识存在差异，对智库的重要地位没有普遍重视，对智库的重要作用没有深透领悟，存在“可有可无”理念或“上热下冷”现象，或“说起来重要、做起来次要、忙起来不要”的情况，有的重调查研究轻实践转化，提供的高质量研究成果不够多，提供的精准化应对策略不够强，提供的前瞻性决策咨询不够准。二是整体规划不全。智库建设缺乏整体规划，比如智库建设的整体思路、近期目标、长远规划、发展路径、功能发挥等，没有制定一套完整的实施方案；参与决策咨询缺乏制度性安排，比如对重大决策、重大事项、重大项目、重大投资、重大部署等，实施前没有制度性安排应咨询智库意见，往往存在主观意志行为。三是资源配置不优。警力资源配置不够科学，有些警务工作急需的专业人才仍然虚位以待，有些专业技术人才错岗使用或坐冷凳板，有些专业技术人才成为花瓶摆放，对人才资源的组织形式和管理方式亟待创新。同时，智库中也缺乏领军人物和杰出人才，比如享受政府特殊津贴的高端警务技术人才。四是对策研究不够。目前各级公安机关开展的警务研究，主要是基础研究较多，对策研究相对薄弱，主要体现为学术论文发表、专著出版等基础研究成果比较丰厚，而被有关部门采纳、影响决策等对策研究成果相对较少。如何平衡发展基础研究和对策研究，成为智库建设的核心问题。

## 三、公安特色新型智库建构目标

### （一）打造一个定位明晰、特色鲜明、规模适度、布局合理的新型智库体系

公安机关不同于一般的行政机关，建立智库要重点突显“三个特点”：一是时代特征。要把建设新型公安智库放到时代发展的前沿，与时俱进，高位思考，科学谋划，谋定而动，超前建设，适应国际国内新形势，适应时代发展新需求，适应经济建设新常态，适应治安形势新变化，适应人文环境新特征。二是公安特点。要紧密结合新时期公安工作和队伍建设特点，尤其要结合贯彻落实全面深化公安改革实施方案和建立现代警务机制要求，围绕“打、防、管、建、教”的职业特点建立新型智库，造就一支坚持正确政治方向、德才兼备、富于创新精神的警务实战研究和决策咨询队伍，建立一套治理完善、充满活力、监管有力的智库管理体制和运行机制，充分发挥新型智库咨政建言、理论创新、舆论引导、社会服务、警察公共关系建设等重要功能。三是地方特色。建立新型公安智库要科学结合地方实际情况。就广东

省而言，要科学认识广州、深圳、佛山等一线城市的警务实战和发展需要；珠海、中山、江门等珠三角二线城市要结合警务发展态势和人才结构情况，不能好高骛远、盲目建设；而其他地区的公安机关要结合经济欠发达地区的实际情况，因地而异，因情施策，不能一概而论。

**（二）提供对重大事项、重要决策、重大投资、重大开支的决策咨询服务**

凡涉及公安工作和队伍建设的重要决策、重大改革、重大投资、重要警务部署、重大经费开支、重要人事安排等事项，要建立事前决策咨询制度，做到"三个必须"：一是必须具备智库意见。凡是重大事项必须事前征求智库的意见建议，明确规定不具备智库意见的事项，一律不提交领导、不上会研究、不决策部署、不具体执行（以下简称"四个一律"）。二是必须开展风险评估。建立重大事项风险评估机制，明确风险等级标准，把智库人员纳入风险评估队伍，把智库的评估意见作为必要条件，对涉及的重大事项，逐项开展事前风险评估，超过风险等级或系数的坚决做到"四个一律"。三是必须实行责任倒查。对实施的重大事项经常性开展检查监督，对没有开展事前风险评估、没有具备智库意见，而私自组织实施的，要坚决采取停止执行、纠正改错等措施，造成重大影响、过失或导致不良后果的，要坚决按照党纪政纪警纪严肃处理。

**（三）形成一条经验总结、工作评议、问题发现、改进发展的公安事业链条**

通过智库建设，及时对公安工作和队伍建设进行全面客观的阶段性总结分析，既总结工作亮点，又提炼经验体会；既查找存在不足，又分析问题原因；既纵览内外形势，又明确目标追求；既坚持问题导向，又提出对策措施。形成一条从过去到现在再到将来的公安事业发展链条，推动公安工作和队伍建设时常进行"三个自问"：一是要走什么路？特别是在当前，我国正处于经济转轨、社会转型的特殊时期，不仅人民内部矛盾凸显、刑事犯罪高发、对敌斗争复杂的基本态势没有改变，而且呈现出境内因素与境外因素相互交织、传统安全因素与非传统安全因素相互交织、虚拟社会与现实社会相互交织、敌我矛盾与人民内部矛盾相互交织的新特点。公安工作是走传统的老路，还是走创新发展之路，非常值得探究。比如2012年，中山市公安局就在智库深入调研的基础上实施“全民治安”工程，走出了一条“党政领导、部门联动、公安主力、全民参与”的平安建设新路，收到了明显效果。二是路要怎样走？警务改革和发展中难免遇到各种各样的困难或问题，关键是要敢于面对问题，勇于挑战问题，善于解决问题。比如中山市公安局在实施“全民治安”工程中，就遇到了重病患者吸毒收戒难、医闹事件频发化解难、场所三害严重根治难、诈骗案件多发破案难等社会治理难题，后经智库引领实施“全民禁毒”“全民治闹”“全民除害”“全民防骗”等社会治理体系后，有效破解了这些难题，打造出一条成功之路。三是要走到哪里？要通过打造智库，以睿智的眼光、聪颖的智慧、科学的理论指导警务实践，规划发展方向，引领事业发展。近年来，中山公安智库通过深入调研分析，全面纵横比较，客观考量实力，提出了争创“全国禁毒工作示范市”“全国治安工作最好城市”“无医闹城市”“文化娱乐服务场所无三害城市”“无三非城市”“全国公安机关一流业绩和一流警队”等目标。通过不懈努力，中山市成为“全国首个无医闹城市”，基本实现了文化娱乐服务场所“无三害”和“无三非”的目标；禁毒工作组更荣获全国先进集体，相关人员受到习近平总书记、李克强总理的亲切接见；“全民治安”工程得到了中共中央政治局、中央政法委和公安部重要领导的高度肯定。

## 四、建构路径

### （一）提高建库思想认识

智库发展在中国已经进入一个新阶段，智力资源成为一个国家、一个民族最为宝贵的资源。各级公安机关特别是领导干部，必须高度重视智库建设，充分认识中国特色新型智库的地位和作用，充分认识建设公安特色新型智库的重要意义，把智库建设作为推进科学执政、依法执政、增强执法公信力和推动公安事业持续发展的重要内容，作为建设平安中国、法治公安和过硬警队的重要部分，摆上重要位置，列入重要议事日程，建立“党委统一领导，主管亲自挂帅，部门分工负责，智库覆盖全警”的工作机制，切实加强对智库建设的组织领导、科学指导、检查督导，强化智库建设的工作力度、推进速度、执行强度，确保智库建设有声有色有成效、真心真建真管用。

### （二）搭建公安智库架构

建立一个金字塔形的公安智库架构，以地市级公安机关为宜建立一个智库，县级公安局（镇区分局）建立分库或组成部分，集中优势资源，科学统筹分配，既保证智库的质量，又保证有效的决策咨询服务。

智库的力量构成主要来自“三条渠道”：一是公安内部。建议把内部人才分成 10 类：① 管理类，如组织协调、指挥调度、人事管理、教育培训、财务会计、审计、监督等；② 研究类，如广东省公安厅、中山市公安局聘任的特约研究员，调研文秘部门的骨干力量，在“金点子”“粤警创新大赛”“粤警论坛”等活动中积极建言献策的民警等；③ 宣传类，积极向报刊杂志投稿、名字经常见诸报端的公安宣传骨干，公安内部宣传人员，网络舆情应对引导员等；④ 文体类，如共青团、前卫体协文联、警官艺术团等群团组织中涌现的活跃民警或文体项目拔尖民警；⑤ 法律类，如资深法律专业人才和通过司法考试的民警等；⑥ 科技类，如计算机人才，或在公安装备、武器警械等某个专项有研究特长、业务特别精通的人员；⑦ 侦查类，如勘查、化验、法医、痕迹、理化、毒侦、视侦、图侦、经侦、网侦等专业技术人才；⑧ 情报类，情报信息中心和各警种从事情报信息工作的民警；⑨ 维稳类，在国保部门和基层科所队从事维稳工作、具有一定专业技能和实战经验的民警；⑩ 实战类，如狙击手、拳击手、谈判专家、破案专家、武器警械拆装专家等。同时，还要放眼于上级公安机关，积极争取重视支持，从公安部、广东省公安厅或其他省、市公安机关中聘请专业技术人才，建立覆盖面更广、影响力更大的智库队伍。二是其他单位。通过聘任形式，积极吸纳党政机关中具有某项专长的人员为公安智库成员；加大政府购买决策咨询服务力度，探索建立政府主导、社会力量参与的决策咨询服务供给体系；通过向企事业单位、社会团体购买服务，稳步推进提供服务主体多元化和提供方式多样化，满足公安机关多层次、多方面的决策需求；与科研机构、高等院校、广东省情调查研究中心、广东省警察协会、新闻单位等建立战略联盟关系等，聘请专家学者为公安智库人才，为公安决策咨询提供高效服务。三是民间高手。要坚持党的群众路线，着力推进民意警务、民心工程，在基层警务工作中寻找民间奇才、发现民间高手。同时，积极发动全民参与，建立推荐人才有奖、重酬聘请人才等制度，广泛发动全社会力量发现民间奇才，聘请特长人才，为公安智库增添力量。

### （三）实施人才强警工程

其一，明确人才标准。这里的人才要具有较高的政治素质，热爱公安事业；具有较高的业务素质，熟悉相关理论知识，精通相关业务技能；甘于吃苦耐劳，勤于学习钻研，具备攻坚克难精神，在公安工作中做出过突出贡献；原则上具备大学本科以上学历，具有专业技术或研究专长。重点、优先吸纳被上级公安机关或党委政府聘为智库的民警，或在某个专项被评为全国公安机关先进个人的民警。其二，摸清人才底数。明确人才标准后，还要清楚了解公安队伍中的人才情况，包括人才的数量、类别、层次、分布岗位、发挥的作用、工作生活状况等。同时要认真倾听他们的心声和建议，确实掌握有多少人用非所学、学非所用、资源错配等。其三，实施人才培育。要把人才培育列入公安民警培训教育的重要内容，通过“请进来、走出去”“学中练、练中学”“讲教授、传帮带”等形式，大力实施中高端人才成长推进工程、专业技术人才知识更新工程、青年民警英才开发工程、综合管理人才素质提升工程、迫需专业技术人才引进工程等，加强人才培育，促进人才升级。最后，要管好用好人才。用对一个人，激励一大片；用错一个人，伤害一大面。要切实加强智库人才的管理和使用，做到人尽其才、才尽其用，用其所长不埋没，用其当时不耽误，用当其位不浪费，用人开放不自闭，用其才能不亲疏，实现人、岗、事的最佳组合，实现资源的优化配合。

### （四）完善智库施展平台

建立了智库架构，拥有了专家人才，关键还要发挥智库在公安工作和队伍建设中服务决策咨询、推动事业发展的重要作用。为此，要建立完善“四个一”：一是提供一个抓手。就是要建设大数据中心和云计算平台，依托“云”架构，建立统一、海量的哲学社会科学大型信息数据库及数据过滤系统，把握核心数据，建立有效的决策支持系统，为智库发挥效能提供舞台和及时有效的服务。二是形成一种氛围。要大力加强公安文化建设，建立公安文化建设领导组织机构和长效工作机制，形成领导高度重视，逐级抓好落实，全警参与建设，重智崇文的浓厚氛围，用公安文化建设陶冶民警情操，激发民警热情，推动公安智库建设。三是建立一套机制。要建立公安智库的管理办法，充分明确智库的重要地位、功能作用、组织领导、目标要求和建设管理；建立智库人才培养、引进、学习培训、定期磋商、提拔晋升、奖励激励、决策咨询等常态化工作机制，用机制来管人管事，用制度来促进智库的规范化建设。四是发挥一种效能。紧紧围绕习近平总书记强调的“发挥法治的引领和保障作用，提高平安建设现代化水平”“扎实深入贯彻落实总体国家安全观，与时俱进开创国家安全工作新局面”等重要指示精神，以及当前公安工作的“四项建设”、全面深化公安改革、维护政权安全和社会稳定、“3 + 2”严打整治行动、立体化治安防控体系、服务新常态下的经济社会建设、平安警队等，开展前瞻性、针对性、储备性警务研究，提出专业化、建设性、切实管用的对策等，着力提升综合研判和战略谋划能力，力促智库成果的效能转化，推动公安事业的持续健康发展，努力争创全国公安机关一流业绩和一流警队。

# 健康中山建设视野下食品安全问题治理对策研究

## ——以中山市检察机关办理的危害食品安全犯罪案件为视角

苏本茂[①]

【摘要】食品安全是社会治理的重点与难点，直接关系着中山市第十四次党代会提出的建设健康城市目标的实现。随着食品市场化进展的加快，危害食品安全犯罪也呈高发态势。该类犯罪具有犯罪主体分散化、犯罪手段多样化、社会影响恶劣等特点。由于犯罪诱因客观存在、食品安全监管机制不健全等因素，治理该类犯罪存在一定的难度，有必要探求相关治理对策，切实维护民众“舌尖上的安全”。

【关键词】食品安全　健康中山治理难点　危害食品安全犯罪

“民以食为天，食以安为先”。食品安全是重大的民生问题，是全面建成小康社会的重要标志，直接关系着中山市300多万居民的身体健康生命安全，也关系着中山市第十四次党代会提出的建设健康城市目标的实现。危害食品安全犯罪是指违反国家有关食品卫生与安全法的规定，在食品的生产、加工、销售等环节危害食品安全，足以对人体的健康造成重大危害的行为，涉及的罪名包括《刑法》第143条、第144条规定的生产、销售不符合安全

① 苏本茂，中山市人民检察院检察员、中山市检察官协会副秘书长。研究方向：法学。本文获得广东省法学会、医药食品法学研究会2016年学术年会论文一等奖。

标准的食品罪与生产、销售有毒有害食品罪这两个基本罪名，以及生产、销售伪劣产品罪，以危险方法危害公共安全罪，非法经营罪等辅助罪名。经济新常态下，伴随食品流通速度的加快与流动渠道的拓宽，食品市场化程度越来越高，各种生产、经营食品的商户与企业如雨后春笋般迅猛发展。有些生产经营者罔顾社会责任，为牟取更多的利益，在生产制作、加工处理等环节超量违规使用食品添加剂、激素及其他有害有毒的化学制剂，危害消费者的人体安全。为此，本文以近年来中山市检察机关受理的危害食品安全犯罪案件为样本，对该类犯罪的主要特点、治理难点等做一探析，并提出治理对策，以期遏制该类犯罪的高发与蔓延。

## 一、当前中山市危害食品安全犯罪的主要特点

### （一）犯罪案件数量逐年上升，农贸市场成为重灾区

从 2014 年 1 月至 2016 年 12 月，中山市检察机关共受理涉食品危害食品安全的犯罪案件共计 85 件 105 人，其中 2014 年 19 宗，2015 年 26 宗，2016 年 38 宗。伴随着案件数量的逐年上升，涉案地域也从 24 个镇区向城区蔓延，其中农贸市场成为重灾区，甚至发现某些市场多个摊位同时销售同种有毒有害食品，且这些有毒有害食品的供货渠道相对集中，不少来自同一源头。如在该市东区某农贸市场，同时查获 5 家摊位销售的豆芽产品中均含有 4- 氯苯氧乙酸钠（俗称“无根剂”），另在多家市场查获的有毒有害贝类水产品大多数从广西某港口城市进货。经过统计，该 85 宗食品危害食品安全犯罪案件，有 47 宗是在农贸市场被发现的，占所有案件的 55.2%。

### （二）犯罪主体多为不法个体工商户或无牌照经营者，且文化水平较低

在办理的危害食品安全类犯罪案件中，33% 的犯罪嫌疑人为个体工商户、67% 为未经注册登记的无牌照经营者，90% 的犯罪嫌疑人为初中以下文化程度。涉案人员文化素质较低，缺乏社会公德，法律意识淡薄，不具备相应的专业技能，为在短时间内获取巨额利润，漠视人民群众身体健康和生命安全，

生产、销售有毒、有害食品。

### （三）犯罪手段多样，形式隐蔽，为手工作坊生产

不法食品生产者为了快速催熟食品、美化食品、延长保存时间、改善口感，不断变换手段生产、销售有毒、有害食品。如犯罪分子苏某泽等二人用工业双氧水、氢氧化钠等工业原料生产“毒鸡爪”，犯罪分子侯某高用硼砂“保鲜”猪肉。为避免被发觉，犯罪分子多采取手工作坊的生产方式，且选择较为偏僻的民居、出租屋等为窝点。如犯罪分子冯某燕东升镇某小区内搭建屋棚生产、销售“毒牛筋”，何某英在其位于阜沙镇的工场内用工业盐腌制大头菜并销售等案。

### （四）犯罪持续时间长，社会影响恶劣

在所查处的案件中，多数不良商贩持续销售有毒有害食品半年以上，有的甚至长达三四年之久。如犯罪分子潘某娣，自 2011 年始就从一名茂名男子处购进有毒有害的豆芽，在某农贸市场销售长达四年之久，直至 2015 年被查处。有些食品安全类犯罪行为虽然暂时未造成食物中毒、人身伤亡等严重后果，但对人身健康造成的潜在危害也是不容忽视的。如犯罪分子黄某军等三人添加硼砂生产的馒头被人食用后，轻者食欲减退、消化不良，重者呕吐、腹泻、休克、昏迷，成人食用 15—20 克、儿童食用 5 克就可能造成死亡的严重后果。又如犯罪分子陈某英等五人在豆芽生产过程中使用“无根剂”“施保克”“泡豆王”等化学药剂和激素，长期食用这种“毒豆芽”不仅破坏人体内蛋白质等营养素，还会导致新陈代谢障碍，诱发多种癌性病变，对健康造成严重危害。该案作案时间长，涉案“毒豆芽”数量大，每天销售约 3000 多公斤，社会影响极其恶劣。

## 二、危害食品安全类犯罪成因分析

### （一）犯罪行为人层面：诚信缺失，为牟利铤而走险

在危害食品安全犯罪中，犯罪分子自律意识和法律意识淡薄，为在短时

间内获取巨额利润，漠视人民群众身体健康和生命安全，采用劣质原材料以次充好，或非法使用化工制剂改良食品外观、口感，违法生产、销售有毒、有害食品，丧失起码的道德良心，毫无诚信可言。

### （二）被害人层面：民众的食品安全防范意识不足

消费者过多重视食品外观，在某种程度上诱发不法分子作弊造假，助长了食品安全犯罪行为的发生。此外，还有一些消费者缺乏相应的食品安全常识，在购买食品时安全意识淡薄，对问题食品造成的长期危害认识不足，往往只图便宜，不顾及食品的质量安全等问题。消费者的这种心理为有安全隐患的食品的销售打开了门路。

### （三）监管层面：食品安全监管机制不健全

一是监管成效低下。在检察机关办理的食品安全犯罪案件中，一些涉案的小作坊或者食店长期生产、销售有毒、有害食品，却未被举报，说明当前的监管仍不到位。监管部门多侧重对大型食品生产企业、餐饮企业的常规监督，而忽视了对普遍存在的无证经营、小规模商户和市场摊位经营户的管理。此外，监管渠道不畅很大程度上阻碍公众参与食品安全监管工作，未能形成对违法食品生产的社会监督压力。

二是多头行政、分段管理导致协作不畅。中山市食品安全监管的相关职能部门主要是：市食品安全联席会议统一负责、领导、组织、协调全市食品安全监督管理工作；食品药品监督管理部门负责餐饮消费环节及保健食品的监管；质量技术监督部门负责食品生产加工环节的监管；工商部门负责食品流通环节的监管；农业部门负责初级食品生产环节的监管；卫生部门承担食品安全综合协调职责；城管执法部门配合有关部门开展食品安全专项整治工作；公安部门配合有关部门开展食品安全行政执法工作，并依法查处制售假冒伪劣、有毒有害食品案件。这样的多头管理机制，容易出现监管范围重叠、监管存在盲区、彼此相互推诿的现象，不利于对食品非法生产、收集、加工、销售的监管，客观造成了重复执法、互相推诿、监管缺位等问题，为食品生产经营者违法生产、销售有毒、有害食品提供了可乘之机，甚至埋下食品安全监管渎职犯罪的隐患。如对于运输环节，质量技术监督部门认为它不是生产环节，工商部门认为不属于流通环节，双方都无法监管，事实上造成监管的“真空”。

## 三、办理危害食品安全类犯罪案件存在的难点与困境

2014 年以来中山市检察机关受理的 85 宗危害食品安全犯罪案件中，提起公诉 49 件，占犯罪案件总数的 57.6% 和 52.3%；不起诉 29 件，占受理案件总数 34.1%，占同期不予起诉的生产、销售伪劣商品罪的比例高达 43.9%。即便是起诉的案件，判决结果也大都轻缓化，打击犯罪效果大受影响。办理危害食品安全类犯罪案件存在以下难点与困境。

### （一）“主观故意认定难”影响罪与非罪的判断

1. 直接证实犯罪嫌疑人主观明知难取证

危害食品安全犯罪案，一般是先发现不法行为后果，再追溯不法行为，不法行为很难被及时发现，侦查行为具有滞后性。此外，向食品中添加有毒、有害物质一般系单人作案，且行为十分隐蔽，隐蔽性甚至超过了毒品犯罪——毒品交易至少有买卖双方知情。在中山市的刑事司法实践中，证实犯罪嫌疑人向食品中添加了有毒、有害物质实际上只能依赖犯罪嫌疑人的口供，由于缺乏其他证据印证，取得口供的难度很大。即便取得口供，也存在犯罪嫌疑人随时翻供的风险。如郑某英销毒蛤蜊一案中，犯罪嫌疑人郑某英的供述在其是否了解所售蛤蜊中被添加氯霉素一事上存在反复，由于缺乏其他证人证言佐证，无法明确认定郑某英是否具有主观故意，检察机关遂以事实不清、证据不足作不起诉处理。

2. 间接推定犯罪嫌疑人主观应知难操作

食品安全犯罪可能发生在食品生产、运输、存储和销售等任意一个环节。同时，添加有毒、有害物质的食品，绝大部分无法从外观判断，需要通过专

业技术鉴定才能检测出来，犯罪嫌疑人作为食品销售者，并不具备检测条件，且有些销售者可以提供进货单据、产品合格证、厂家信息等有效凭证，显示其对所销售食品的来源、质量已经尽到一个销售者应尽的注意义务。检察机关即便查证出一些对指控有利的证据，在认定犯罪上也会存在分歧。如刘某思销售有毒蛤蜊一案中，有证人证实犯罪嫌疑人刘某思售卖的蛤蜊使用了他人提供的添加了有毒物质氯霉素的蛤蜊水，但刘某辩称不知道对方提供的蛤蜊水中含有氯霉素，认为是海水。而相关专业人士则证实水产品中是否添加了氯霉素必须借助专业仪器检测，无法通过外观判断。鉴于推定犯罪嫌疑人"主观应知"存在分歧，对自己使用的添加原料缺乏认知，该案亦作不起诉处理。

### （二）"有毒有害食品追根溯源难"影响犯罪事实的认定

1. 涉案链条长，难以判定犯罪事实发生的具体环节

如前所述，危害食品安全犯罪的行为可能发生在食品生产、运输、存储和销售等任一环节，难以查清添加有毒、有害物质等犯罪行为的源头。尤其是水产品，不同于包装型食品，添加行为更具隐蔽性，从养殖、运输、批发到零售往往经过多个地区，涉及多个市场和公司，流通过程的复杂性给具体添加环节的确定带来很大困难。以犯罪嫌疑人陈可文销售毒鲩鱼一案为例，此案涉及的有毒鲩鱼，从饲养者、一级批发商、次级零售（批发）商至陈某文经营的花城酒店，历经多个环节，每个环节都可能添加了隐色孔雀石绿，因此无法确定鲩鱼的非法添加环节和参与非法添加的具体人员。又如犯罪嫌疑人黄某志销售有毒海产品一案，执法人员在其销售的蛤蜊、白贝及养殖水内均检测到氯霉素，但不能排除水产品受到水源污染的可能性。

2. 无证照摊位交易欠规范，难以锁定犯罪行为

目前被查处的危害食品安全犯罪的案件中，大部分属于街头游贩或无证照摊档，存在进货渠道复杂、销售方式多变的特点，加上档主在进货时也未向卖家索要正规票据，导致进货成了糊涂账，增加了查处难度。尤其是一些无包装、零散类食品，如果缺乏明确的进货单、销售单等依据，只凭查获的

有毒有害食品也难以锁定具体的犯罪行为与犯罪嫌疑人。如涉嫌销售毒香干的李某瑞，矢口否认知道所销售的香干、小香干含有甲醛，称香干、小香干是有人送货到其档口，单据在当天拿完货后便丢掉。由于香干、小香干添加甲醛后外表并没有异常变化，档主一般也不会想到验货，又无进货单据等予以证实，因而涉案香干、小香干来源难以查明。

### （三）“据以定罪证据采信”难影响案件处理结果

1. 公、检、法据以定案的证据标准不统一

以审判为中心的诉讼改革对据以定案的证据标准提出更高的要求，而实践中公、检、法三家对证据标准的把握时常出现不一致的情况，从而影响案件的最终处理结果。如冯某胜生产、销售有毒有害食品案一案中，冯某胜供认有添加自来水、海盐、冰块的行为，但否认添加氯霉素。检察机关认为，检测结果显示水中的氯霉素高于花贝中含量 15 倍，水中的氯霉素不可能是从花贝中渗出。而证人证实每个水产品经营者均知道添加氯霉素可保证花贝存活率，据此可以排除其他可能，得出水中的氯霉素为犯罪嫌疑人所添加的唯一结论。但一审法院以未缴获作案工具（氯霉素）及未有证人亲眼看到被告人在花贝中添加氯霉素为由，认为不排除其在获悉抽检结果前确实不知道所销售的花贝含氯霉素的可能性，依据有利于被告人的原则，判决其无罪。

2. 认定有毒、有害物质的依据高度专业化，且存在变化或模糊地带

如在办理周某莲涉嫌生产、销售有毒有害食品罪中，依据 2011 年卫生部办公厅关于《食品添加剂使用标准》（GB2760–2011）有关问题的复函（卫办监督函 (2011)9 1 9 号）以及国家质量监督检验检疫总局《关于食品添加剂对羟基苯甲酸丙酯等 3 3 种产品监管工作的公告》（2011 年第 156 号公告）、《豆芽卫生标准》规定，化学药物“4—氯苯氧乙酸钠”和农药“咪鲜胺”属于有毒、有害的非食品原料。但 2015 年 4 月 13 日《国家食品药品监督管理总局、农业部、国家卫生和计划生育委员会公告》（2015 年第 11 号）规定：“……目前豆芽生产过程中使用上述物质（注：包含“4– 氯苯氧乙酸钠”和“6– 苄基腺嘌呤”）的安全性尚无结论……”因为法律依据变化导致认定“4–

氯苯氧乙酸钠”和“6- 苄基腺嘌呤”等属“有毒、有害物质”的依据不足。

又如在办理吴某涉嫌生产、销售有毒有害食品罪中，在其出售的凉茶里检测出了对乙酰氨基酚、咖啡因，在其经营场所缴获醋酸地塞米松片。中山市食品药品监督管理局依据中食药监办［2013］49号附件4提供了检验报告，但该文件只是中山市食品药品监督管理局的一个文件，且文件也没有说明凉茶中不能检测出对乙酰氨基酚、咖啡因的法律依据，因此凉茶中不得添加对乙酰氨基酚、咖啡因的法律依据不足。

### （四）“证据收集与固定难”影响打击效果

1.“两法衔接”不顺畅，导致证据收集与固定不到位

在查办危害食品安全犯罪类案件时，往往依靠行政执法部门向公安机关移送案件线索，若案件的发现与移送环节衔接不紧凑，则很有可能延误最佳取证时机，以致关键证据被销毁、转移，直接影响到案件的审查起诉。以洪某芝、林某辉涉嫌在养殖的虾苗中添加禁止性药物呋喃唑酮一案为例：2013年4月17日，广东省渔业局对虾苗进行抽样送检，但未对虾苗所在水体进行抽样；同年4月27日检验结果显示抽样虾苗呋喃唑酮超标；同年5月7日，涉案的不合格虾苗连同所在水体被全部销毁排走。后直至6月24日，该案才被移交公安机关处理。由于涉案虾苗为犯罪嫌疑人从上家进货销售，仅有虾苗不合格的检验结果，而没有苗所在水体受到污染的检验证据，不足以证实犯罪嫌疑人有在虾苗中添加禁用药物的行为，最终该案因证据不足而作存疑不起诉处理。

2. 行政处罚与刑罚的证据标准不同，导致关键证据收集不充分

由于危害食品安全犯罪案件的复杂性，食药监管等行政执法部门往往仅能对检验出有毒有害或不符合安全标准的食品的经营者进行调查，无法对具体生产加工环节、作案人员主观故意情况深入取证。由于行政执法环节与刑事司法环节对证据收集、固定的标准存在差异，一些关键证据往往因行政执法部门查处时未及时固定而缺失，影响案件审查起诉工作的正常开展。如莫某娟销售有毒有害食品案件中，行政执法机关出具的一份鉴定存在瑕疵，既

没有现场检查笔录、照片或相关现场执法人员的证言证实提取的经过，也没有蛤蜊水的检测报告，致使案件被退回侦查机关补充侦查，影响了案件的顺利办理。

3. 公安机关怠于侦查导致打击乏力

公安机关在查办此类案件时，往往只对直接被查获的销售者立案侦查，又因跨地域取证、专业取证等困难，在证据收集上过分倚重行政执法部门，出击调查取证的主动性不足，一般未能及时根据线索对生产、销售的源头进行追查，难以突破案件。对犯罪嫌疑人主观方面的深入调查不足，也影响了对此类犯罪的打击效果。如关某珍涉嫌销售有毒有害食品案件中，侦查机关在检测其水产档中的海蚬样品时发现氯霉素，但由于没有继续追查进货源头，无法查证在水产中添加氯霉素的实际行为人。又如第一市区检察院办理的存疑不起诉的 8 件案件中，其中 6 件的犯罪嫌疑人均表示在石岐区的光明市场进货，侦查人员也找到光明市场的涉案人员，但仍因未深入调查取证致使证据不足而作不起诉处理。

### （五）“销售金额与犯罪后果（情节）认定难”影响量刑结果

《最高人民法院、最高人民检察院关于办理危害食品安全刑事案件适用法律若干问题的解释》对危害食品安全犯罪定刑幅度的划分大多以销售金额与犯罪情节作为判定标准。但是司法实务中中，大多数犯罪行为人在生产、加工、销售食品过程中不设立账目，而农贸市场等食品销售市场的销售对象具有分散性与流动性，如果犯罪行为人拒不交代销售数额，查清确切就存在很大的难度，只能以当场查获的数额定案，一定程度上放纵了犯罪。另外，在查处的案件中，大部分食品安全犯罪导致的后果是隐性的、潜在的，在办案环节无法准确认定，这也导致很多犯罪行为人被轻缓处理。如已经起诉的 49 宗案件中，已经获得一审判决结果的有 47 人：35 人被判处三年以下有期徒刑，占 74.4%；6 人被判处拘役，占 12.7%；1 人被判处免予刑事处罚；只有 5 人被判处 3 年以上有期徒刑，不到 11%。其中有 16 人被适用缓刑，占 47 人中的 34%。

## 四、健康中山建设中治理危害食品安全犯罪的路径与对策

中山市第十四次党代会明确提出要“提升城市宜居环境，建设健康城市”，“要坚持以人民为中心的发展理念，完善健康保障，创建健康环境，提高市民健康水平”。危害食品安全违法犯罪活动如果得不到有效治理，必将影响人民群众身体健康，建设健康城市就会成为空谈。因此，应当在完善立法的基础上，坚持宣传、预防为主，监管与打击并重的原则，多举措同步推进，切实维护“舌尖上的安全”。

### （一）强化教育引导，推进食品安全社会共治共享

一方面，通过媒体宣传食品安全知识，正确引导消费，坚决对恶意造假的不法分子予以曝光，将个案查处提升为行业治理，对守法经营的商户予以保护和宣传，营造良好的舆论监督氛围。依托现有的食品监督体系，建立街道办事处（镇区）、村（社区）食品安全协管员和信息员队伍，聘请社会公众人士参与食品安全监管，营造人人关心、人人监督、人人维护食品安全的良好氛围，不让违法者有机可乘。另一方面，强化食品生产经营者的社会责任，构建行业自律体系，充分发挥社会自主管理的作用，引导和督促食品生产经营者主动承担社会责任和履行法定义务，严格按照国家有关法律、法规和食品安全质量标准组织生产加工。食品安全监管部门可定期在农贸市场等地宣传食品安全卫生知识，引导经营者诚信合法经营，不添加有毒有害物质，不销售添加有毒有害物质的食品，不断提高生产经营者自律意识和质量管理水平。另外，大力培育和发展食品行业协会，充分发挥协会在维护食品市场秩序、避免恶性竞争、加强行业自律、制定行业标准、提高食品质量安全水平等方面的作用。

### （二）健全行政监管工作机制，提升食品安全监管能力

就食品安全监管，习近平总书记特别强调：“各级党委和政府及有关部门要全面做好食品安全工作，坚持最严谨的标准、最严格的监管、最严厉的

处罚、最严肃的问责，增强食品安全监管统一性和专业性，切实提高食品安全监管水平和能力。”①

对此，一要强化食品安全监管工作领导，各监管部门要通力合作，各司其职，严格依法行政，形成一个监管高效、监管到位的食品安全监督联合执法网。二要加强源头治理，健全食品质量安全追溯体系建设，切断有毒有害食品流入市场的渠道。针对市场上出现销售有毒有害食品的问题，顺藤摸瓜，坚决取缔生产有毒有害食品的“黑作坊”“黑窝点”，尤其是对一些在自建房中进行非法生产的窝点。同时，对从外地输入的农副产品，要建立严格的市场准入制度，经有关检验部门检测合格，才能进入市场。三要健全食品质量安全检测机制。建立更直接、便捷、高效的司法鉴定、技术咨询、专业培训等支持体系，着力提高食品安全检验检测技术水平，加大对食品生产、加工、贮藏、销售等关键环节的检验检测力度。整合政府、教学、科研等多方面检验力量，增强技术力量和加大设备投入，加快检测机构建设，形成检测网络，以正确快捷检测判断有毒有害食品，为处罚食品安全违法犯罪提供科学依据。四要健全日常监管的长效工作机制。加强日常巡查，构建食品安全事件信息通报机制，动态掌握食品安全监管的情况，以便进一步采取监管措施。坚持定期检查和随时抽查相结合的工作机制，重点加强对农场、农贸市场、餐饮企业的生产、销售、消费等环节的监管，使不法商贩无孔可入，切实保障人民群众的身体健康。

### （三）完善“两法”衔接机制，确保危害食品安全案件有效查处

一是健全行政执法部门案件线索移送制度。检察机关要督察食品药品监督管理、质量技术监督、工商等行政执法部门与公安机关建立统一、明确的案件线索移送制度，以求提高案件线索移送效率、扩大调查取证空间、加大犯罪打击力度。

---

① 参见《习近平对食品安全作出重要指示强调，严防严管严控食品安全风险》，《南方日报》，2017年1月4日A01版。

二是强化行政执法部门的证据意识。检察机关与行政执法部门应协作配合，形成统一的证据标准和鉴定要求，引导行政执法机关强化证据意识，及时固定、保全证据，避免因证据的灭失和不规范影响定罪量刑，进一步提高办案质量。建议检察机关在食品药品监督管理局等主要的行政执法部门设立检察官工作室，或选派办案经验丰富的检察官现场授课，引导、督促行政执法部门有效收集与固定证据，以便将掌握的食品安全违法犯罪事实及时移交给司法机关处理。

三是完善行政执法部门与刑事司法机关的协作配合机制。要充分利用行政执法与刑事司法相衔接平台，把整顿、规范市场经济秩序与打击经济犯罪活动结合起来，进一步完善在食品监管领域中的信息共享机制、案件移交机制和执法协作机制等。司法机关要形成统一的证据标准和鉴定要求，引导行政执法机关及时固定、保全证据；行政执法部门要严格市场准入资格资质审查，加大查处食品安全犯罪力度，把在行政执法过程中掌握的食品安全违法犯罪事实，及时移交给司法机关办理，强化打击危害食品安全行为效果。

**（四）统一证据认定标准，形成司法打击合力**

一是强化侦查机关的证据链意识。针对公安机关部分侦查人员过分重视口供而忽视其他证据的现实，检察官要积极引导侦查人员强化证据链意识，强化收集证实犯罪主观方面的证据，通过多种证据的集合形成证据链锁定犯罪事实。具体来讲，既重视嫌疑人有罪口供的取得，也注重客观物证、书证的固定，逐步树立“零口供”前提下认定犯罪的观念。因此。检察机关刑检部门要适时介入危害食品安全犯罪案件的侦查，提出指导意见，及时补充补强侦查提纲，促成公安机关在立案后第一时间取得证明犯罪的核心证据。主动邀请公安机关听取检察机关对案件的意见，参与案件的讨论，督促公安机关完善证据，在补查证据上不打折扣。

二是加强检察院，法院两家的交流沟通，达成案件处理的共识。从近年来的个案沟通协调来看，检、法两家在具体案件上相互沟通，充分听取双方的意见，对案件最终得到正确处理，实现法律效果与社会效果的有机统一起到重要作用。因此，检法两家更要继续加强交流与沟通，最大限度地增进理解，针对维护食品安全犯罪案件审查认定中存在的共性或个案问题，不定期召开联席会议，重点围绕如何使“明知有害有毒”主观方面的司法推定相对确定化和就有关认定难点进行研讨，争取达成一致意见；及时就司法实践中存在的问题进行沟通，就中山市在打击危害食品犯罪中的分歧以及解决分歧的途径进行协调，求同存异，形成统一的证据标准，确保案件得到妥善处理。

三是建立食品犯罪案件督办制度与试行案例指导制度。由检察机关指派经验丰富的检察官督办公安机关受理并移送批捕、起诉的危害食品安全犯罪案件，督促公安机关主动侦查，深挖扩线，并积极引导侦查取证，确保案件立得准、诉得出、判得下。另外，通过对中山市近几年检法争议案件的座谈调查，笔者发现无论是在检察机关的审查起诉环节，还是在人民法院的审判环节，均存在罪与非罪的对立看法。同时，存在不仅不同法官对相同案件看法不同，就是同一法官在不同阶段对类似案件亦有可能持不同意见的情况。这说明，以判例为指导统一认识存在一定的可能空间。检察机关、人民法院在对案件有不同认识的情况下，可参照以往类似案件的诉讼结论，判断案件的可诉性与可判刑，促进司法统一，防止司法随意，进而实现公平正义。

**（五）加大处罚力度，提高危害食品安全犯罪成本**

当前危害食品安全违法犯罪立法上处罚力度不大，对于尚未造成严重后果的，监管部门往往只是采取警告、罚款等措施，罚款数额也没有具体的规定。这样较轻的处罚并不能对这些违法行为产生威慑力，在经济利益驱动下，一些不法分子可能会抱着侥幸心理，在受罚后继续生产有毒有害的食品，这样就很难形成食品安全监管长治久安的局面。因此，有必要加大处罚力度，提高犯罪成本。一是果断采取行政手段。可以通过采取取消食品经营权或吊销营业执照的处罚方式取缔不法生产者和经营者；通过注册登记限制使不法分子终生受限不得再进行同类经营的注册登记；通过公开通报，使其他生产经营者引以为戒，同时也使消费者获得知情权，不再购买上榜商家的食品，使违法犯罪行为人失去生存的空间。二是加大刑事惩罚力度。如果查处、惩治的力度不够，无法形成震慑心理，犯罪分子就会心存侥幸，为牟取私利不惜铤而走险。因此，要适度提高危害食品安全犯罪行为的法定刑期，适当加大罚金刑和没收财产刑的适用，严格减刑假释、监外执行适用标准等措施，提高犯罪受惩罚成本，形成“不敢为”的氛围。三是加大渎职犯罪的查处力度。对相关职能部门及其工作人员不认真履行职责，失职渎职，造成重大食品安全事故，或者引起重大社会影响，构成犯罪的，要依法严肃查处，绝不手软，切实维护广大人民群众“舌尖上的安全”。

# 经济发展新常态下民间金融犯罪问题现状及治理对策

蓝雄文　邓祥展　江　平　单桂丝[①]

【摘要】当前，全国范围内的民间金融发展态势迅猛，但由于立法滞后、监管不足等，行业发展呈现许多乱象，引发的次生治安风险不断凸显。本文从广东中山市的民间金融发展现状及犯罪案例出发，梳理民间金融领域涉众型犯罪问题的趋势特征及打防难点，并从推动顶层设计、理顺监管思路、凝聚打击合力、推动行业自律、做好维稳宣传等角度提出针对性的建议和对策。

【关键词】民间金融　涉众犯罪　打防对策

民间金融( Informal Finance )，又称体制外金融、灰( 黑 )色金融等。国际上，“民间金融”又称“非正规金融”，一般是指“在政府批准并进行监管的金融活动( 正规金融 )之外所存在的，游离于现行制度、法规边缘的金融行为”。基于金融体制差异，国内外“民间金融”概念存在较大不同。我国央行（中国人民银行）将“民间金融”界定为“相对于国家依法批准设立的金融机构而言的，泛指非金融机构的自然人、企业以及其他经济主体（财政除外）之

① 蓝雄文，中山市公安局东区分局政委。邓祥展，中山市公安局指挥中心调研科副科长、市警察协会秘书长。江平，中山市公安局调研科科员。单桂丝，中山市公安局东区分局指挥中心科员。

间以货币资金为标的的价值转移及本息支付活动”。[①] 目前，我国民间金融的主要形式包括民间借贷[②]、民间集资、私人钱庄、合会、小额信贷、私募基金等。

在当前民间金融发展态势迅猛的大背景下，由于法律法规滞后、监管不到位、信用体系不健全等，行业发展呈现良莠不齐、鱼目混珠的无序状态，民间金融行为往往掺杂忽视风险、欺诈骗局等问题，由此引发的次生治安风险也不断凸显。

## 一、中山市民间金融的发展现状

中山市地处珠三角腹地，与广州市、深圳市、佛山市、珠海市接壤，毗邻港澳，是一个人口密集、行业众多、经济发达的外向型中等城市。改革开放以来，当地经济蓬勃发展，2015 年人均生产总值达 94030 元，是全国平均水平的 1.9 倍，居广东省第六位。民间金融在此环境下蓬勃发展，成为满足中小企业融资与民间投资增值需求的重要渠道，为经济持续繁荣提供了助力。据中山市金融研究院统计，近年全市约四分之一的小微企业通过民间金融渠道融资。

以中山市的政治、金融中心东区为例，辖区金融业主要集中在盛景尚峰金融商务中心、帝璟东方中环广场、大东裕国际商务城、利和国际金融中心等商圈，共有银行、证券、保险等正规金融企业 90 余家（约占全市 58%）。与此同时，各类典当、小额借贷、网贷公司等民间金融公司多达

---

① 当前学术界对民间金融问题的研究颇丰，但对本概念的界定并不统一，甚至存在争议。如《中国民间金融研究》的作者、山东大学姜旭朝教授将“民间金融”界定为“为了民间经济融通资金的所有非公有经济成分的资金活动”；复旦大学张学军教授则定义为“相对于官方的正规金融制度和银行组织而言自发形成的民间的信用部分”。

② 当前，民间私人间的高额高息借贷相当普遍，因此引发的经济纠纷数量也很多，但公安机关一般仅予以备案，并建议当事人到法院作民事起诉，不纳入刑事犯罪考量。本文主要讨论当前发展迅速且隐患突出的民间金融领域涉众型犯罪问题。

1600余家。据统计，截至2016年底，东区经工商注册登记的民间金融企业仅73家，约占实有数的4.6%，而且除44家营业场所位于上述大型商圈写字楼外，其余29家均分布于辖区大街小巷或物业商住小区，从业人员2—50人不等，注册资本少则3万，多则1亿元，经营范围涵盖投资管理、信息咨询、会计服务、典当信贷等多类金融服务项目。

近年来，中山市在新一轮经济建设浪潮中，在推动金融科技创新、激活民间资本等方面进行了诸多尝试。2016年东区建成“众创金融街”（全省包括广、佛、莞、中四个试点城市），通过租金、税费等多方面扶持，成功引入广东金融高新区股权交易中心中山运营中心、广东中山科技金融路演中心等平台。据不完全统计，不足半年的时间里，“众创金融街”吸引基金类（私募）管理资金达74.2亿余元，众筹类资金7.4亿余元，P2P（对等网络）平台资金近7亿元，且资金增量迅速。民间金融整体发展态势如火如荼。

## 二、近年来民间金融领域犯罪趋势及特征

2015年8月，有事主陆续到公安机关报案，称在中山市东区利和广场金融中心38楼申彤大大投资公司的投资无法兑付，怀疑被骗。截至2016年6月，涉嫌非法吸收公众存款罪的嫌疑人吴某、谢某等12人相继被公安机关抓获归案。该案全市共发现受害人700余人，非法筹集资金逾2亿元。

2015年10月，犯罪嫌疑人廖某、曹某伙同香港籍倪某等人，鼓吹网络虚拟货币“维卡币”的投资项目，并采取分级投资、发展下线、提成奖励等方式，通过网上渠道在全国10余个省市发展会员。经梳理部分涉案账户，项目非法获利逾5亿元。2016年3月，公安机关发现嫌疑人吴某、陈某以石岐区荣瑞贸易有限公司为据点推行“维卡币”。经初查核实，该团伙已吸收会员超过300人，涉案金额逾千万元。

2015年12月，中山市公安机关根据公安部的部署和辖区群众的报案，及时查处中山市“e租宝”特大非法吸收公众存款案，查封涉案公司在中山

的3处办公据点。经初步审核，全市涉案客户多达5000余人，涉案金额约2.14亿元。受害人多是通过主流媒体广告、公司业务员推广及朋友介绍等途径接触“e租宝”，进而通过网络渠道参与投资。据媒体报道，该案涉及全国各省区市，受害人共计约84万人，待返还金额高达704.9亿元。

上述三宗案件情节互有异同，但都是民间金融领域涉案数额大、涉及面广、影响深远的特大涉众型犯罪案件。通过梳理、归纳和分析近年全国民间金融行业发展及犯罪问题的相关资料，可以认为，当前我国民间金融领域普遍存在着监管失当问题和较大治安风险。尤其是以非法吸收公众存款、集资诈骗、组织领导传销等为主要类型的涉众型经济犯罪，现实危害与影响可谓巨大。

以中山市东区办事处为例，2014—2016年该区共立非法吸收公众存款、集资诈骗、组织领导传销[①]等三类涉众型经济案件12宗，涉及金额7.5亿元，案件数和涉案金额分别占全市总数（54宗、11亿元）的22.22%和68.18%。管中窥豹，可见一斑。从近年来中山市公安机关侦办案件及走访调研情况看，民间金融领域涉众犯罪主要呈现以下特征。

### （一）涉案金额巨大

上述东区所立12宗涉众型经济案件，分别为2014年2起、2015年4起、2016年6起，呈现逐年上升的趋势。涉案金额方面，2015年在2014年基础上骤增2倍，2016年则骤增121.3倍。案值方面，近三年民间金融领域涉案金额（7.5亿元）是同期全部侵财案件涉案金额（1.898亿元）的4倍[②]，对群众财产安全构成严重的威胁。据办案人员介绍，2012年以前，此类涉众经济犯罪的案值基本在数百万元上下，而2014以来案值剧增至亿元级别。在

① 本文未将经济犯罪中的信用卡诈骗等常规金融领域的犯罪问题纳入统计。此外，非法经营、洗钱、传销等犯罪与民间金融领域犯罪也互有交叉。

② 同期，全市侵财案件数及涉案金额分别为81481宗、11.71亿元，与中山市民间金融领域犯罪的涉案金额（11亿元）基本持平。

近年发生的震惊全国的大要案中，如云南“泛亚”、上海“中晋”、“e 租宝”等，均波及中山市，民间金融领域问题渐成全民关注焦点。

### （二）涉及人数众多

涉众型经济案件受害人，少则数十人，多则逾千人，涵盖老年人、普通白领、企业主等群体，受害人群特征不显著。伴随网络的普及，互联网投资受害人群体更加庞大，且因单人受损金额小、受害人报案不积极、受理管辖不明晰等因素，公安机关更难掌握具体数字。

### （三）跨域特征显著

由上述“申彤大大”“维卡币”“e 租宝”等案例可以发现，民间金融犯罪普遍存在跨区域范围广、犯罪团伙链条长等共同特性，犯罪人员虚构的投资项目多在省外乃至境外，涉案公司总部在外地，中山仅设分支办事机构等。这些无疑增加了犯罪欺诈性，加大了投资人对投资项目的认知和审核难度。

### （四）犯罪手段日渐翻新

据统计，2012 年前，犯罪分子多以现货、期货交易或特定项目（如农林、矿产、健康产品等）融资为由头吸引“投资”，进而实施犯罪。2012 年后，犯罪分子包装成各类高息理财项目，抓住群众有富余资金却缺乏投资渠道的矛盾，通过 P2P、众筹、股权投资以及国外引进的虚拟货币投资等方式，以高额利息为诱饵，引不明真相的投资者入局。作案手段不断翻新，令人防不胜防。

### （五）涉网趋势明显

在当前“互联网＋”的时代，犯罪分子利用我国互联网迅猛发展、新型支付方式迅速普及但网络监管相对滞后的特征，广泛通过网络社交平台等进行宣传和营销。虚拟的网络环境下，犯罪分子隐匿实体办公场地、变换犯罪手段更为便利，且资金分散转移快、成本低，犯罪活动欺诈性和隐蔽性更强，公安机关侦办取证难度大。

### （六）维稳压力增大

民间领域犯罪极易诱发串联、信访等涉稳事件。以“e租宝”事件为例，全国多地发生“e租宝”投资人到当地党政机关信访、冲击办公场所、扰乱办公秩序乃至聚众滋事等事例，控诉政府监管不严，或要求政府从保障民生角度补偿其投资被骗损失，许多不明真相的群众甚至要求公安机关释放嫌疑人、恢复其“投资项目”的正常运转，引发大范围的不稳定苗头问题。

### （七）涉及灰色经营

通过调研及暗访发现，即使是合法经营的民间金融机构，也涉及诸多灰色地带，包括非法交易、利用、泄露公民信息，违规经营、扩大变更经营范围等。如负责小额贷款的业务员拓展放贷业务时，利用房产、车企、银行、电信、网络支付平台等单位非法流出的海量个人信息进行定点推销。如普遍采用“针对不特定人群推介投资理财项目”等违规营销手段，通过电话、短信、网站、传单、社交平台等途径扩展业务。甚至存在依托正规金融机构的从业身份，勾结其他缺乏资质的民间金融企业、售卖私货等现象。

## 三、民间金融领域犯罪问题治理难点

### （一）纳管难

打击只是维护良好金融秩序、塑造健康发展业态的手段之一，如何联合金融、税务、工商、公安等职能部门开展有效的日常防范监管更为迫切。但当前民间金融活动多采取跨区域经营或网上经营，各地缺乏明确政策指引，登记率（如中山市东区民间金融企业登记率不足公安机关摸查评估数的5%）、纳管率和信息关联度低，部门监管缺乏合力，多呈任由发展。领域内犯罪活动多披上合法外衣（如具备完备的工商执照、税务登记手续等），公安提前介入、预警止损的难度高。

## （二）定案难

该类犯罪作为法定犯罪，侦查实践中如何定性“罪与非罪”，如何区分“恶意犯罪”与“民事纠纷或市场风险”，如何把握侦查流程、方向、重点、轻重等，均需办案人员具备专门的金融财税知识，熟悉法律法规、司法解释和办案指引。公安机关往往也缺失这方面的专业人才。

## （三）打击难

民间金融涉众犯罪增量大、手段更新快、侦办时间长，且犯罪高度智能化、专业化，公安打击办案工作量大、专业人才稀缺。这些因素使得对犯罪的打击存在不小的难度。在市内统筹方面，此类犯罪侦办需多部门介入，公安单方面统筹力度弱；跨地市方面，异地犯罪普遍，合作打击成本高、沟通协调难度大；跨国境方面，涉事国家地区在立法及管理等方面与我国差异较大，合作打击难度巨大。

## （四）取证难

此类犯罪时空跨度大，一般案发时多已人去楼空，而报案人提供的信息片面、零散，证据搜集难度高，网络环境下线上交易结算频繁，更难形成完善的证据链条。此外，侦查过程中要面对大量亦真亦假、真假难辨的证人证言、文件数据等，对侦办人员综合素质要求极高。

## （五）追损难

如中山市东区近 3 年针对民间金融领域犯罪，追赃数额仅为 1200 余万元（不足涉案总额的 2%），犯罪所得多被高额返利、宣传包装费用及犯罪团伙肆意挥霍、转移藏匿等手段侵蚀，案发后可供追缴资金往往所剩无几。追赃清偿难、挽损效果差，也导致受害人对公安机关的信任度降低、报案并提供线索的意愿低，打击犯罪效果打折扣，震慑力不强。

## （六）维稳难

民间金融涉众犯罪往往波及面广，受害群体不乏企业下岗职工、离退休老人、农民等弱势群体，损失的多为群众的“血汗钱、养老钱、救命钱”，案发后往往群情激奋，容易出现聚集闹事等过激行为，现场稳控难度大。此外，受害群体中亲友关系居多、犯罪团伙的诱导唆使（在传销类犯罪中尤为明显）等多种因素交织，也加大了政府的维稳难度。

## 四、民间金融领域犯罪问题防范治理对策思考

### （一）在宏观设计层面，要科学制定政策、推动国家立法，构建体系完备的行业管理规章

一是国家层面，要继续深化金融体制改革，推进多层次的金融机构体系建设，通过完善正规金融业管理、推进实施利率市场化，缩小常规金融渠道与民间金融利差，从根本上推动民众理性投资，避免民间金融无序扩张；要推动国家层面立法[①]，彻底改变“以堵代疏”的管理思路，将民间金融管理纳入法制化轨道，重点解决立法冲突、政策不一、管辖交叉等问题；要改变当前“一刀切”（认定“民间借贷利率超过银行同类贷款利率的4倍”即为非法）的判定标准，构建以融资机构是否具有完备的披露制度与风控体系为基础的综合衡量体系，推动构建体系完备的行业管理规范；此外，还要配套完善刑法、刑事诉讼法等法律法规，为司法机关侦办工作开展提供更详尽的法律指引，解决部门管辖、案件定性等实践问题。

二是地方层面，在国家立法尚不健全的情况下，可由省级和市级人大、政府根据辖区情况及现实管理需要，制定出台相应的法律法规及规章政策；可借鉴山东青岛、浙江温州等地方经验，鼓励经济发展先行地区作为金融改革试点、大胆创新，包括出台地方管理法规，政府方面完善专门监管组织机构，法院方面设立金融法庭或仲裁委员会，吸纳民间金融主体、搭建动态监测和

---

① 目前针对民间金融领域的法律规范散见于《银行业监督管理法》《商业银行法》《证券法》《合同法》《公司法》以及最高人民法院的司法解释中。

系统监管平台等，为民间金融的规范化、阳光化探索更多可复制推广的经验。

### （二）在政府监管层面，要突出党政领导，形成对民间金融行业的综合管理格局

要切实加强地方监管力度，尤其是地方政府要发挥调控作用，摒弃将民间金融的不正常“繁荣”现象视为促进地方经济增长“发动机”的错误理念，真正认识民间金融犯罪等潜在问题的广泛性、严重性、隐蔽性，坚持抓早抓小抓落实，全面深入推进监管工作。

一是坚持党政领导。地方党委、政府要强化顶层设计和政策规划，充分借鉴上海、杭州、长沙和株洲等地市对民间金融领域齐抓共管的防控经验，构筑保障辖区金融秩序的联合屏障。要形成由分管金融的副市长牵头的民间金融监管常设机构，明确各部门职责分工，推动常态化监管和清查整治行动。

二是掌握行业底数。金融行业人员有着相对稳定性，人员内部流动多，且联系紧密。地方政府要牵头做好从业人员登记纳管工作，建立完善从业人员数据库，参照正规金融机构管理办法，做好民间金融机构、人员信息数据的基础采集和共享应用等工作，强化阵地控制，确保对犯罪链条中广大中下层级人员实现有效震慑和打击。

三是强化全链条监管。要开拓视野，推动上下游、全链条管理，加大力度打击非法买卖及利用公民信息、售卖作案工具等上游违法犯罪活动，做严做实泛金融领域前科人员的行业禁入制度，规范民间金融企业的日常运作，彻底铲除民间金融犯罪的生发土壤。

### （三）在部门主责层面，要明确职能分工，形成各司其职、齐抓共管的良好态势

一是在常态管理方面，各主管部门要各司其职。工商、网信等部门在登记发牌时，严格审查资金、人员、场地等资质，严守民间金融从业准入关口。发改、金融部门加强日常监管，完善行业监管台账资料，并由党委政府牵头，启动针对民间金融企业的联合防控查处机制，定期开展实地检查，着力改变

监管空白现状。一旦发现存在违规经营现象的，坚决顶格处罚，剔除高危风险。

二是在风险防控方面，要建立预警机制，实现动态管控。要提高公安与“一行三会”（中国人民银行和证监会、银监会、保监会）、财税、网信等主管部门间的合作力度，协调理顺电子物证提取（如转账流水等）、会计鉴定审核、网络数据溯源、人员资产审查等工作，尤其是形成与银联、外汇管理等单位的联动预警机制，加强信息情报共享和动态管控，实现信息互通、资源共享、联合防控，堵截不法分子牟利漏洞，同时最大限度冻结赃款、减少损失。

### （四）在行业自治层面，要突出主体责任，引导民间金融向规范有序经营方向转变

我国有着悠久的民间金融发展史，早在宋元时期就已发展出当铺、钱庄、票号等民间金融系统，近代以来直至新中国成立后一段时期内，民间金融依然是国家金融活动的重要角色。各级地方政府要遵循“堵不如疏”的方针，多措并举，搭建平台，积极引导民间金融迈入正常、规范的运行轨道。

一是健全民间金融行业自治机制。要正视当前民间金融存在发展的客观现状，在明确政策界限、推动依法管理的基础上，鼓励成立行业协会，推动行业自律自治，增进全行业的诚实守信、依法依规意识，推动构建完善的内部信用审核体系，为融资企业与投资者双方提供安全的民间金融平台，发挥其服务经济、服务群众、服务发展的积极作用，营造“良币驱逐劣币”的健康发展环境，最大限度防范违法违规风险。

二是引导民间金融向正规金融方向转型升级。地方政府要大胆扶持培育形成一定规模、有发展潜力的民间金融企业，包括推动私人钱庄向民营银行转变、合会向投资基金转变、企业间借贷向发放企业债券或新三板股票市场等转变。参照正规金融管理规范，同步建立完善存款保险制度、担保制度、破产清算制度、征信制度、市场准入制度、惩戒制度等，推动民间金融向规范合法的经营模式转变。

### （五）在犯罪打击层面，要提升打击效能，组建成立一支专业侦办队伍

一是在联动打击方面，要加强公安机关跨地域合作、简化协作程序，扭转地域主义、门户主义的不良倾向，打破跨地市协作壁垒，理顺财政罚没返还、区域间公安内部资源共享等环节，确保全国一盘棋；要加强公检法等司法机关联动，强调“破案要在追赃后”的办案理念，找准退赃与量刑的平衡点，有力打击犯罪首脑；要加强与境外的刑事司法合作，在协助侦查、情报交换、人员引渡等方面建立全方位合作关系，实现对民间金融跨境犯罪的“无国界”打击。

二是在机构设置方面，市级公安机关要组织成立专业的侦办机构和专家团队，通过专业招录、在职培训等途径充实执法队伍，同时加强对基层案件侦办的协助指导，建立完善大要案联合侦办机制，并在市镇两级打造一批具备金融知识、熟悉案件办理的侦办尖兵力量。

三是人才培养方面，鼓励实战单位民警发挥传帮带作用，提倡边实战、边学习，形成经济案件侦办人员培训机制，以大要案侦办流程为蓝本，编订一批包含实战技法、法律适用等内容的高质量教案，供内部学习和执法参照。

### （六）在法制宣传层面，要强化维稳宣教，帮助群众摆正投资观念、提升防范意识

在当前民间金融网络犯罪增多的背景下，社会面上的信访问题逐步减少，但网络串联、煽动的问题逐步凸显，公安机关要着力加强网上、网下两方面维稳工作。

一是着力规范信访维稳工作。要杜绝群众“法不责众”“政府兜底”的错误认识，采取公正、合法、合理的处置态度对待群众信访问题。一般情况下，债权人因从事民间金融、意识到利益受损风险，而向政府机关提出信访等诉求时，应建议其通过法院依法审理，政府不宜过早、过多地干预介入，避免越俎代庖、引火上身；要厘清政府责任及所处地位，明确案件资产清算查处、赃款追缴返还等工作流程，打消群众顾虑。

二是开展多种形式的宣传警示。采取“以网制网，疏堵结合”方针，在合力监控和堵截非法网络金融活动的同时，将金融犯罪典型案例、惯用手段等信息，通过电视、报纸、网站、微信、微博、QQ、宣传单张等渠道广泛传播。要充分告知群众金融投资的风险，参照欧美等民间金融高度发达国家的经验做法，不断强化契约意识与风险意识，提升群众对民间金融机构的自发监督和反诈能力，保持对那些高息揽资、明显带有欺诈性和赌博性的所谓“理财产品”“投资项目”的高度警惕，减少案事件发生，自觉维护良好的社会治安秩序和市场经济秩序。

**【参考文献】**

[1] 燕小青：《民间金融发展的理论与实证》，北京：中国社会科学出版社，2012 年。
[2] 傅为群：《近代民间金融图志》，上海：上海书店出版社，2007 年。
[3] 刘恒怡：《民间金融发展中存在的问题及对策》，《宏观经济管理》，2014 年第 2 期。
[4] 刘湘勤：《资源富集地区民间金融系统性风险的成因、影响及治理》，《经济学家》，2014 年第 4 期。
[5] 邓路、谢志华、李思飞：《民间金融、制度环境与地区经济增长》，《管理世界》，2014 年第 3 期。
[6] 吴娜：《发达国家民间金融对我国民间金融监管的启示》，《学理论》，2013 年第 32 期。
[7] 匡志：《涉众型经济案事件维稳处置思考》，《南粤警坛》，2014 年第 6 期。

# 企业“走出去”防范环境保护法律风险探析

苏本茂[①]

【摘要】中国企业境外投资规模日益增大，囿于投资领域与地域，并夹杂错综复杂的政治因素，海外投资因环境保护问题引起的法律风险越来越大。在此态势下，有必要强化企业的环境保护法律意识，切实发挥政府、金融担保机构、非政府组织等多途径风险预测、评估、监督与引导等作用，有效防范与规避中国企业境外投资环境保护法律风险。

【关键词】境外投资　环境保护　法律风险

国家把“走出去”上升到国家战略之后，中国企业境外投资进入快车道，呈现井喷式增长。根据2015年9月商务部等部门联合发布的《2014年度中国对外直接投资统计公报》，2014年中国对外投资流量为1231.42亿美元，比上年增长14.2%。截至2014年年底，中国对外接投资累计净额（存量）超过8826.4亿美元，仅次于美国和日本。参与海外投资的1.85万家投资者在全球186个国家和地区设立了近3万家对外直接投资企业，累计向投资所在国缴纳的税金总额近400亿美元，其中地方企业对外投资稳步增长，非金融类投资存量地方企业占比首破三成，广东的企业则位列首位。[②]作为世界上最大的发展中国家及全球第二大经济体，中国已经成为世界上一个重要的直

① 作者简介见第236页。本文荣获2015年广东省社会科学学术年会优秀论文三等奖。

② 《2014年度中国对外直接投资统计公报》（中英文对照），北京：中国统计出版社，2015年。

接投资输出国。

然而，由于受国内产业结构及经济高增速发展的影响，我国企业对外直接投资的的重点集中在石油与天然气开采、采矿业、伐木等能源原材料领域及交通、水利、房地产开发等基础建设领域。这些行业与环境保护息息相关，存在较大的环保风险。特别是近年来某些国家炮制出所谓“中国资源掠夺论”、“中国生态环境威胁论”等谬论，把我国境外投资的目的与动机异化为只是掠夺能源和原材料，并将一些与中国企业相关的环境事件予以扩大与歪曲，导致一些投资接受国对中国企业的投资更为谨慎，环保标准更严格。因此，正确认识中国境外投资中的面临的生态环境问题，从而有效防范并规避各类环保法律风险，已成为中国企业“走出去”战略必须解决的一个重要而紧迫的问题。

## 一、当前中国企业“走出去”面临的主要环境保护法律风险

### （一）因环境问题导致的毁约风险

当今世界环境保护至上、公众利益至上的观念已深入人心，境外投资不仅要取得东道国政府的行政许可，还要获得最重要的利益攸关方，即投资地居民的社会许可。特别是在一些由民众选票来决定政府的国家，即使投资方事前得到政府的行政许可，但迫于民众压力，东道国政府也可能停止续发或撤销行政许可证，签署的投资合约也就成为一纸空文。因此，在境外投资中，如果环境保护问题没有处理好，一旦导致海外投资者和当地居民因生态环保关系紧张和冲突，或者没有获得当地环保职能部门的许可，投资合同就难以继续履行下去，由此给投资方造成巨大的经济损失而难以得到赔偿。中国的境外投资者已面临过多起此类事件，教训可谓深刻。2013 年，中国中东投资贸易促进中心获批在加勒比海度假胜地坎昆投资 1.8 亿美元建设中国商品集散地“坎昆龙城”，但当投资方开始动工清理规划内 13.7 平方公里的植被时即被墨西哥联邦环境保护监管局以“红树林和鸟类自然保护区不宜开发”为

由叫停，至今仍未恢复开工。[①] 在缅甸，由中国电力投资公司投资达 36 亿美元的密松水坝在开工近两年后被叫停，其直接原因是政府反对派与当地居民认为大坝建设可能会带来多种生态环境问题，由此给中方造成了巨大的经济损失。[②] 在柬埔寨，中国光大集团与当地政府签订了计划投资 3000 万美元、对当地森林开采 30 年的协议，但后来当地政府以环境问题为由收回了森林采伐权，将采伐权置换为森林保护权和种植权，光大集团最后不得不撤出，损失前期投资 1500 万美元。[③]

一个不容忽视的客观事实是：不仅欧美等发达国家重视国内的环境保护，亚非拉等经济欠发达地区也开始通过法律加强环境规制和保护。例如，尼日利亚议会通过《石油产业法案》，要求加强对外国投资的石油企业的环境监测。又如秘鲁国会于 2010 年 5 月通过《原居民或当地人的事前会商权法》，要求公司必须在公听会上介绍其采取的强制性环境影响评估，而当地群众可以提问或表示异议，公司对公众的提问、异议必须予以考虑。[④]

### （二）因环境保护事件衍生的法律责任风险

境外投资一旦发生环境保护事件，就会引发相关利害关系人的诉讼与索赔，投资者可能面临当地政府的行政处罚或相应的民事赔偿责任，严重的可能还会承担刑事责任。因此，中国企业在境外投资时需要充分考量相关的法律风险。就环境法律保护而言，欧美等发达国家环境保护法律体系比较完善，对环境侵权一般适用严格责任原则，同时有许多特别的立法。根据严格责任制，环境侵权加害方需承担侵权预防成本及全部的预期损失，而承担责任的主体，还有可能延伸至其母公司乃至提供担保与贷款的银行。如美国 1980

① 《墨西哥官方叫停中国商城建设——这次理由是环境保护》，《第一财经日报》，2015 年 1 月 29 日第 6 版。

② 《密松水坝复工之难》，《凤凰周刊》，2015 年第 7 期。

③ 刘新宇等：《光大木业森林采伐权权益置换模式的研究》，《中南林业科技大学学报》，2010 年第 6 期。

④ 韩秀丽：《中国海外投资的环境保护问题》，《国际问题研究》，2013 年第 9 期。

年通过的《综合环境反应、补偿与责任法》明确规定严格连带责任，作为贷款方的商业银行也能成为环境保护侵权的责任主体。[①]新加坡等国对环境侵权则开创了“按日处罚”的连续处罚原则，新加坡《环境污染控制法》用8个条款规定了对环境违法实施连续处罚，如第17条规定：向河流排放有害有毒物质的，除处以一次性罚款与拘留外，在违法行为持续期间每日处以2000新元以下的罚款。

实际上，除了经济发达国家环境保护严格外，一些发展中国家在环境保护立法上也日趋严厉，如果海外投资者存在环境犯罪行为，还可能被东道国追究刑事责任。如巴西宪法对环境污染的民事、刑事和行政责任采取严格责任原则，危害主体、环境质量危害的程度、行为主体的主观形态都不影响其承担责任。其中《巴西环境犯罪法》规定了宽泛的责任承担主体，如果犯罪是出于法人的利益而实施，不论作出决定的是法人的法定代表，还是契约代表，抑或集体决定，法人都要承担行政、民事和刑事方面的责任。再如尼日利亚，该国的刑法典惩罚任何形式的环境犯罪，从水污染到使用有毒物质都包括在内。1988年，一家在尼日利亚投资的意大利公司将3800吨有害废物倾倒在当地，导致当地水源被污染并致19人死亡。[②]为此尼日利亚政府将案件上升到国家外交领域的高度向意大利进行交涉。随后尼日利亚特别通过了《有害废物法》，设置专门的刑事条款，禁止在尼日利亚的空气、土地和水中倾倒或沉积有害废物。如违反规定，可能面临终身监禁，以及没收土地和用来犯罪的物品等刑罚。如果是公司犯罪，存在纵容、同意或疏忽责任的公司领导也要一并受罚。该法还规定罪犯要对其犯罪行为的受害者承担民事责任。上述美国、新加坡、巴西、尼日利亚的环境保护立法反映了一种共同的国际趋势，即因环境保护产生的法律责任风险越来越大。

---

① 曲冬梅：《商业银行环境侵权责任风险的防范——以美国法为中心》，《法学论坛》，2011年第3期。

② 张向兰、秦宝天：《从制危险废物越境转移的巴塞尔公约及其最新发展：从框架到实施》，《法学论坛》，2003年第3期。

例如，以雪佛龙漏油事件为例，该公司在巴西投资的子公司 2011 年 11 月 8 日发现有一口井漏油，巴西石油管理署宣布暂停雪佛龙在巴西的石油勘探开发许可，经评估漏油约 1600–2640 桶，随后，巴西联邦检察院即对雪佛龙提起了民事诉讼，要求其为石油泄漏事件支付 200 亿雷亚尔（约 107 亿美元）的赔偿。随后，巴西环境协会对雪佛龙开出了约合 2750 万美元的罚单，理由是“破坏环境”。[①] 当前，中国境外投资企业目前还没有遭遇此类案件，但存在的该类风险很大，特别是石油、天然气、采矿业等投资领域，必须要考虑这类法律风险。

### （三）环境保护争端难以获得有效救济的风险

境外投资者在东道国因环境保护问题与当地政府、当地合作方或当地居民发生的争端，如果通过当地司法机构来裁决，胜算不大。而通过外交途径来解决，一是难度较大，二是会产生政治影响。将争端诉诸国际投资争端解决机构，不失为一种非常有效的自我救济手段。目前为止，国际投资仲裁机构受理的环境争端案件，大部分都能得到比较公正的处理，投资方的利益也能得到最大限度的维护。然而，由于种种原因，近年来，国际争端仲裁机构受到较大压力，甚至被视为国际投资法律体系不公正的典型代表。一些国家，特别是南美洲、非洲、大洋洲的国家，如厄瓜多尔、委内瑞拉、刚果、澳大利亚等纷纷退出由国家争端仲裁机构解决争端的机制，或单方面取消与他国签订的将投资争端提交国际仲裁的双边条约。这些地区是中国企业境外投资的重点区域，这些国家退出《解决国家与他国国民间投资争端公约》及取消双边投资条约无疑会使将来在这些国家投资的中国投资者在遭受东道国的环境规制措施时无法诉诸国际投资仲裁救济手段，这意味着因环保问题产生的争端，中国境外投资企业只能诉诸其国内法救济。

此外，还有许多国家既非《解决国家与他国国民间投资争端公约》成员，又未与我国签订投资争端可提交国际仲裁的双边条约。例如，在非洲 54 个

---

① 《雪佛龙公司在巴西因漏油事故被罚 107 亿美元》，《证券时报》，2011 年 12 月 19 日第 2 版。

国家中，有38个与中国没有签订有效的双边投资条约。因此，在缺乏国际保护机制，只可利用东道国未必公正的当地司法救济机制的情况下，中国企业对于境外投资项目的环境保护风险更应该提前做好防范措施。

## 二、中国企业“走出去”环境保护法律风险的产生原因

### （一）企业境外投资环境保护法律意识不足

中国企业“走出去”参与境外投资较之欧美等发达国家起步要晚，对境外投资中如何防范环保风险的经验不足，特别是对投资接受国的环保法律规定及国际环保公约缺乏了解，也缺乏环保风险评估机制和预警机制，环保意识不强等。如中国水电集团公司投资建设的世界最长、非洲最大的水电工程苏丹麦洛维大坝项目，事前就未经过苏丹环境部的审核，后受到当地媒体的强烈指责，为此增加了很多后续工作，也扩大投资成本。此外，有一些企业环保法律意识较差，片面地追求投资效益而不注重对当地的生态环境保护，甚至将国内的一些陋习带到国外，如将大量工业或生活垃圾随意倾倒，从而引起东道国政府及当地居民的反感，日积月累容易诱发环保事故。

### （二）境外投资多集中在环境保护风险易发、高发领域与地域

受国内经济发展依赖资源能源的模式影响，中国企业境外投资在一定程度上具有明显的资源导向性，多集中在石油、天然气、矿产、钢铁、电力、木材等领域。根据《2013年度中国对外直接投资统计公报》，单采矿业投资流量就达248.1亿美元，仅次于租赁与商务服务业，位居第二。上述投资产业多是在自然环境中直接掘取资源、能源，或需要大量使用能源、资源，大都属于污染密集型与资源耗费型产业，由此产生的环境问题无疑比其他种类的境外投资活动突出，也更容易诱发环境保护风险。特别是石油与天然气的开采，一旦酿成环境保护事故，将面临巨额的赔偿与处罚，造成的损失难以估量。

此外，在投资地域，受投资领域及中国企业自身条件的制约，中国境外投资不得不主要走向非洲、南美洲和大洋洲这些自然资源丰富的地区。在这

些地区，地理位置优越、储藏较丰富的资源早已经被西方发达国家分割完毕。而那些欧美发达国家“不屑开采”或“难于开采”的地区，一般存在生态环境脆弱、国家治理不善、环境保护法制不完善等问题。这些因素也对中国企业投资提出了更高的要求，需要企业在投资中更加注重当地生态环境的保护。

### （三）环境问题夹杂复杂的政治因素

中国经济的迅猛发展与中国企业竞争实力的不断增强使一些西方国家、企业将之视为潜在威胁和强劲对手。他们通过军事、经济、文化与科技等优势对一些接受投资的国家施加影响，以当前国际倡导的对外绿色投资、对外绿色援助、环境保护国际化为幌子大做文章，直接或间接诱使东道国政府对中国企业的正常投资以“掠夺资源”或“破坏环境”为由进行政治干预和阻挠，以此遏制中国企业的对外投资。

此外，中国在原材料采集与能源开发领域的投资几乎都集中在非洲、南美洲、中东和中亚地区，这些地区有些国家政治形势错综复杂，政治集团之间利益的争夺、种族之间的斗争和宗教派系争斗屡见不鲜，利益集团在争斗中通过外来投资的环境问题给对方施加压力是一种常见手段。有些国家自身环境保护法律体系不健全，环境标准较低，或执法不严，容易使投资者疏于对环境的保护与风险预防。环境保护问题夹杂着复杂的政治因素，无形中加大中国企业境外投资的法律风险。

以中国企业投资的缅甸密松水坝为例，该水坝停建原因表面上是“可能会破坏密松的自然景观，破坏当地人民的生计，破坏民间资本栽培的橡胶种植园和庄稼，气候变化造成的大坝坍塌也会损害电站附近和下游的居民的生计”（缅甸总统吴登盛语），但更深层次的原因是执政党迫于反对党的压力，以及顾及美国、英国、印度等国施加的影响，是缅甸政府“不想把鸡蛋全放一个篮子里，（他们希望）分放多处，向印度示好，向英美示好”。[①]

① 曹海军、陈军吉：《海外“三峡”搁置——中资折戟缅甸？》，《南方周末》，2011 年 10 月 14 日第 3 版。

## 三、中国企业“走出去”战略下防范环境保护法律风险的对策

在“地球村”的时代，各国政府与民众对环境保护的重视程度只会越来越高，国际环境标准与国内环境立法也会越来越多，越来越严。中国企业境外投资必须适应这种新常态，遵守投资地的环境标准，有效防范与规避因环境保护问题产生的法律风险。

### （一）提高企业的环境保护法律意识，健全环境保护风险预警与处置机制

中国企业要在“走出去”战略中赢得主动，持续增强竞争力并获得东道国的支持与信任，必须熟悉国际环境保护公约及投资国所在地的环境保护法律规则、国家惯例，主动引入国际环境标准，积极援用各种软法，承诺保护环境的社会责任。行为守则中尤其要强调与利益攸关方的沟通，全面考虑和决定各利益攸关方的要求，承担更大的社会责任，强化自身的环境保护意识，采取强力措施进行自我环境保护规制，包括通过行为守则、合同进行力所能及的自我规制。同时要借鉴知名跨国公司的成功经验，建立健全环境保护风险预警与处置机制。

具体而言，一是要建立常态化环保定期报告与风险预防机制，时刻保持对环保法律风险判断的敏感性和警觉度，常态化开展环保重点、热点、敏感案例和事件研究，关注相关环保立法、法律的进展与变化，做实法律风险识别和预警，及时提出应采取的对策和应借鉴的措施，并以内部工作报告、情况反映等形式向公司领导做决策参考。二是将环保法律培训纳入日常培训之中以强化员工的环保法律意识，并加强日常安全监督和环境保护工作，找准环保防控风险点，明确环境保护责任到人，确保环保法律风险管理进制度化、流程化、规范化。三是在签署投资合作协议中要约定环保责任并在日常经营中建立环保责任保险制度。在签署投资合约时，要明确各方对环保事故的责任。同时购买责任保险也是环保法律风险事前管理的有效方法。可以通过购买第三者责任保险的方式转移部分环保风险。对于有高污染等环保风险的项

目，还可以考虑额外购买责任保险。

### （二）政府机构要注重对中国企业境外投资的环境保护法律规范与政策指导

中国企业“走出去”上升到国家战略层面，政府部门就有义务加强对企业境外投资环境保护方面的法律规范与政策指导，让企业有法可依，有章可循，最大限度规避境外投资环境保护风险。

一是要积极与有关国家签订包含环境保护条款的国际投资双边协定，尽量兼顾投资者的利益。在协定中既要强调环境保护的必要性，也要强调东道国的环境规制措施应符合真正为保护环境目的、非歧视、比例原则、善意等要求，要兼顾国际投资协定的公平、平衡的价值追求和中国海外投资者的现实利益。国际投资双边协定中的环境保护内容虽然处于软法的范畴，但无形中也约束着缔约方和投资者的行为，并且很多内容已经走进国内立法及跨国公司的行为守则。

二是健全我国的海外投资环境保护法律体系。从投资国的角度，中国无论在立法还是司法方面，都要加强对海外投资者的法律约束。当前国务院及各部委发布的一些法规和规章直接或间接地涉及海外投资的环境保护问题，但都过于碎片化和简单化，可操作性不强。因此，我国需要一部具有可操作性的专门针对海外投资的法规或法律。

三是注重对中国企业的环境保护政策引导与技术支持。政府要利用自己的信息与资源优势，直接或间接对企业境外投资进行指导与帮助，减少企业的投资环保风险。如 2013 年商务部和环境保护部联合发布的《对外投资合作环境保护指南》，既是我国政府在境外投资合作领域就企业环境保护行为发布的第一个专门性环境保护指南，也是促使中国企业履行环境保护责任，遵守投资接受国环境保护法律的一个重要工具。随后环境保护部对外合作中心与云南驰宏锌锗股份有限公司签署了战略合作协议，为其在南美的金矿项目提供环境咨询服务。这一举措得到当地政府环境保护、矿产部门的认可，使企业投资的环境风险得到有效控制。

### （三）加强国内金融机构及多边担保机构对中国企业境外投资环境保护风险的评估、监测与化解

国内的银行、证券、保险机构及多边担保机构是中国企业境外投资需要依赖的中介机构。这些机构对境外投资在环境保护方面的规制作用会更有效。首先，中国企业境外投资需要充分的资金支撑，银行的参与不可或缺，参与贷款的银行要充分运用自己的信息优势，借鉴《赤道原则》等国际标准和中国银监会《绿色信贷指引》，对中国投资企业履行环境保护责任提供评价和咨询服务，支持企业建立环境和社会风险全程管理机制。其次，当前中国企业境外投资购买“环境保险”已成为彰显企业社会责任、分解风险的有效途径。保险公司可根据“走出去”企业的需求特点，设计相应的环境风险保险产品，推动企业形成环境保险责任与企业社会责任的良性互动机制。最后，多边投资担保机构（简称 MIGA）是一个多边担保机构，机构对会员国来自其他会员国的非商业风险提供担保，与国内银行和保险机构的监管类似，但由于其有专门的社会与环境可持续政策，为投资者提供担保时在程序上有一项环境评审，采用了一系列的社会与环境履行标准，包括环境评估与管理系统、污染预防与治理、生物多样性保护与可持续自然资源管理等 8 项环保标准，这些标准可以有效评估境外投资项目的所产生的环境风险。由于多边投资担保机构的承保风险包括征收险，因此其投资担保对于投资者避免东道国的环境规制风险和保护东道国环境确实具有重要作用，有条件的中国企业可以向其申请贷款和保险，从而接受其环境监管。

### （四）充分发挥非政府组织与民间机构与对境外投资环境保护监督及争端协调作用

由于非政府组织与民间机构与的非政府性与非营利性的特点，在“走出去”战略中可以发挥主权国家及政府组织与金融担保机构难以替代的作用。其中非政府组织在各个方面对于境外投资环境保护的参与，包括东道国国内

环保立法、国际投资协定的谈判、国际投资争端解决等各个领域，尤其是在东道国的法庭诉讼及国际投资仲裁的参与，表明非政府组织在海外投资环境保护中的重要作用，特别是在缺乏国际投资仲裁机制救济的情况下，非政府组织的参与对解决争端更重要。

当然，非政府组织对中国境外投资者并不宽容，中国企业应该注重与这些非政府组织的沟通和合作，在其监督下加强环境保护措施，减少环境保护风险。此外，当主权国家与政府机构因种种不便无法实现在特殊情况之下的环境保护风险防范时，行业组织等民间机构可以在这个时候发挥灵活机动性，成为主权国家与政府机构对外行为的有益补充。目前中国民间机构参与的国际投资活动主要集中在重要国际投资多边会议的非政府组织平行活动。这远远不足以发挥民间机构的独特作用，应加紧出台扶持民间机构在中国境外投资中发挥作用的方法，培育、壮大境外行业商会组织，推动以行业组织的名义与中国企业投资的重点国家和地区签订投资环境保护协定，或从中协调解决因环境保护问题引起的各类争端。